***ACCESO GRATIS** a la Lectura en la Nube*

Para visualizar el libro electrónico en la nube de lectura envíe junto a su nombre y apellidos una fotografía del código de barras situado en la contraportada del libro y otra del ticket de compra a la dirección:

ebooktirant@tirant.com

En un máximo de 72 horas laborales le enviaremos el código de acceso con sus instrucciones.

LOS LITIGIOS MARÍTIMOS. ESTUDIO COMPARADO DE LOS MÉTODOS DE RESOLUCIÓN DE CONFLICTOS

LOS LITIGIOS MARÍTIMOS. ESTUDIO COMPARADO DE LOS MÉTODOS DE RESOLUCIÓN DE CONFLICTOS

José Maria Alcántara González

tirant lo blanch
Valencia, 2024

En caso de erratas y actualizaciones, la Editorial Tirant lo Blanch publicará la pertinente corrección en la página web www.tirant.com.

La presente obra ha sido sometida a la revisión de pares ciegos según el protocolo de publicación de la editorial a efectos de ofrecer el rigor y calidad correspondiente tanto en su contenido como en su forma, aplicándose los criterios específicos aprobados por la Comisión Nacional E 016 (BOE num. 286, de 26 de noviembre de 2016).

© TIRANT LO BLANCH
EDITA: TIRANT LO BLANCH
C/ Artes Gráficas, 14 - 46010 - Valencia
TELFS.: 96/361 00 48 - 50
FAX: 96/369 41 51
Email: tlb@tirant.com
www.tirant.com
Librería virtual: www.tirant.es
DEPÓSITO LEGAL: V-688-2024
ISBN: 978-84-1197-744-9

Si tiene alguna queja o sugerencia, envíenos un mail a: *atencioncliente@tirant.com*. En caso de no ser atendida su sugerencia, por favor, lea en *www.tirant.net/index.php/empresa/politicas-de-empresa* nuestro procedimiento de quejas.

Responsabilidad Social Corporativa: http://www.tirant.net/Docs/RSCTirant.pdf

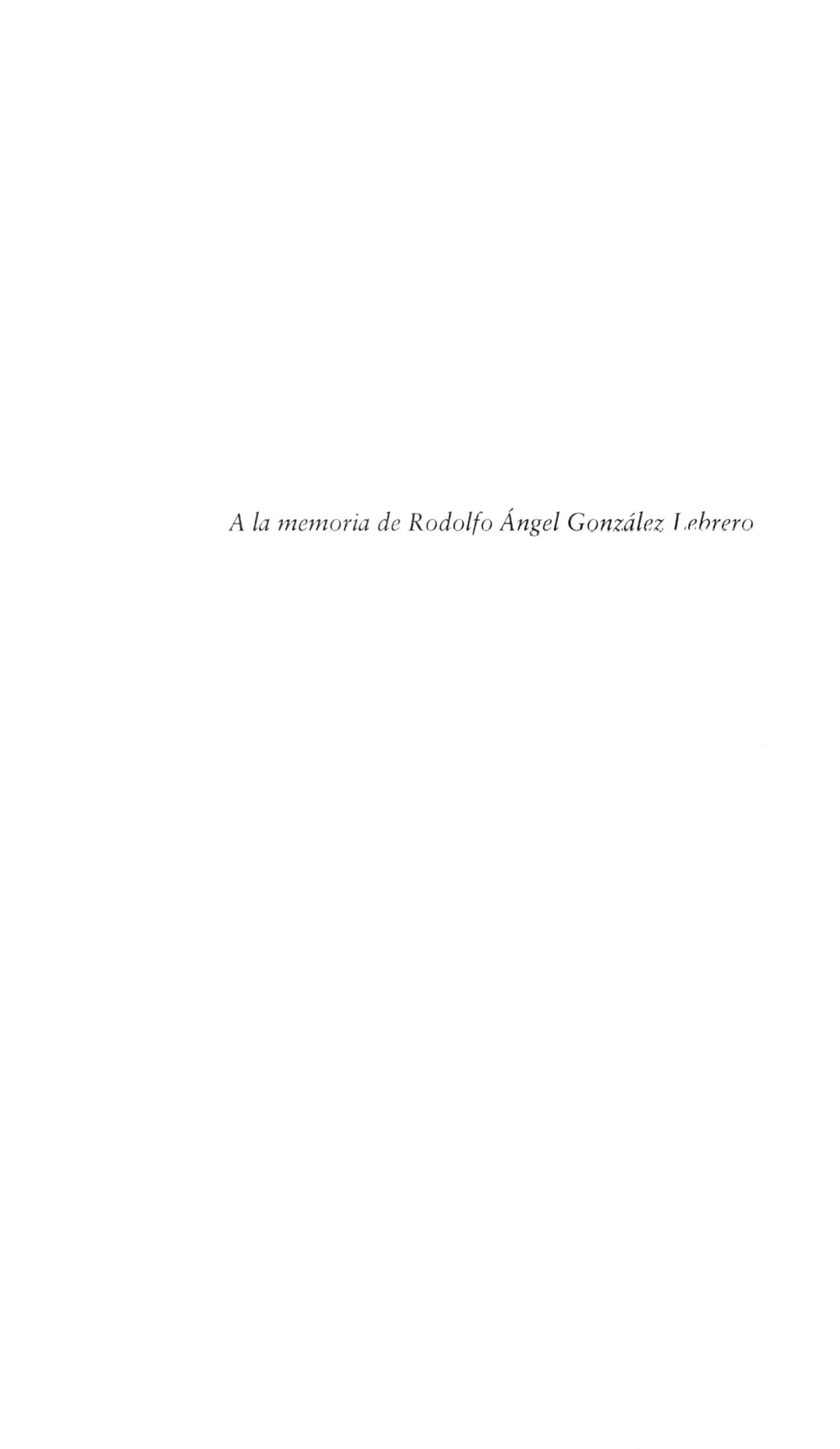

A la memoria de Rodolfo Ángel González Lebrero

Índice

Presentación

Teoría y práctica del Derecho marítimo han estado siempre estrechamente entrelazadas. A las controversias clásicas entre navieros y armadores, fletadores y exportadores, compañías de salvamento marítimo y de remolque por mar, de compañías de seguro, astilleros de construcción y reparación de buques, han de añadirse las derivadas de los inmensos avances realizados y en trance de realización en ingeniería, tecnología y comunicaciones, que han llevado a la aparición de innumerables prácticas comerciales nuevas, entendimientos comunes y usos dentro de los cuales los productos son transportados por mar a través del mundo, ofrecen amplias cotas de conflictividad. Los intereses del buque, la parte de la carga, el puerto, la tripulación, el proveedor de material del buque, el profesional de salvamento, la víctima de la infracción del buque, etc., están ampliamente implicados en la navegación internacional del buque y los tribunales de varios Estados a lo largo de su singladura han ido estableciendo los correspondientes vínculos jurisdiccionales para entender de litigios que estas situaciones suscitan. Esta diversidad jurisdiccional en las relaciones jurídicas marítimas a menudo adopta algunas políticas de jurisdicción expansiva, generando conflictos jurisdiccionales en los litigios marítimos de considerable complejidad.

En el Derecho marítimo la litigiosidad abarca una amplísima variedad de materias, desde la interpretación de la póliza de fletamento o de cualquier contrato de fletamento y conocimiento de embarque, hasta el transporte de mercancías por mar, el salvamento marítimo, el remolque de buques o de cualquier estructura flotante. Reclamaciones de daños relacionadas con la colisión, varada o encalladura, incendio o cualquier accidente de este tipo de buques, ya sea en puerto o en el mar, incluidos los daños a objetos fijos o flotantes del puerto. También incluye la interpretación de documentos marítimos, propiedad de buques y aspectos relacionados con hipotecas, sin olvidar la remoción de los restos del naufragio y la contaminación marina también. Esta especial litigiosidad desempeña un papel importante en el comercio internacional y el transporte marítimo implicando tipos especiales de normas que varían entre los distintos Estados y sistemas jurídicos.

Queda fuera de toda duda la reputación de José María Alcántara como jurista especializado en Derecho marítimo y comercio internacional y su experiencia práctica sobre los temas que aborda. Una reputación amplia y desde distintos enfoques: abogado en ejercicio con su firma dedicada al Derecho marítimo, participante activo como liquidador de averías y árbitro en procesos marítimos administrados por diversas cortes de arbitraje, consultor de empresas privadas relacionadas con el transporte marítimo y el comercio exterior y de organismos públicos nacionales e internacionales. A esta faceta práctica indiscutible se une la circunstancia de ser un investigador al que le gusta bucear en archivos y legajos para ofrecer al lector una información veraz y exhaustiva de una temática de suma importancia; actividad que combina con la docencia como Profesor de Derecho Marítimo y como conferencista en numerosos congresos, tanto nacionales como internacionales. Basta dejar constancia que su reconocimiento como especialista en Derecho marítimo se confirma por la coautoría de numerosos artículos y libros publicados y su pertenencia las asociaciones de Derecho marítimo más importantes del mundo.

La solidez y los conocimientos prácticos que caracterizan al autor se plasman en el presente libro centrado en la litigiosidad marítima, pero también se proyecta en el mismo su vocación didáctica esencial para condensar temas difíciles y transmitirlos con claridad a los profesionales del sector. Libre de ataduras académicas esta obra está dedicada a analizar, desde la única óptica adecuada: la perspectiva de la práctica sólidamente fundamentada, las diferentes opciones de resolución de conflictos que, en la hora actual, se ofrecen tanto en el panorama internacional como en el interno, a los intereses españoles y a los extranjeros que comercian con nuestro país.

A grandes rasgos el libro versa sobre los métodos, jurisdiccionales o no, previstos para resolución de los conflictos objeto de litigio siendo una de sus fortalezas la consideración de que las partes implicadas en el negocio marítimo se enfrentan a controversias complejas, especializadas e internacionales. Dividida en diez títulos está dedicado a la exposición de un conjunto de cuestiones del Derecho marítimo derivadas de los contenciosos ante las jurisdicciones nacionales o ante tribunales arbitraje, sin desconocer otros procedimientos alternativos de solución de controversias.

En los de litigios marítimos, la mayoría de los Estados enumeran varios criterios atributivos de competencia para ampliar la jurisdicción de sus tribunales sobre los mismos creando una conflictividad que ofrece dificultades en orden a la armonización internacional de la jurisdicción marítima. Una cuestión descrita con gran maestría en la presente obra (Aps. II y III) con soluciones adecuadas en cada uno de los temas abordados.

La mayoría de los litigios marítimos relativos a mercados establecidos, como el fletamento, los seguros o la construcción naval, se basan en contratos bien conocidos, con una ley identificada que los rige, muy a menudo la inglesa. Así pues, no es de extrañar que los más firmes detractores de la utilidad e incluso de la existencia de la *lex mercatoria* procedan a menudo de los sistemas jurídicos concernidos. Pero los litigios marítimos surgen a veces de circunstancias no limitadas por contratos tipo con arbitraje londinense que aplican la ley inglesa, como pone de relieve el ap. IV del libro. Lo que no se puede negar es la utilidad para las partes contendientes de comprender cómo los proponentes de leyes modelo y principios y los Estados parte, al llegar a un acuerdo en convenios internacionales, han abordado cuestiones de relevancia. Por ejemplo, la disponibilidad de normas y principios pertinentes puede permitir la elección de un conjunto de normas disponibles sobre el fondo o el procedimiento cuando las partes no han podido identificar la ley pertinente. Esta elección puede hacerse por referencia a un *soft law* disponible no vinculado, en lugar de recurrir a las normas de conflicto para elegir una ley estatal concreta.

Tradicionalmente se apunta a la utilidad que las controversias de orden jurisdiccional se resuelvan a partir de la aplicación de las reglas generales de la *prorrogatio fori,* presentes en los sistemas estatales, en virtud de las cuales las partes acuerdan por adelantado presentar cualquier litigio que haya surgido o pudiera surgir respecto a una relación jurídica concreta ante el tribunal que designen confiriéndoles, en principio, jurisdicción exclusiva. Pero ello puede ofrecer inconvenientes por la eventual falta de especialización de los jueces designados y por las incertidumbres a que dan lugar las soluciones concretas de los casos, con frecuencia divergentes, pese a suscitarse supuestos similares.

Uno de los grandes méritos del libro de José María Alcántara es poner de relieve como, la opción por una cláusula de elección de foro puede dar lugar a situaciones no deseadas o inesperadas para la parte que debe someterse a un tribunal extranjero, en relación con las expectativas que podría obtener de su propia jurisdicción, con la cual no puede negarse un cierto recelo hacia el recurso jurisdiccional y que el ámbito de la contratación marítima sea uno de los más proclives a los contenciosos relativos a la determinación del órgano encargado de resolver el litigio.

La proclividad hacia determinadas jurisdicciones o centros de arbitraje para resolver un gran número de litigios no sólo es una consecuencia directa de la influencia ejercida en la redacción de las cláusulas por las grandes compañías navieras, sino también por la especialización de jueces y árbitros en ciertos Estados, lo que justificaría su elección por los operadores del tráfico marítimo, no obstante la escasa o nula conexión del litigio con estos foros. Conviene insistir en esa corriente de especialización y en concreto en cómo la organización de la justicia de ciertos sistemas estatales ha considerado oportuno fomentar la formación de los jueces en distintos sectores del Derecho de los negocios, entre ellos en controversias derivadas del tráfico marítimo internacional. Y dicha especialización es patente en los Estados de arraigada tradición y con importantes intereses en estas cuestiones.

Muestra el libro bien a las claras cómo los buques generan responsabilidades en diversas jurisdicciones, o en alta mar, en virtud de distintos regímenes jurídicos. Los titulares de reclamaciones marítimas que adquieren derechos en virtud de uno o varios de los regímenes de responsabilidad del transporte marítimo o en virtud de un contrato de transporte de mercancías por buque, un contrato de fletamento o una hipoteca, tienen que considerar, antes de decidir dónde iniciar la reclamación, si, en caso de que la reclamación prospere y obtengan una sentencia o un laudo arbitral a su favor, el propietario del buque demandado tendría derecho a una indemnización por daños y perjuicios. Uno de los temas abordados con precisión en el libro, es el embargo preventivo de buques y la solución internacional que se ofrece a este problema. La posibilidad de obtener una garantía para la reclamación marítima constituye un marco jurídico crucial en el que se basan los acuerdos internacionales sobre transporte marítimo, ya que ofrece a los demandantes la seguridad de que, al embargar el buque, adquieren derechos sobre la propiedad del demandado y pueden, solicitando al tribunal la venta del buque, si el armador no proporciona una garantía, obtener satisfacción por su reclamación.

En el contexto anterior, el libro refleja cómo el semblante del tráfico marítimo español ha experimentado una profunda transformación en los últimos tiempos como consecuencia de dos datos, de un lado, el crecimiento de la actividad portuaria y, de otro lado, la sensible reducción de la flota mercante española. Ello aconsejó emprender una reforma en profundidad de nuestro Derecho marítimo, tanto en su dimensión pública como privada, toda vez que la situación no podía sostenerse únicamente con la presencia de los convenios internacionales en el sector. Y a ello respondió a la tendencia casi unánime de los maritimistas españoles en reclamar una Ley General de Navegación, solicitud que se convirtió en clamor generalizado tras las secuelas jurídicas producidas por la catástrofe del buque *Prestige*. De estas aspiraciones surgió la Ley 14/2014, de 24 de julio, de Navegación Marítima reguladora del marco en el que se inscriben las actividades propias del tráfico marítimo, constituido por el propio medio geográfico y los espacios físicos que la hacen posible, así como los instrumentos y los vehículos, garantizando la necesaria coherencia del Derecho español con los distintos convenios internacionales en materia de Derecho marítimo. Sin embargo, como oportunamente denunció el de autor de este libro, y confirma ahora, muchas de las soluciones alcanzadas no han sido especialmente afortunadas.

El arbitraje marítimo, al que el libro dedica el ap. VIII, tiene su origen en el arbitraje comercial internacional, pero difiere del modelo general por numerosas razones, que lo hacen "especial" desde el punto de vista de las fuentes del derecho. Hoy en día el arbitraje es el más utilizado entre casi todos los operadores marítimos internacionales para resolver todo tipo de controversias. De ahí que se incluyan cláusulas de arbitraje en muchos de los contratos de transporte marítimo internacional. Esto se debe a sus notables ventajas sobre el litigio, como la flexibilidad, la especialización, la confidencialidad, etc. Permite a las partes evitar los efectos indeseables debidos a las características estructurales de los litigios.

A grandes rasgos, este procedimiento suele tener como objeto o contexto algo relacionado con mercancías transportadas por mar, o con un buque que transporta mercancías. Históricamente, se ha dividido en "húmedo" (colisión, salvamento, remoción de restos de naufragio, etc.) y "seco" (controversias derivadas de conocimientos de embarque, contratos de fletamento y otros tipos de contratos marítimos). Gracias a las normas cada vez más estrictas de seguridad y marinería en el mar, los incidentes que dan lugar a litigios en mojado están disminuyendo a largo plazo. No obstante, los accidentes siguen produciéndose y son objeto de litigios. Por otra parte, los litigios en seco aumentan a largo plazo, debido al creciente volumen de mercancías que se transportan por mar (aunque el número de buques que transportan esas mercancías sea mucho menor). En el contexto actual, el arbitraje marítimo puede abarcar ámbitos transversales como la construcción de buques o de instalaciones en alta mar. El número de este tipo de litigios también parece aumentar a largo plazo.

El protagonismo de las opciones hasta aquí estudiadas ha disminuido en la práctica con-temporánea coexistiendo en la actualidad con técnicas y mecanismos de ADR engloba-dos bajo la rúbrica general de "mediación" que, aunque sin desplazar los métodos tradicionales, comienzan a generalizarse en función de sus bondades al facilitar nuevas vías de solución a los operadores jurídicos mediante el diálogo y el entendimiento y por la insistencia en la búsqueda de intereses comunes para alcanzar un acuerdo satisfactorio. Como se apunta en el libro, es cierto que la mediación brinda importantes beneficios en orden a los costos, pero los operadores marítimos ven muchas veces en ella una señal de debilidad a lo que se une la inequívoca eficacia inherente al laudo arbitral o a la sentencia procedente de un tribunal judicial. Baste atender a que hasta hace pocos años en la industria naviera la mediación había sido una técnica de resolución de controversias bastante relegada, pese a su empleo generalizado en otros sectores del Derecho de los negocios internacionales. Al comparar el arbitraje y la mediación debe tenerse en cuenta que ambos son procesos diferentes. Mientras que el arbitraje pretende decidir sobre los hechos y las cuestiones jurídicas en conflicto, la mediación pretende que las partes lleguen a un acuerdo en la medida de lo posible. Una mediación exitosa da lugar a un acuerdo y las cláusulas de mediación se están adoptando cada vez más, pero todavía es un área en desarrollo. En cuanto a los casos marítimos o de transporte marítimo que se prestan a la mediación no depende tanto del tipo de caso como de que las partes estén abiertas y vean el valor de resolver el caso, pues si ambas partes opinan que tienen razón, la mediación no funcionará.

Confirma José María Alcántara que la mediación es, en realidad, un proceso auxiliar de resolución de conflictos que puede operar fuera de cualquier contexto nacional, es decir, sin estar adscrita a un sistema jurídico nacional concreto. Además, este mecanismo puede ser practicada por cualquier persona, es decir, no necesariamente por abogados. Por consiguiente, el hecho de ser abogado en París, Nueva York o cualquier otro lugar no constituye un requisito específico para ejercer la mediación. En este sentido, la mediación se acerca a la *lex mercatoria* tan apreciada por el difunto profesor Berthold Goldman, ya que supera las barreras de la jurisdicción e incluso las de la cualificación profesional (un ingeniero o un empresario, por ejemplo, puede resultar tan buen mediador como un abogado).

Reconociendo esto se insiste ahora en que los operadores marítimos al considerar el mecanismo apropiado para resolver su controversia no sólo deben tener en cuenta su especial naturaleza, su cuantía, la ubicación geográfica de las partes, sus relaciones y expectativas, la participación de representantes legales y la influencia de intereses de terceros (*v.gr.*, aseguradores), sino las posibilidades de otros mecanismos de resolución de controversias y no descartarlos de manera apriorística. Es este un terreno abonado para las soluciones procedentes de las denominadas cláusulas escalonadas multifunción y del elenco de mecanismos que brindan, antes de acudir a los específicamente hetero-compositivos.

Una adición esencial a la erudición inherente al presente libro es la evaluación exhaustiva de los méritos de las sedes arbitrales marítimas en competencia, y su enfoque específico en las controversias marítimas lo cual resultará de importancia significativa para árbitros, bufetes de abogados, abogados internos de compañías navieras, organizaciones internacionales e instituciones y asociaciones de arbitraje. Los profesionales descubrirán todas las herramientas necesarias para examinar cualquier caso ante las principales sedes arbitrales marítimas con pleno conocimiento de cada régimen jurídico aplicable y sus características distintivas.

No puedo concluir estas líneas sin agradecer a José María Alcántara la muestra de amistad en confiarme la redacción de estas palabras previas. Un honroso encargo que me ha permitido comprobar el extraordinario esfuerzo de investigación y de síntesis realizado con cuyo concurso el lector está ante un trabajo completo, detallado y actual, caracterizado por la solución puntual a problemas de gran complejidad. Todo ello convertirá sin duda a este libro en una obra de consulta obligada para los operadores jurídicos dedicados al específico sector de la litigación en el Derecho marítimo.

JOSÉ CARLOS FERNÁNDEZ ROZAS
Catedrático de Derecho Internacional Privado.
Miembro del Institut de Droit International

Prologo del autor

Los conflictos y reclamaciones derivados del Derecho Marítimo, en el primer cuarto del siglo XXI, han abandonado la vía judicial, mayoritariamente, en los países marítimos por excelencia, es decir, aquellos que cuentan con grandes flotas mercantes, aunque matriculada en registros libres, o con puertos de alta frecuencia de tráfico en las rutas marítimas internacionales, factores que a menudo coinciden con una larga tradición de historia de navegación y de construcción de buques. La solución alternativa buscada, mediante pactos contractuales, es el Arbitraje a través de expertos maritimistas o de centros institucionales, con el liderazgo indiscutido de los países anglosajones (Reino Unido, Estados Unidos) o que fueron colonias británicas (Singapur y Hong-Kong). A finales del siglo XX se ha producido un regreso a los viejos métodos de la Conciliación y la Mediación, así como se ha apuntado un leve atisbo de otras soluciones alternativas. Las razones para ese cuadro son múltiples, aunque han de destacarse, en primer lugar, la falta de conocimientos y experiencia especializadas en los asuntos del mar que es común a los tribunales ordinarios, incluso a los mercantiles, sin perjuicio de la puesta en marcha de tribunales marítimos especializados en países varios; en inmediato segundo término, ello se explicaría por la necesidad de otorgar brevedad a los procedimientos, salvando así un tiempo de conflicto que la índole del tráfico y del negocio marítimo no pueden permitirse.

España se situaría en un lugar intermedio ya que tiene abiertos al tráfico marítimo 26 puertos de aguas profundas, amén de otros y un gran número de puertos deportivos, pero carece en la actualidad (no así en la década de los 80 del pasado siglo) de relevancia en tonelaje mercante, de pabellón nacional incluido el registro especial de Canarias. Su dependencia de las soluciones judiciales es aún considerable, y el fomento del arbitraje nacional otorgado por la Ley de Navegación Marítima 14, de 2014, es aún de incipiente resultado, mientras la abrumadora mayor parte de los conflictos marítimos en los que intervienen intereses españoles permanece alojada en foros extranjeros, sobre todo Londres.

El motivo de la presente obra no es académico, ni quizás divulgativo, sino otro destinado a analizar, con una visión práctica, las diferentes opciones de resolución de conflictos que, en la hora actual, se ofrecen -en el panorama internacional e interno- a los intereses españoles y a los extranjeros que comercian con nuestro país. Y de tal modo, permitirles que por medio de tal ilustración puedan elegir, en virtud de la libertad de pactos gobernante es nuestra legislación procesal, aquel método de dirimencia o de avenencia en el que el Derecho Marítimo encuentre mejor acomodo y, por ende, los interesados puedan esperar obtener decisiones más coherentes, más eficaces y, por consiguiente, más justas. Es, por tanto, un trabajo de consulta, cuya valoración corresponderá hacer a aquellos empresarios relacionados con las materias del Derecho Marítimo si, efectivamente, buscan soluciones reales a sus problemas diarios y superar unos eternos procesos, cuyas sentencias son, con frecuencia, sorprendentes.

JOSÉ MARÍA ALCÁNTARA GONZÁLEZ

I. Las controversias en el Comercio Marítimo y las derivadas de la Navegación por Mar. Sus diferentes modos de solución.

Mediante el término "controversias" aludimos, en sentido amplio, a todas las diferencias existentes entre dos o más partes relativas al cumplimiento, ejecución, validez e interpretación de un contrato o de acuerdos separados constitutivos de un mismo nexo contractual. En inglés, que es el idioma dominante y universalmente admitido en el Comercio Marítimo, la expresión similar es "disputes". Esta segunda nota supone una advertencia obligada, que no es otra que la de que la lengua, las prácticas comerciales, la tradición, la legislación, la cultura y la jurisprudencia y doctrina inglesas poseen una decisiva influencia a la hora de decidir un determinado modo de solución y de asumir las consecuencias de tal elección. De esta advertencia parten la motivación y el interés que mueven al autor a los efectos de analizar cómo son, y de preconizar como serán tratadas y resueltas dichas "controversias" relativas a institutos y nociones marítimas, autónomas en muchos casos, por medio de los diversos métodos de resolución que están disponibles en el ámbito marítimo.

Las controversias surgen de relaciones contractuales y de accidentes de la navegación marítima, en los que hay con frecuencia terceros perjudicados o afectados. De los contratos marítimos nacen discrepancias de diverso tipo y entidad que van desde la validez y eficacia del contrato, las cuestiones de legitimación, la vigencia para unos determinados hechos, la interpretación de las obligaciones contractuales en discusión hasta las reclamaciones, que pueden ser mutuas, por el incumplimiento o, en su caso, por la ejecución defectuoso del mismo. De los accidentes de la navegación marítima se derivan reclamaciones por daños, perjuicios y lucro cesante. Es frecuente, p.ej., en los casos de abordaje en la mar, que concurran reclamaciones (derechos de acción) en vía contractual entre uno de los buques y el cargamento que transporta, con reclamaciones en vía extracontractual entre ambos buques, abordante y abordado, extensible a buques terceros que hayan sufrido daños con motivo del abordaje, entre los buques intervinientes y los cargamentos transportados por los otros buques respectivamente, y en fin entre cualquiera de los buques intervinientes en el abordaje y tripulantes y pasajeros a bordo de cualquiera de ellos perjudicados, o posiblemente causantes, en el abordaje, aunque con la reserva de que toda reclamación de una de estas personas, tripulantes o pasajeros, frente al buque en el que presta servicios o viaja dará derecho a una acción de tipo contractual.

El curso y destino de las controversias marítimas están en ser resueltas a través de *litigios marítimos*, que son los métodos de solución propiamente dichos. La presente obra versará sobre dichos métodos, sean jurisdiccionales o no, previstos para resolución de los conflictos objetos de litigio. En un nivel porcentual mayoritario las controversias surgirán del seno de los contratos marítimos, por lo que existirá una "facultad de elección" previa de las partes contratantes del método de resolución de las futuras discrepancias y reclamaciones. Tal facultad de elección se suele encontrar contenida en un pacto de sumisión situado en el cuerpo del contrato, normalmente al final, cuya denominación es "Cláusula de Jurisdicción", o "Cláusula de Arbitraje", o en el estilo muy común de "Cláusula de Ley Aplicable y de Arbitraje" en los contratos marítimos, cuya particularidad en ese aspecto no difiere de la de los otros contratos mercantiles.

Pero ha de destacarse la importancia que la "ley aplicable" tiene para la suerte de la resolución de la controversia, por cuanto que tanto los tribunales civiles ordinarios como los tribunales arbitrales, que hayan de dirimir la controversia "conforme a Derecho", deberán aplicar la ley pactada por las partes para el conocimiento y la solución de la controversia en cuestión. El concepto de "ley aplicable" no es sencillo, en cuanto hayamos de interpretar la voluntad de las partes, ya que puede referirse a la "ley sobre el conflicto de leyes", a la "ley aplicable al procedimiento" y, en suma y, sobre todo, a la "ley aplicable al fondo del asunto" (ley sustantiva). Las diferencias y su condicionamiento sobre la elección de una determinada ley serán distintos en un foro u otro, como explicaremos en los capítulos correspondientes a cada método de resolución de controversias. La elección de foro suele ir conjunta con la de ley aplicable, así en derecho inglés una sumisión al foro de Londres conlleva la aplicación del derecho inglés tanto al fondo del litigio como al procedimiento. Pero, no lo es siempre ni necesariamente. Ya que los contratantes pueden perfectamente pactar "ley inglesa" para el litigio de fondo y "reglas de la Cámara Internacional de Comercio, de Paris" para el procedimiento en supuestos arbitrales; que no así en los casos de sumisión, pactada o atribuida por ley, a la jurisdicción ordinaria, en cuyos supuestos las normas de procedimiento son las de la sede jurisdiccional (además de las de "conflicto de leyes", por razón de soberanía procesal), mientras que la ley del fondo o sustantiva podrá ser otra distinta y extranjera, para cuya designación las partes no tendrán otra limitación de que dicha ley "tenga alguna conexión jurídica con el negocio de que se trate" (art.10.5 del Código Civil español). Esta condición de conexidad desapareció, para el transporte marítimo de mercancías, con el Convenio de Roma de 1980, vigente en los Estados miembros de la UE, relativo a la ley aplicable a las obligaciones contractuales, bajo cuyo régimen cuando los contratantes no hayan elegido explícitamente una ley aplicable, como es frecuente, el contrato se regirá por la ley del país con el que presente los vínculos más estrechos según el principio de proximidad, en ese caso, el país donde está situado el puerto de carga o el de descarga. Las razones, generales o particulares, que informan a las partes a la hora de elegir libremente la ley aplicable a su contrato, pueden contar para poco si se impone el criterio dominante de los modelos de contratos (derecho de formularios) o de la costumbre y uso del mercado; ambos senderos conducen al "english law". Por lo que no contemplamos, realmente, es una verdadera libertad de elección de la ley aplicable en los contratos marítimos, y nuestra óptica no será en la presente obra la de investigar la problemática marítima sobre "ley aplicable", que es tan compleja como la relativa a los contratos no-marítimos. Sino la de, contando con esa problemática, estudiar los varios métodos de resolución y, por ende, sus ventajas e inconvenientes, en los que las controversias marítimas, según naturaleza y tipo, recibirían un mejor juicio y una más coherente resolución.

Las llamadas "**controversias marítimas**", sean resultantes de contratos mercantiles o del ejercicio de la navegación por mar, poseen unas características especiales, que las diferencian de otras y hacen referencia y causa en el "particularismo del Derecho Marítimo", expresión tradicionalmente acuñada que alude a la originalidad del medio y la especificidad de cuanto se desarrolla en él, que lo convierten en, por decirlo así, no apto para no iniciados. Pueden señalarse las siguientes:

1.-el idioma inglés y las costumbres inglesas en todos los aspectos negociales y de navegación.

2.-la tecnología naval, presente en la casi totalidad de las obligaciones derivadas de los contratos y del ejercicio seguro de la navegación.

3.-las prácticas habituales que informan el comercio marítimo, en las que imperan numerosas condiciones (cláusulas) admitidas universalmente que constituyen un "derecho vivo" y a veces no escrito.

4.- el sustrato operativo de vigencia general en lo relativo a las costumbres portuarias, a los mecanismos negociales (trading rules), a los seguros marítimos y, sobre todo, a la explotación comercial de los buques.

5.-una exigencia de conocimiento experto sobre los regímenes económicos que informan la rentabilidad de los buques en la navegación y en su estancia en puerto.

6.-inevitablemente añadido, el conocimiento de la construcción naval y de los riesgos que tienen aún presencia y vigencia en las rutas marítimas.

Tales rasgos configurativos, aun no siendo exhaustivos, explicarán que no sea en modo alguno igual ni semejante resolver una discrepancia relativa a un abordaje en la mar, un fletamento por tiempo, una liquidación de estadías y sobreestadías, un problema de penalizaciones relacionado con la entrega del buque por el astillero, una cobertura de seguro de daños causados por defecto latente, etc. Y existiendo tales diferentes parcelas de conocimiento teórico y práctico podemos calibrar la importancia del saber técnico y de la preparación experta en aquellos que han de juzgar y resolver las diferencias, es decir, jueces ordinarios o árbitros, o incluso estudiar la conveniencia de prescindir de unos y de otros.

Con ese determinado enfoque nos propondremos en la presente obra abordar el difícil estudio de la capacidad material, y también procesal, existente en los medios disponibles de resolución de conflictos para enjuiciar y ocuparse de las controversias marítimas, con los resultados ya conocidos o con otros que puedan mejorar lo conocido.

Esos medios serán: el juicio ordinario y los procedimientos especiales en sede civil, el procedimiento penal (en su caso), el arbitraje comercial (institucional, ad-hoc, conforme a Derecho y conforme a Equidad) y el arbitraje de salvamento, el método privado de liquidación de la Avería Gruesa, la Conciliación, la Mediación, la Adjudicación, el Mini-Trial, el Dictamen técnico o jurídico y la Negociación. Así como las composiciones mixtas que pueden tener lugar entre ellos.

II. La competencia jurisdiccional en el Derecho Marítimo. Las cláusulas de atribución de competencia en los contratos marítimos.

Las controversias y reclamaciones marítimas han de ser conocidas y resueltas por órganos competentes a tal fin. En esta rama del Derecho ese conocimiento recae con mayor frecuencia en tribunales de arbitraje, de carácter privado, que, en tribunales ordinarios de la Administración de Justicia, de carácter público. Esa realidad constituye una de las particularidades del Derecho Marítimo. La atribución de tal competencia corresponde a las partes de los contratos marítimos, y a las normativas en vigor bajo Derecho Internacional o conforme a las Leyes nacionales cuando no media la existencia de contrato alguno.

Teniendo en cuenta que una abrumadora mayoría de las controversias marítimas internacionales se resuelve con aplicación del derecho inglés, es frecuente hablar de "jurisdiction" y de "applicable law", es decir, del foro y de la ley sustantiva aplicable al fondo. Habrá, no obstante, que distinguir entre "jurisdicción" y "competencia" aunque ambas se suelen usar indistintamente para la atribución internacional de foro en las controversias marítimas. Por "jurisdicción" entenderemos el poder de los tribunales de un Estado para conocer de un determinado litigio o controversia, que en los supuestos de pacto puede operar con exclusión absoluta de otros foros, con predominancia de foro o, simplemente, con elección de foro; por "competencia" aludiremos al poder de los tribunales judiciales internos del Estado, que tiene jurisdicción, para conocer de un determinado litigio, la cual puede ser determinada en razón de sumisión, expresa o tácita, objetiva, territorial o funcional por conexión. En Derecho Marítimo, la competencia internacional refiere a la jurisdicción de un Estado, en el que se encuentra el foro (p.ej. Londres), y la competencia del tribunal que corresponda según la ordenación asignada por la ley de dicho Estado (p.ej. el tribunal del Almirantazgo o "Admiralty Court").El Arbitraje no es una jurisdicción propiamente dicha, creada y financiada por el Estado, sino un poder de conocer y juzgar controversias que el Estado, en virtud de leyes (Ley de Arbitraje) otorga a los árbitros constituidos como "tribunal arbitral", cuya actuación está regulada por la ley estatal; de ahí que se le defina como "cuasi-jurisdicción".

JURISPRUDENCIA:

(ATC 259/1993): Consideraciones generales sobre el arbitraje en la jurisprudencia del Tribunal Constitucional. El Tribunal Constitucional se ha pronunciado abiertamente sobre "qué sea el arbitraje desde la perspectiva constitucional" (ATC 259/1993, de 20 de julio), sentando las bases de su adecuado entendimiento. De la lectura de sus pronunciamientos puede extraerse una idea clave: la valoración de la adecuación de la técnica arbitral a la Constitución debe hacerse desde una correcta comprensión de su verdadera naturaleza jurídica. El arbitraje es, en términos generales, compatible con la Constitución; sin duda lo es, puede leerse en la STC 174/1995, de 23 de noviembre. El Juez es titular único de la potestad de juzgar y hacer ejecutar lo juzgado que emana del pueblo (artículo 117 CE) y actúa revestido, por tanto, de imperium. El árbitro, sin embargo, está desprovisto de tal carisma o cualidad, porque su mandato tiene su origen en la voluntad de los interesados, dentro de una concreta contienda o controversia.

Es cierto que se afirma que su función es parajurisdiccional o cuasijurisdiccional, pero en ese "casi", precisamente, está el quid de la cuestión. Así, por ejemplo, destaca la doctrina la posición del TC respecto a la naturaleza del arbitraje, alineada con las posiciones "mixtas" que han surgido para salir al paso de los enfrentamientos dogmáticos entre defensores de las tesis contractualistas y jurisdiccionalistas.

Entre otros pronunciamientos, los AATC 259/1993 y 326/1993, así como las SSTC 288/1993 y 174/1995. El TC invoca la naturaleza de equivalente jurisdiccional, cuasi-jurisdiccional o parajurisdiccional del arbitraje.

ATC 259/1993: Una exposición sucinta de cada una de las teorías en BARONA VILAR, Medidas cautelares en el arbitraje, Civitas, 2006, págs. 41 y ss. En tal sentido, los Jueces avenidores, escogidos o puestos por las partes para librar la contienda que existan entre ellas, según Las Partidas, o los Jueces árbitros, cuya existencia garantizaba la Constitución de 1812 (artículo 280), no pueden ser calificados como Jueces en la acepción que a tal figura se adscribe en nuestra Ley suprema y en las demás del ramo

ATC 259/1993: El TC pone algunos ejemplos: como en otros sectores pueden mencionarse ejemplos de libro: el notario, el capitán de buque mercante, el párroco y muchos otros que la jurisprudencia ha ido añadiendo a ese primer repertorio: agentes de aduanas, guardas jurados, habilitados de clases pasivas;

SSTC 15/1989, 62/1991 y 174/1995: EL ARBITRAJE Y LA CONSTITUCIÓN ESPAÑOLA DE 1978, efectivamente, dice el TC, la inexistencia de jurisdicción en sentido propio se traduce en la carencia de potestas o poder. Precisamente por esto el árbitro necesita el brazo secular del Juez para dotar de eficacia al laudo, mediante la adición o estrambote de una decisión judicial que ordene su cumplimiento, en una fase netamente procesal, en un proceso de ejecución, porque sólo a los Jueces corresponde hacer ejecutar lo juzgado, ATC 259/1993, de 20 de julio, Las diferencias señaladas permiten entender, por ejemplo, que el árbitro no pueda plantear una cuestión de inconstitucionalidad por estar reservada a los órganos judiciales, que tampoco esté legitimado para formular cuestiones que el TC califica al arbitraje como "equivalente" jurisdiccional, mediante el cual las partes pueden obtener los mismos objetivos que con la jurisdicción civil, esto es, la obtención de una decisión que ponga fin al conflicto con todos los efectos de la cosa juzgada .

En el ATC 326/1993, de 28 de octubre, se insiste en esta idea: "... el árbitro designado por los particulares aspira lícitamente a que su labor sea reconocida: a que el laudo dictado por él sea declarado válido y que despliegue sus naturales efectos

SSTC 62/1991, y 288/1993: A tenor de la Ley de Arbitraje de 1988, el árbitro que zanja una controversia mediante un laudo de Derecho actúa en ejercicio de una potestad de iuris dictio, pues el arbitraje es un equivalente jurisdiccional, mediante el cual las partes pueden obtener los mismos efectos de la cosa juzgada.

Su declaración de los derechos y obligaciones recíprocas de las partes de la controversia se encuentra revestida, por imperativo de la Ley; y solo carece del imperium necesario para ejecutar forzosamente su decisión, que la Ley vigente reserva a los Tribunales civiles; en este mismo sentido las SSTC 62/1991, de 22 de marzo, y 288/1993, de 4 de octubre.

En la legislación española, la jurisdicción de los tribunales españoles viene atribuida, con carácter general, cuando las partes se hayan sometido expresa o tácitamente a los Juzgados o Tribunales españoles (art.22,2°, Ley Orgánica del Poder Judicial, 6/1985, del 1 Julio); y en defecto de ese criterio de autonomía de la voluntad – en cuanto afecta a la índole de las controversias marítimas – "en materia de obligaciones contractuales, cuando éstas hayan nacido o deban cumplirse en España; en materia de obligaciones extracontractuales, cuando el hecho del que deriven haya ocurrido en territorio español o el autor del daño y la víctima tengan su residencia habitual común en España; en las acciones relativas a bienes muebles, si éstos se encuentran en territorio español al tiempo de la demanda" (sic ibidem , aptdo. 3°); cuando se trate de adoptar medidas provisionales o de aseguramiento respecto de personas o bienes que se hallen en territorio español y deban cumplirse en España (sic ibidem, aptdo.5°), a cuanto hay que añadir que allí donde el Derecho de los Consumidores penetre en el Derecho Marítimo y, por tanto, nos encontremos con contratos de consumidores el criterio supletorio de la jurisdicción española habrá de tenerse en cuenta, así como en materia de seguros, cuando el asegurado y asegurador tengan su domicilio habitual en España (sic ibidem, aptdo. 4°).De ahí que nuestro Derecho haya concedido a la autonomía de la voluntad, a las mismas partes, el poder de elección de la jurisdicción española; cuya facultad de elección de foro incluirá aquellas materias relativas a derechos reales (de hipoteca naval) constituidos sobre buques – que son bienes inmuebles a efectos únicos hipotecarios – sitos en España, no obstante el carácter exclusivo que para los tribunales españoles retiene el aptdo.1° del Art. 22 de la LOPJ.

Las vías de atribución de competencia judicial marítima internacional, extensiva al arbitraje, son las siguientes:

-por "cláusula de jurisdicción" (autonomía de la voluntad) mediante una sumisión expresa o de elección de foro, o mediante una sumisión derivada, en la que se otorga la elección de foro al demandante o se logra por remisión a otro contrato.

-por Tratado Internacional vigente, en defecto de pacto expreso. El Tratado podrá otorgar jurisdicción para el fondo del asunto, para medidas cautelares o podrá remitir a la ley interna.

-en ausencia de cláusula sumisoria y de tratado internacional, se atenderá a la ley interna del Estado que otorgará poder jurisdiccional para las actuaciones procesales relativas al fondo del asunto (forum conveniens) o, en su caso, se atribuirá discrecionalidad para conocer un determinando asunto (forum non conveniens), para las medidas cautelares (embargo preventivo de buques) y, en fin, para el reconocimiento y ejecución de sentencias extranjeras en el territorio del Estado.

Una cláusula de atribución de competencia, inserta en un contrato marítimo, ha de cumplir con los requisitos de suficiencia y validez a fin de tener eficacia.

En cuanto a la primera, será necesario determinar si existe una sumisión expresa a la jurisdicción de un Estado en supuestos internacionales, y a tal fin debe constar un acuerdo de las partes para someter sus diferencias a órganos judiciales o a arbitraje u otra forma de resolución. Tal acuerdo deberá expresar el foro elegido con claridad, y puede perfectamente otorgar a una de las partes dicha elección. Será suficiente con que en la cláusula figure el foro, judicial u otro, y el lugar del mismo, así como la voluntad de las partes de dirimir su conflicto por vía arbitral (en el caso de arbitraje).Para la competencia interna, en supuestos nacionales, la sumisión expresa deberá designar con precisión la circunscripción a cuyos tribunales las partes se sometieron , es decir, los tribunales que hayan de conocer del asunto (art.55 en relación con el art.57 de la Ley de Enjuiciamiento Civil española , Ley 1/2000); pero hay una vía de sumisión tácita, cuando el demandante acude a unos determinados tribunales interponiendo la demanda o formulando solicitud que haya de presentarse ante un tribunal competente territorial para conocer dicha demanda, y el demandado no se opone expresamente o de hecho se persona en el juicio tras la interposición de la demanda y realiza cualquier gestión que no sea la de proponer en forma legal la declinatoria, por lo que tácitamente consiente con la competencia del tribunal ante el que se presentó la demanda (art.56, LEC).

Para la validez del pacto atributivo de competencia, atenderemos en primer lugar a la formalidad del mismo y a si es necesario que conste por escrito, y seguidamente al consentimiento de las partes. La Ley Modelo de Arbitraje, de la UNCITRAL, en su versión original de 1985 contemplaba que el acuerdo o convenio arbitral debía constar por escrito (“**in writing**”).Sin embargo, esta exigencia fue revisada en 2006, con miras a mejorar y adaptar la norma a las prácticas internacionales nuevas (ya anticipadas por el Convenio de New York, 1958 relativo a reconocimiento y ejecución de sentencias arbitrales extranjeras, art. II); y es así como se propusieron dos opciones distintas para la "formalización" del convenio arbitral, a saber: en una primera opción se mantiene la forma escrita (del art.7 , versión 1985) pero se amplió el sentido tradicional de la expresión "por escrito" con otro medio que "deje constancia de su contenido de cualquier forma", es decir, incluso verbal con el único requisito de que exista constancia de su contenido. El avance de la reforma reside en que ya no se exige la firma de las partes ni un intercambio de comunicaciones entre ellas que revele la existencia del acuerdo (como hace el art. II del Convenio de New York 1958); es más, se ha modernizado la regla porque incluye, p.ej., la utilización del comercio electrónico (en virtud de la Ley Modelo UNCITRAL sobre Comercio Electrónico de 1996, y la Convención de las Naciones Unidas sobre la Utilización de las Comunicaciones Electrónicas en los Contratos Internacionales, de 2005).También, incluso es posible que constituya un acuerdo de arbitraje "por escrito" la referencia hecha en un contrato a un documento, p.cj., un documento que contenga las Condiciones Generales de un contrato de compraventa internacional de mercancías. La segunda opción, en el mismo art.7 de la versión de 2006, define el acuerdo de arbitraje, pero no exige ya que sea por escrito ni se precisa formalidad alguna a tal fin, sino que simplemente se indica que "el convenio de arbitraje es un acuerdo por el que las partes deciden someter a arbitraje todas las controversias o ciertas controversias que hayan surgido o puedan surgir entre ellas respecto de una determinada relación jurídica, contractual o no". Este marco de doctrina de las Naciones Unidas supone para el ámbito marítimo, que está regido por el Derecho anglosajón en su mayor parte, que el significado de "acuerdo por escrito " reciba una laxa interpretación, a saber, que no sea necesaria la firma, que se deduzca de un intercambio de comunicaciones, incluida la vía electrónica, que sea testimoniado en su modo verbal o que quede registrado por grabación autorizada o por constancia tomada por un tercero con acuerdo de las partes (p.ej., un acuerdo verbal de salvamento marítimo que incorpore el documento Lloyd´s Open Form, en el que se contiene una cláusula arbitral), y en definitiva, en un intercambio de alegaciones, formuladas en un procedimiento judicial o arbitral, en cuya secuencia una de las partes invoque un pacto de jurisdicción y su contraparte no lo niegue expresamente. Por tanto, la validez formal ya no exige que sea mediante formulación escrita, ni menos aún, firmada. Igual sentido amplio y flexible recoge la Ley de Arbitraje española 60/2003, al regular el convenio arbitral con clara inspiración en la Ley Modelo de UNCITRAL 1985, señalando que "el convenio arbitral deberá constar por escrito, en un documento firmado por las partes o en un intercambio de cartas, telegramas, télex, fax u otros medios de comunicación que dejen constancia del acuerdo. Se considerará cumplido este requisito cuando el convenio arbitral conste y sea accesible para su ulterior consulta en soporte electrónico, óptico o de otro tipo. Se considerará incorporado el acuerdo entre las partes el convenio arbitral que conste en un documento al que éstas se hayan remitido en cualquiera de las formas establecidas en el apartado anterior. Se considerará que hay convenio arbitral cuando en un intercambio de escritos de demanda y contestación su existencia sea afirmada por una parte y no negada por la otra (art.9, aptdos.3,4 y 5).

JURISPRUDENCIA *en relación con los requisitos formales de la cláusula de atribución de competencia arbitral:*

-Sentencia Civil Nº 897/2006, AP-Madrid, Sección 11(Rec 5/2004), 27-02-2006.

-Sentencia Civil Nº 494/2012, AP Asturias, Sección 6 (Rec 451/2012), 10-12-2012.

-Sentencia Civil Nº 56/2017, TSJ Madrid, Sala de lo Civil y Penal, Sección 1 (Rec 55/2017), 19-10-2017.

-STS Nº 409/2017, Sala de lo Civil, Sección 1 (Rec 3292/2014), 27-06-2017.

-Sentencia Civil Nº 5/2020, TSJ Madrid, Sala de lo Civil y Penal, Sección 1 (Rec 53/2019), 4-02-2020.

A efectos de la validez del pacto de sumisión la cuestión más común que se plantea es la del consentimiento o el consenso, ya que de su existencia derivan la validez entre las partes y su eficacia frente a terceros. En Derecho Marítimo, la mayoría de los contratos de ejecución de un opus son confeccionados y redactados por una de las partes, con excepción quizá del de construcción naval, y en ellos el foro de competencia es impuesto por esa parte a la otra. Ello los convierte, con frecuencia, en actos unilaterales que dan lugar a los llamados "contratos de adhesión", los cuales han tenido amplia acogida en los diversos ordenamientos jurídicos mediante "condiciones generales" impresas en los formularios matrices de los contratos o mediante su "utilización aceptada en el comercio internacional" (ésta última desarrollada en el Derecho de la Unión Europea).

JURISPRUDENCIA UE:

-Sentencia del Tribunal de Justicia (Sala Cuarta), 16 Julio 2020, C/224/19 y C/259/19 acumulados: prohíbe las cláusulas abusivas no negociadas individualmente;

-Sentencia del Tribunal de Justicia (Sala Cuarta), 9 Julio 2020, C/452/18 : la cláusula estipulada en un contrato celebrado entre un profesional y un consumidor para la solución de una controversia existente, mediante la que el consumidor renuncia a hacer valer ante el juez nacional las pretensiones que hubiera podido hacer valer en ausencia de esta cláusula , puede ser calificada como "abusiva" cuando, en particular, el consumidor no haya podido disponer de la información pertinente que le hubiera permitido comprender las consecuencias jurídicas que se derivaban para él de tal cláusula.

De tal modo hoy día ya apenas es exigido aquel acuerdo explícito de voluntades para superar el requisito del consentimiento, y en verdad poco queda de los viejos principios civilistas del "contractus ex consensus" y de la relatividad de los contratos, en cuanto a que sólo surten efectos entre las partes que los otorgan y sus herederos. Los avances de la "lex mercatoria" , únicamente limitados por la frontera del Derecho de los Consumidores, han puesto en duda en el comercio actual la prueba del consentimiento en torno a un foro determinado cuando los modelos contractuales o formularios tienen un carácter "standard" o de aceptación general. A ello ha contribuido destacadamente la BIMCO (Cámara Internacional de Navieros) con sus formularios de contratos marítimos y las grandes empresas de navegación con sus contratos-tipo, sobre todo en líneas regulares de transporte marítimo y salvamento-remolque.

El modelo anglosajón, de máxima influencia en el Derecho Marítimo, descansa en la doctrina liberal del "freedom of contract", por cuya virtud la voluntad de los contratantes es libre y se manifiesta, ante todo y solamente, por la literalidad de su expresión escrita. En el espectro internacional marítimo las cláusulas arbitrales en favor de Londres, así como las atributivas de competencia judicial al "Admiralty Court" o al "High Court" de Londres son frecuentes y de enorme uso y difusión en el comercio. En Derecho inglés prima, sin otra reserva que la prueba en contrario, la atribución de competencia señalada por una determinada cláusula, sin examen "contra legem" o de desviación alguna de la moral o el orden público (Art.1255 Código Civil español), cuestiones máximas que no suelen plantearse en la elección de foro.

La libertad contractual en la elección de foro por las partes tiene, de manera particular, en el sector marítimo un protagonismo a la hora de someterla al conocimiento de un Juez o un Árbitro. Así, p.ej., en el contrato de transporte de mercancías bajo conocimiento de embarque se da la problemática de que en la mayoría de los casos no hay negociación entre las partes y es el porteador marítimo quien impone la jurisdicción que le es más favorable mediante el tenor de la cláusula. El porteador emite unilateralmente el documento de transporte, y al dorso del mismo inserta una serie de condiciones relativas al transporte, entre ellas la "Cláusula de Jurisdicción". Las problemáticas más frecuentes de tal sumisión a los tribunales del Estado elegido por el Porteador son, p.ej., las siguientes:

-la dificultad probatoria para el Cargador que reclama por los daños a su mercancía ante un foro distinto del de donde ésta se encuentra; el juzgador no puede dar cumplimiento al principio procesal de inmediación en la práctica de las pruebas.

-efectos frente a terceros que no son parte del contrato, en el que se ha pactado una cláusula de sumisión a un foro que es ajeno a las partes y al objeto del contrato mismo. P.ej., el caso de un contrato de fletamento que incorpore una cláusula de sumisión a arbitraje y su posterior incorporación al Conocimiento de Embarque emitido.

No constituyen contrato-tipo los modelos particulares confeccionados unilateralmente por las navieras para sus tráficos propios. Tales son "contratos de adhesión", expresión que hace referencia a un contrato en el cual una de las partes contratantes no ha participado en la formación del contenido del mismo, sino que se ha limitado a adherirse a un contenido contractual ya predeterminado. En esos contratos se debilita el poder de autorregulación de los propios intereses y el derecho a la libertad contractual. Hay así un contratante débil que la ley debe proteger con carácter imperativo.

El Conocimiento de Embarque es el documento contractual en el que se incorporan las condiciones del transporte, con caracteres propios de los contratos de adhesión, ya que el Cargador no suele discutir las condiciones del mismo, sino que éstas se hallan predispuestas por el Porteador, y el Cargador se limita a prestar su conformidad a las mismas. En el caso del contrato de transporte marítimo en régimen de Conocimiento de Embarque, estaremos ante un contrato de adhesión y las condiciones insertas en el mismo no son producto de negociación entre las partes contratantes. Por ello, las cláusulas incorporadas en el Conocimiento de Embarque, incluida la cláusula de elección de foro, se consideran como "condiciones generales de contratación".

De ahí que deban cumplir con las reglas imperativas de la Ley de Condiciones Generales de Contratación, 7/1998, por cuyo art.5.1 deducimos que la validez de la cláusula de elección de foro inserta en un Conocimiento de Embarque será válida si las condiciones que se incorporan al contrato son aceptadas por el adherente y están firmadas por todos los contratantes.

En España, el posible carácter abusivo de la cláusula de elección de foro como condición general sólo sería nula cuando el adherente es al mismo tiempo un "consumidor" en los términos de la Ley General para la Defensa de Consumidores y Usuarios,26/1984. En el caso de que haya sido firmada por un profesional o empresario el carácter abusivo sería más discutible.

La jurisprudencia española se ha mostrado decididamente contraria a los "**contratos de adhesión**" en los que se contienen cláusulas de atribución de la competencia.

JURISPRUDENCIA:

-Sentencia del Tribunal Supremo, de 20 Julio 1998: la cláusula de elección de foro es abusiva y nula cuando el adherente es, al mismo tiempo, consumidor.

-Sentencia del Tribunal Supremo (Sala 1ª), de 30 Diciembre 1991: la cláusula de sumisión a arbitraje no vincula a quienes no fueron parte del contrato de fletamento.

-Auto del Juzgado Mercantil de Barcelona, de 11 Octubre 2006: la cláusula de sumisión a jurisdicción recogida en el Conocimiento de Embarque encaja en la definición de condiciones generales de contratación, según el art.1 de la Ley de Condiciones Generales de Contratación.

-Sentencia del Tribunal Supremo, Sala 1ª, de 10 Julio 2007: los casos de incompetencia de la jurisdicción española en virtud de sumisión expresan a Tribunales extranjeros tienen un carácter rigurosamente excepcional, siempre que se den las específicas circunstancias que no hagan aquella nula, sin resultar duda alguna tampoco de la procedencia y firma por todas las partes de tan singular y excepcional cláusula de exclusión.

-Sentencia Civil Nº 181/2020, Audiencia Provincial de Madrid, Sección 21, Rec 426/2019, de 23 Junio 2020;

-Sentencia Civil Nº 250/2020, Audiencia Provincial de Málaga, Sección 4, Rec 599/2019, de 22 Mayo 2020.

-Sentencia Civil Nº. 44/2019, Audiencia Provincial de Madrid, Sección 13, Rec 706/2018, de 15 Febrero 2019: es un contrato de adhesión porque el recurrente no pudo negociar ninguna de sus cláusulas ni se le comunicó la decisión de dar por vencido el crédito.

-Sentencias de la AP de Barcelona de 20 Diciembre 1999 (R.A 8149), de la AP de Cantabria, de 10 Julio 2002 (R.A. 1284), de la AP de Madrid, Sección 13, de 10 Diciembre 2002 (JUR 2003/126808), en las que no fue requerido el conocimiento previo, efectivo o presunto de la práctica de incluir cláusulas de jurisdicción en conocimientos de embarque, al entender que la notoriedad del uso hace presumir un conocimiento general.

-En el mismo sentido las STS 697/2005, de 29 Septiembre (RJ 2005/7156), STS 2007/116, de 18 Febrero (RJ 2007/558) y la STS 2007/804, de 5 Julio (RJ 2007/5431).

La **jurisprudencia comunitaria** defiende el valor de tales cláusulas cuando constituyen un "uso internacional", y para el comercio marítimo tal uso internacional viene referido y limitado a los contratos "estándar", cuyas condiciones generales gobiernan el mercado de transporte marítimo; así la *Sentencia de 16 Marzo 1999 del TJUE, en el asunto C/159/97 (**Trasporti Castelletti Spedizioni Internazionali Spa v. Hugo Trumphy Spa.**)* , respondiendo a la cuestión de cómo debe interpretarse el supuesto del Art.17 del Convenio de Lugano, en los siguientes términos: "el conocimiento del uso debe apreciarse en relación con las partes originarias del convenio atributivo de competencia, sin que la nacionalidad de las mismas tenga repercusión alguna en este respecto. La existencia de dicho conocimiento quedará acreditada, con independencia de toda forma de publicidad específica, cuando en el sector comercial en el que operan las partes se siga de modo general y regular un determinado comportamiento al celebrar cierta clase de contratos, de modo que pueda considerarse como una práctica consolidada". A este efecto, es interesante anotar que según los PRINCIPIOS UNIDROIT SOBRE LOS CONTRATOS COMERCIALES INTERNACIONALES, de 2004, que pueden ser utilizados para interpretar instrumentos internacionales de derecho uniforme y para interpretar o complementar el derecho nacional, se exige que las partes hayan establecido con claridad que quedarán obligados por un determinado uso o práctica, que deberá ser "ampliamente conocido y regularmente observado en el comercio internacional por los sujetos participantes en el tráfico mercantil de que se trate"(en similar sentido el Art.23 del Convenio de Lugano).

La Ley de Arbitraje 60/2003, en su art.9.2, establece que si el convenio arbitral está contenido en un "contrato de adhesión" la validez de dicho convenio se regirá por lo dispuesto en las normas aplicables a ese tipo de contrato, remitiendo así al art.54 de la Ley de Enjuiciamiento Civil 1/2000, que en su aptdo.2 señala que no será válida la sumisión expresa contenida en contratos de adhesión, o que contengan condiciones generales impuestas por una de las partes, o que se haya celebrado con consumidores o usuarios. Parecerá, así , que nuestro Derecho no concedería validez a una "cláusula de jurisdicción" inserta en un Conocimiento de Embarque redactado unilateralmente por el Naviero porteador e impuesto en condiciones de adhesión al Cargador (y desde luego frente al consumidor último).Pero tal aseveración no se sostiene con firmeza si ,en virtud del Convenio de Lugano y de la jurisprudencia europea, tal Conocimiento de Embarque está redactado en forma que equivale a un "uso comercial internacionalmente conocido y aceptado".

La doctrina comunitaria, desde la Sentencia dictada en el asunto C-159/97 (**Trasporti Castelleti),** quedó establecida en el sentido de que la inserción de una cláusula de jurisdicción en un Conocimiento de Embarque ha de entenderse que corresponde a un uso habitual del transporte marítimo internacional conocido, o que debería conocer quien opera en dicho sector , y , como tal, cumpliría con los requisitos establecidos en la legislación de la UE para que dicho pacto de prórroga de la competencia a favor de los tribunales de un Estado miembro sea válido, y oponible tanto frente al cargador de las mercancías en origen como frente al receptor en destino, sin necesidad de que éstos así lo acepten.

Apenas un año y medio después el TJCE dictó una nueva sentencia en esta materia, la del 9 de Noviembre 2000 en el asunto C-387/98 **Coreck Maritime GmbH v. Handelsveen BV and Others**, mediante la que puntualizaba:" **3) el tercero tenedor de un conocimiento de embarque estará vinculado por una cláusula de competencia contenida en él si dicha cláusula es válida y dicho tercero ha sucedido al cargador en sus derechos y obli-**

gaciones con arreglo al Derecho nacional aplicable. Si el tercero tenedor no ha sucedido al cargador, no podrá oponérsele la cláusula atributiva de competencia, a no ser que haya dado su consentimiento a ella. Los conocimientos especiales del tenedor o su prolongada relación comercial con el porteador no son suficientes para presumir su consentimiento (tácito).4) La cuestión de con arreglo a qué Derecho nacional debe apreciarse si el tercero tenedor del conocimiento de embarque ha sucedido al cargador debe ser resuelta por el Juez nacional. Lo mismo ocurre con la cuestión de qué Derecho debe aplicarse si en el Derecho nacional no se regula si el tercero tenedor sucede al cargador o no". Algunos autores (FERNANDEZ QUIRÓS, entre ellos) han querido ver que el Tribunal de Luxemburgo, mediante este fallo, abrió una puerta a vías distintas interpretativas que conducirían a restringir la oponibilidad, si no a prohibirla directamente (como hizo en 2014 la Ley de Navegación Marítima), de las cláusulas de jurisdicción o arbitraje frente al tercero tenedor del conocimiento de embarque. Sin embargo, hemos de advertir y apuntar parcialmente en contra que:

-los fundamentos tomados del caso **Coreck Maritime** (para una propuesta conforme a la que devino el srt.468 LNM) pueden recibir consideración en cuanto a "jurisdicción" se refiere, pero no para el Arbitraje, porque la jurisprudencia comunitaria que desarrolla el Convenio EU sobre <Jurisdicción y Ejecución de Sentencias en Asuntos Civiles y Comerciales, de 23 Diciembre 1968 no es aplicable al Arbitraje (art.1.d).De ahí que tal jurisprudencia relativa a lo previsto en el art.17.c del Tratado pueda tener alcance matizable al respecto de un "convenio de jurisdicción", que exista como uso del tráfico marítimo, pero que no deba extenderse de forma restrictiva al Arbitraje.

- la remisión al "Derecho nacional aplicable" no conduce automáticamente a la aplicación de la LNM sino a la ley pactada, por los contratantes en el contrato de transporte, a la ley del contrato (que puede, desde luego, haber introducido un Convenio Internacional a su ordenamiento).

- la LNM, por efecto del art.251, introduce una regulación traslativa eficaz de los "derechos y acciones" del Cargador transmitente a los sucesivos adquirentes en la cadena de endosos o de posesión del Conocimiento de Embarque, pero esa eficacia operaría en el marco único del transporte y entrega de las mercancías que viajan a bordo del buque, pero no regularía otras obligaciones del Cargador bajo el mismo contrato de transporte (p.ej., la de abonar el flete, el pago de las sobreestadías o las relativas a la descarga y desestiba), ni la posible subrogación del tercero tenedor en las mismas. Y ello es así, es decir, la única transmisión del derecho a retirar las mercancías y reclamar su entrega en buen estado, porque el régimen internacional de transporte marítimo deriva del Convenio de Bruselas 1924 (Reglas de La Haya), que así lo estableció en vez de una transmisión, con subrogación del tenedor del contrato de transporte en su integridad. Por tanto, la LNM no resuelve la sucesión del tercero tenedor del C/E" en todos los derechos y acciones del Cargador", como no podía ser de otro modo al ser España parte del Convenio de La Haya/Visby 1924/68.

-**Coreck** contempla un espectro más restrictivo a saber, el del transporte de Línea Regular, donde el usuario puede tener conocimiento del tráfico a través de los Agentes Marítimos de las Líneas y en donde la frecuencia de rutas y escalas da lugar a una relación continuada con la Línea Regular, mientras que en **Trasporti Castelletti** se aludía a la familiaridad de los usuarios con los documentos y prácticas de transporte porque operan en ese mercado, y si no los conocen los deberían conocer. La LNM toma ambas sentencias y encierra ambas en el supuesto documental de la "inserción de una cláusula de jurisdicción o de arbitraje en el condicionado impreso", con lo que cambia el foco de la presunción, que ya no estará en el comportamiento de las partes respecto a los usos del comercio marítimo sino en la simple configuración impresa. La fórmula sustituye la acreditación de que la parte presuntamente perjudicada no conozca en modo alguno los usos del tráfico ni el empleo de formularios estándar que a diario se utilizan en el mismo por la facultad de exigir del Porteador la prueba de que la cláusula en cuestión fue negociada individual y separadamente con un tercero último tenedor del Conocimiento de Embarque a quien nunca conocía ni podía conocer. Se produjo, así, a nuestro entender, una extrapolación del caso **Coreck,** que al menos en cuanto al Arbitraje no sería admisible.

La Ley de Navegación Marítima 14/2014, de 24 Julio, vino a complicar más aún el dilema, en sede de Derecho Marítimo, al determinar que serán nulas y se tendrán por no puestas las cláusulas de sumisión ***a una jurisdicción extranjera o arbitraje en el extranjero, contenidas en los contratos de utilización del buque o en los contratos auxiliares de la navegación, cuando no hayan sido negociadas individual y separadamente*** (art.468) , y somete esa sumisión a las condiciones de validez antes expresadas (art.469.1).Y, en lo referente al Conocimiento de Embarque, deniega(art.251) todo efecto traslativo al último adquirente del mismo, legítimo tenedor, para las cláusulas de sumisión a jurisdicción o a arbitraje que no hayan sido consentidas por éste mediante la negociación separada e individual exigidas en el art.468 (Capítulo I, Titulo IX de la Ley).Estas disposiciones, de contenido y realidad comercial ciertamente discutible, han dado lugar a un debate nacional, cuyas conclusiones mayoritarias aún no resuelven, a falta de doctrina jurisprudencial, el conflicto entre la doctrina comunitaria, sobre todo la dimanante del Convenio de New York 1958 , y el sesgo prohibitivo de la Ley de Navegación Marítima en cuanto a la sumisión a jurisdicción o arbitraje en el extranjero.

JURISPRUDENCIA:

-Auto de la Audiencia Provincial de Barcelona, Sección 15, de 13 Febrero 2019: admitiendo la declinatoria en favor de atribución de competencia a un tribunal extranjero, rechaza la competencia de los tribunales españoles, y declara la supremacía del art.25 del Reglamento CE 1215/2012(Bruselas I bis) sobre las normas de la Ley de Navegación Marítima española.

pero la misma AP resolvió en sentido contrario

-Auto de la Audiencia Provincial de Barcelona, Sección 15, de 24 Abril 2020: no ha existido una negociación específica y separada de la cláusula de sumisión a los tribunales de Londres que figura en el Conocimiento de Embarque, cuando el mismo se puso en circulación, por lo que se desestima la declinatoria de jurisdicción promovida por la Naviera MSC, que emitió el Conocimiento de Embarque.

La Audiencia Provincial de Pontevedra, en Octubre 2022, planteó tres cuestiones prejudiciales al Tribunal de Luxemburgo sobre la interpretación del Art.25 del Reglamento 1215/2012, relativas a las relaciones entre dicho Reglamento y el art.468, en relación con el 251, ambos de la Ley de Navegación Marítima 14/2014, en concreto sobre la eficacia frente a terceros de las cláusulas de elección de tribunal incluidas en los Conocimientos de Embarque (de forma expresa o por referencia).

Esa misma Audiencia Provincial de Pontevedra había defendido antes con contundencia la oponibilidad de las cláusulas en cuestión frente a terceros, señalando que "en punto a la oponibilidad de la cláusula de jurisdicción a terceros que no fueron parte del contrato, debe decirse que resulta indiscutible que la cláusula por la que se defiere la jurisdicción a los tribunales de otro Estado puede ser opuesta por el transportista marítimo más allá del ámbito subjetivo en el que se establece en contrato de transporte. No existe, en este sentido, discusión sobre la posibilidad de oponer las cláusulas contenidas en los conocimientos de embarque , por ejemplo, al destinatario final de las mercancías, quien claramente no estampó su consentimiento en el documento contractual" (Auto num.153/2009, de 24 Septiembre (JUR 2009/436563).

Resulta previsible que el TJUE confirme que puedan oponerse dichas cláusulas a los terceros tenedores del C/E sin necesidad de que hayan sido negociadas individualmente y separadamente con dicho tercero, en virtud de lo previsto en el aptdo.1(c) de dicho art.25 del Reglamento Bruselas II. Pero tal pronunciamiento, que ya fue establecido en el Convenio de Lugano, en el Reglamento Bruselas I y en la doctrina del TJUE en el caso "Trasporti Castelleti", será decisivo para la cuestión jurisdiccional, pero irrelevante porque (1) a los efectos del art.468LNM hay que distinguir las cláusulas de jurisdicción de las de arbitraje; (2) el Art.25 del Reglamento 1215/2012 no es aplicable al Arbitraje en virtud de la exclusión expresa contenida en el Art.1.2(d); y (3) porque casi el 83% de los arbitrajes marítimos son emitidos en Londres y el Reino Unido ya no pertenece a la UE, por lo que serán laudos arbitrales extra-comunitarios y, por tanto, caerán directamente bajo el ámbito de la norma imperativa contenida en el art.468 LNM en relación con el 251.

De entre los **contratos marítimos** hay que destacar los de explotación o utilización de buques en los que encontramos una mayor frecuencia de uso de cláusulas atributivas de competencia. En la órbita de los contratos de fletamento, tanto por tiempo como por viaje, y de arrendamiento de buques estas cláusulas figuran en los formularios-tipo y forman parte de un ámbito comercial habituado al consenso sobre competencia jurisdiccional. La gran mayoría -si no la totalidad – de tales pactos optan por el Arbitraje como contrapunto a la jurisdicción ordinaria. Nos referimos a una importante masa de contratos de empleo de buques, de numerosa casuística, en la que se sustenta la magnitud destacada del recurso al Arbitraje en el comercio marítimo.

Las Pólizas de Fletamento, tipo estándar, suelen incluir una cláusula arbitral en sus textos modelos, con algunas excepciones (la antigua GENCON, CEMENCO, BRITCONT, SCANCON, HYDROCHARTER, PANSTONE, COASTHIRE, BPVOY, MARATHON TIME) en cuyos casos los contratantes suelen añadir un pacto de competencia negociado. Los formularios de fletamento exhiben, normalmente, modelos de cláusulas, a veces, excesivamente abreviadas (p. ej.: "*arbitration, if any, to be in London*", "*arbitration in London*" , "*London Arbitration/English Law*", "*Arbitration and General Average, if any, to be settled in London*". Esta última causó conflictos judiciales sobre su debida interpretación, ya que se sostenía por los intereses fletadores que el pacto sólo remitía al Arbitraje las controversias relativas a Avería Gruesa. Pero, a partir de la entrada en vigor en el Reino Unido de la "Contracts (aplicable) law Act 1990", en 1991, los textos demasiados breves no son admitidos como suficientes a efectos de conocer la verdadera intención de las partes sobre atribución de competencia.

En las cláusulas arbitrales de fletamento, cuyo detalle varía de un modelo a otro, tiene máxima relevancia el LUGAR DEL ARBITRAJE. De modo abrumadoramente normal, el lugar designado es Londres, seguido por New York, y a considerable distancia Singapur, Hong-Kong, Paris y Hamburgo. El mercado marítimo ofrece un alto número de cláusulas patentadas que remiten a las partes a Londres, y en tales casos añadiendo la ley aplicable al procedimiento y al fondo de la controversia; así, p.ej.: FERTICON 1942, modificada 1974; GASVOY 1972, GASTIME, WORLDFOOD 1986, INTERTANKVOY 1976, BALTIME 39, LINERTIME 1974, SHELLTIME 1972, SHELLVOY, e INTERCONSEC. Del predominio absoluto de la competencia arbitral de Londres el mercado evolucionó, a partir de las pólizas de buques tanque y las de cargas líquidas, a ofrecer una doble opción entre Londres y New York (p.ej. la ASBATANKVOY 1977, BOXTIME, NORGRAIN 1989, SUPPLYTIME 1989), o solamente ya New York (NYPE 93, STB TIME y TEXACO TIME).Entretanto, un grupo minoritario de modelos-tipo retuvieron la competencia de otros foros arbitrales de corte doméstico(p.ej. la SYNA-COMEX 90, favor del foro de Paris-CCI, la AUSWHEAT 90 en favor de Melbourne, GRAINVOY 1974, en favor de Hamburgo, las NIPPONORE 1974 Y NAN-YOZAI, a favor de Tokyo-JSE, y la SOVCOAL a favor de Moscú-MAK).El mercado marítimo, confrontado con una creciente competitividad en los tráficos especializados, ha debido permitir modelos con elección abierta sin designación previa de foro (p.ej. POLCOALVOY 1976, NUVOY 84, GENORECON 1963, SOVORECON, BLACKSEAWOOD, WELCON 1974), o bien acordando un foro supletorio para casos de falta de acuerdo (BALTIME 1974, BIMCHEMTIME, SOVIETWOOD 1961 y SOVCONROUND), o apuntando al foro del lugar(puerto) en donde surge la controversia (BALTCON 1950, GERMANCON-NORTH 1957 Y SOVCOAL 1962). Con el tránsito y desde el comienzo del siglo XXI el arbitraje marítimo ha dado entrada a un tercer foro arbitral, el de SINGAPUR, que ya compite con Londres y New York, aunque Londres permanece en cabeza a distancia.

La atribución de competencia arbitral es, realmente, dominante en el mercado de fletamentos marítimos. Prácticamente siempre son respetadas y se tornan eficaces en virtud de lo previsto en el Convenio de New York 1958 sobre Reconocimiento y Ejecución de Sentencias Arbitrales Extranjeras (Art.2). Sin embargo, muchas de ellas distan de ser perfectas y plantean frecuentes dudas de interpretación (p.ej., la expresión *"final discharge"* en la Póliza CENTROCON a efectos del plazo para designar árbitros), o guardan silencio sobre extremos de ley aplicable y reglas de procedimiento.

Las cláusulas atributivas de competencia suscitan cuestiones de jurisdicción exclusiva, de no exclusividad, de opción de foro y de domicilio. En el ámbito marítimo los pactos sumisorios han registrado desde antaño una tendencia protectora de los intereses del proponente naviero, de los llamados "intereses del buque". En efecto, tal proponente coincide con el que tiene la posición dominante y más fuerte en el contrato: así, el Naviero/Armador en los contratos de fletamento y transporte; el Banco o Entidad Financiera en los préstamos hipotecarios; el Asegurador en las coberturas de Seguros marítimos; la Compañía Remolcadora en los remolques y salvamentos marítimos. En la Construcción Naval, las duras oscilaciones del mercado de pedidos de nuevas unidades han dejado progresivamente al Astillero constructor en un plano dependiente del Cliente y su Financiador, de ahí que la sumisión a Londres pase por ser la mejor opción neutral.

Las diversas fórmulas de ejercer esa "predominancia", en la redacción unilateral de las cláusulas, suelen derivar por los siguientes derroteros:

(a) favor del domicilio del proponente:

-el lugar de residencia del Naviero/Armador,

-el lugar donde el Naviero/Armador tiene su oficina principal de negocios.

Ese modelo se ha utilizado con frecuencia en los Conocimiento de Embarque y ha sido considerado como un beneficio indirecto de limitación de la responsabilidad del Porteador marítimo (en conflicto con lo establecido en el Art.3.8 de las Reglas de La Haya-Visby).

(b)A favor de la jurisdicción exclusiva de los tribunales o de árbitros del foro determinado por el proponente. Esta fórmula suele ir acompañada de la designación de la ley del país como aplicable a la controversia. La jurisdicción exclusiva supone no sólo la integración de todas las acciones y controversias en el mismo tribunal sino, sobre todo, la eliminación de otros posibles foros competentes bajo la ley nacional del demandado o por efecto de la práctica de medidas cautelares. Es necesario que en la cláusula se mencione la expresión *"exclusiva"*. De forma objetiva tiene la ventaja de superar con facilidad cuestiones de foro alternativo destinadas a oponer casos de litispendencia frente a la acción del demandante.

(c) En favor de la elección de foro por el demandante. Puede incluir el detalle de las opciones o simplemente la mención de *"no exclusividad"* respecto de la jurisdicción pactada. Así, p.ej., se configura en la cláusula que:

-la jurisdicción será siempre la elegida por el demandante.

-que el demandante podrá elegir entre el domicilio del demandado, el puerto de descarga de las mercancías, el puerto de carga, el puerto donde se encuentra el buque, el lugar del contrato. Tal fórmula, estimada como flexible, aparece regulada en los Convenios Internacionales sobre transporte de mercancías por mar.

Suelen utilizarse en contratos de hipoteca naval (exclusividad), contratos de transporte marítimo, contratos de alquiler de contenedores. La legislación pro-consumidor (p.ej., la Ley del Contrato de Seguro 1980) ha opuesto, de forma imperativa, como única opción el foro del domicilio del asegurado, por lo que la elección de cualquier otro foro convertirá a la cláusula en nula siempre que pueda ser calificado el contrato como *"de consumidores"*.

III. Elementos personales, formales y materiales que componen el pacto de atribución de competencia.

Los convenios contenidos en las cláusulas sumisorias precisan una verificación de requisitos en orden a saber cuándo existe un acuerdo válido y suficiente sobre atribución de competencia jurisdiccional, arbitral u otra. En el apartado previo hemos tratado el extremo de la validez formal del pacto en la esfera marítima. Veremos ahora la **suficiencia** en cuanto a los elementos mínimos imprescindibles.

Las **personas** a las que vincularía el pacto son las partes, personas físicas o jurídicas, de todo contrato marítimo. Y a tal efecto rige la normativa del régimen de los contratos mercantiles, sobre todo la capacidad, el consentimiento y el principio de eficacia única entre los propios contratantes(relatividad de los contratos).No obstante, el pacto puede estar contenido en un contrato o separado del mismo; el segundo caso se produce siempre en los acuerdos de resolución de litigios surgidos de sucesos en los que concurren responsabilidades extracontractuales, que son convenios alcanzados normalmente después de ocurrido el accidente o siniestro en la mar(a posteriori). Importa destacar la posición de los terceros, que no fueron parte del contrato subyacente ni ,en todo caso, del convenio de sumisión, incluido en el contrato o en vía separada anterior o posterior al hecho litigioso. Tales **terceros** son, en la generalidad de los casos, “interesados” legítimamente en el contrato original o en el hecho litigioso, pudiendo haber intervenido en el hecho(p. ej., los intereses de buque y carga en los buques que intervienen en un abordaje) pero, en cuanto a lo primero, no siendo parte del contrato pero sí al verse afectados por intervenir en un grupo o cadena de contratos negocialmente interrelacionados, de modo que un litigio o reclamación que se suscite en el seno del tracto contractual (p. ej. contratos de logística) y haya de ser resuelto entre las partes originales pueda, en su resolución, tener efectos o un resultado que les perjudique. Esa posición de "terceros" provoca, con frecuencia, el claro interés de éstos de intervenir desde el principio en el método de resolución del litigio que les afecta en mayor o menor grado. En el proceso civil ordinario el asunto está resuelto mediante los institutos de "litisconsorcio" que pueden ser activo o pasivo y necesario o voluntario, cuyo tradicional régimen no ofrece peculiaridades ni diferencias para el Derecho Marítimo. Otra cosa sucede en el régimen arbitral con los "arbitrajes multiparte", en cuyo contexto aquéllos que ostenten un interés en la resolución de la controversia principal por haber tenido algún papel o participación a través de contratos subordinados o relacionados podrán intervenir y ser oídos en el juicio arbitral, aunque no sean partes contratantes del convenio arbitral contenido en el contrato principal. En la práctica arbitral marítima inglesa podrán hacerlo siempre que consientan su presencia las partes principales contendientes; de ahí que, en lugar de celebrar arbitrajes separados cuya acumulación fuera deseable, esos terceros tienen la oportunidad de plantear sus pretensiones o acciones dentro del arbitraje principal. Un planteamiento procesal frecuente es el de la conveniencia de "acumular" juicios arbitrales, iniciados por terceros, que pueden revestir aspectos comunes y garantizar una coherencia entre dichos arbitrajes. La Arbitration Act , de 1996, inglesa -en su art.35- permite tanto la posibilidad de acumulación de dos o más procedimientos arbitrales, como la de celebrar "vistas conjuntas" allí, incluso, cuando los mismos árbitros fuesen nombrados en arbitrajes separados, pero el requisito o exigencia legal es que las partes estén de acuerdo para llevar a cabo la acumulación o las vistas conjuntas y que hayan consentido los términos y condiciones en que se materialice la acumulación o las vistas conjuntas. Por tanto, la intervención de terceros en un arbitraje, así como la acumulación y concurrencia de vistas, en las que separadamente intervengan otras partes, necesitan el "consenso" de todas las partes implicadas. Y ello es así en razón al principio de "autonomía de las partes" que informa la legislación arbitral inglesa.

JURISPRUDENCIA: *"Oxford Shipping Co. v. Nippon Yushen Kaisha" (The Eastern Saga), 1984, 3 All England Reports, 835.*

Los **aspectos materiales** no son otros que las materias que pueden ser objeto de un juicio ordinario o de un arbitraje, a destacar ya que no existen diferentes limitaciones en la mediación ni en los métodos empresariales de resolución. Así, serán susceptibles de arbitraje, y de conocimiento judicial, todas las controversias sobre materias de libre disposición de las partes conforme a derecho (art.2.1 Ley de Arbitraje 60/2003); es decir, que no lo serán aquéllas que sean de carácter imperativo y, por tanto, de obligada observación y cumplimiento. Todas las materias contenidas en el concepto de "Derecho Marítimo", ya sean relativas a responsabilidad contractual o extracontractual, son susceptibles de litigio y conforman "derecho dispositivo" en principio, pero existirán normas imperativas sobre cuestiones concretas a cuyo respecto la Ley no permite discusión o discrepancia. Los arbitrajes laborales pueden, efectivamente, tenerse en el contexto material de la Marina Mercante, pero están alojados en la jurisdicción laboral, al igual que las reclamaciones ante los tribunales laborales, y por tanto no forman parte procesal del Derecho Marítimo, ni la Ley de Arbitraje es aplicable a los mismos (art.1.4). Una excepción interesante al principio del "derecho necesario" es que, cuando el arbitraje es internacional y una de las partes es un Estado o una sociedad estatal que tenga prerrogativas o reglas imperativas a su favor, dicha parte no podrá invocar su propio Derecho a fin de sustraerse de las obligaciones dimanantes del convenio arbitral, es decir, que no podrá evitar la sumisión arbitral que un día consintió por razón de que ,conforme a su derecho, la controversia no sea arbitrable (Ar.2.2 Ley de Arbitraje 60/2003). En Derecho inglés, tan presente en los arbitrajes marítimos, la Arbitration Act 1996 – en su art.4.(4 y 5)- las materias de derecho imperativo serán de observancia siempre que el arbitraje tenga lugar en el Reino Unido y sea de aplicación la normativa de la Arbitration Act, pero si las partes pactaron otras reglas conforme a otro derecho, sustantivo o procesal elegido por ellas, entonces esa elección de ley hecha por las partes servirá para todos aquellos extremos que no sean "derecho imperativo inglés"; de donde se deduce que la cuestión de la "arbitrabilidad de una controversia" ha de regirse por la ley pactada por las partes en el momento de la sumisión a arbitraje , aunque conforme a su derecho interno no sea arbitrable.

Sobre **aspectos formales,** la jurisdicción española y la competencia de los tribunales españoles viene determinada por la Ley y los Convenios Internacionales suscritos por España. No obstante, las partes de un contrato marítimo podrán perfectamente someterse a un tribunal judicial español mediante la identificación clara e inequívoca del mismo y de la demarcación judicial en la que se encuentra. Para los convenios arbitrales hay que tener en cuenta, como se ha indicado repetidamente antes que, el pacto puede adoptar la forma de cláusula incorporada a un contrato o separada como acuerdo independiente; en inmediato y principalísimo lugar, el convenio deberá expresar la voluntad de someter a arbitraje todas o algunas de las controversias que hayan surgido o puedan surgir respecto de una determinada relación jurídica, contractual o no contractual (art.9.1 Ley de Arbitraje 60/2003). La Ley no exige más que "la voluntad de arbitraje", sin que entre en otras consideraciones de lugar del arbitraje, número de árbitros, designación de los mismos, ley aplicable o idioma del arbitraje. Pues bien, esos aspectos son necesarios, pero no constituyen un requisito formal a los efectos de suficiencia del compromiso arbitral, que podrán completarse y desarrollarse a partir de la existencia comprobada de una "voluntas". Por tanto, la sede del arbitraje, el idioma del arbitraje, la identidad de los árbitros, el plazo para emitir el laudo, etc., etc., serán normalmente objeto de negociación o de aceptación de condiciones impresas, operando siempre en el ámbito del derecho dispositivo. En tal incidencia cobran especial relevancia y utilidad las instituciones de arbitraje, que aportarán todos esos elementos funcionales mediante la simple sumisión a una de tales proveedoras de arbitraje institucional o administrado (art.14 Ley de Arbitraje 60/2003).

Los centros de Arbitraje ofrecen el modelo de "arbitraje institucional o administrado", a través del cual facilitan a los usuarios toda la organización, designación de árbitros, desarrollo y control del procedimiento, prácticas localizadas de pruebas, escrutinio y emisión del laudo, etc., por un coste de administración fijo por cada caso. Con ello ayudan considerablemente a las partes y fomentan decididamente la celebración de los arbitrajes, resultando suficiente que las mismas se sometan, en el pacto arbitral inicial, a una institución arbitral determinada y a su reglamento para que el mecanismo se ponga en marcha y funcione adecuadamente. Se trata de un conjunto de actuaciones, de índole estructural organizativa, que las instituciones arbitrales quedan obligadas a cumplir desde el momento del encargo; un cumplimiento fiel por el que incurrirán en responsabilidad, así como los árbitros desde su aceptación, en concepto de daños y perjuicios causados a los usuarios por mala fe, temeridad o dolo. En los arbitrajes administrados los perjudicados tendrán acción directa contra la institución arbitral, con independencia de las acciones de resarcimiento que asistan a aquélla contra los árbitros designados por las partes de entre las listas arbitrales de la institución (las listas de árbitros permanentes están siendo sustituidas progresivamente por bancos de datos de árbitros) o por elección de ellas mismas (art.21.1, Ley de Arbitraje 60/2003.

Las instituciones de arbitraje comercial están constituidas en más de 45 países y su número alcanza el de 161 a nivel mundial. Aquellas especializadas en **arbitrajes marítimos** son, también, numerosas, pero pueden resumirse, destacadamente, en las siguientes principales:

1. La London Maritime Arbitration Association (LMAA), con sede en Londres, que no es un centro de arbitraje administrado sino una "asociación de árbitros marítimos", que sobresale por encima de las demás con el 83% de los casos aproximadamente.

2. La Society of Maritime Arbitrators (SMA, de New York, que también es de tipo asociativo de miembros árbitros.

3. La Singapore Maritime Centre of Arbitration (SMCA) con sede en Singapore, independizada de la importante Singapore International Arbitration Centre (SIAC).

4. La China Maritime Arbitration Commission (CMAC), con sedes en Beijing y Shanghái.

5. La Hong-Kong Maritime Arbitration Centre (HKMAC), que es en la actualidad recomendada por la BIMCO (Cámara de Armadores, en Copenhague) junto con las 3 primeras.

6. La German Maritime Arbitration Association (GMMA), de Hamburgo.

7. La Maritime Arbitration Commission at the Chamber of Commerce and Industry of the Russian Federation (MAK), con sede en Moscú.

8. La Chambre Arbitral Maritime de Mónaco.

9. La Court of Arbitration at the International Chamber of Commerce (ICC), con sede en Paris.

10. El Indian Council of Arbitration (ICA), con sede en New Delhi.

La cifra de arbitrajes marítimos en sede de corte anglosajón (LMAA, SMA, SMCA y HKMAC) agrupa el 92% de las controversias mundiales. El reducido resto se distribuye, en cuanto a arbitrajes internacionales, entre Paris (ICC y Chambre Arbitrale Maritime), Hamburgo (GMAA) y Países Bajos (TAMARA Centre), mientras que China (CMAC) y la Federación Rusa (MAK), ambos con numerosos casos, se ocupan de los litigios arbitrales marítimos nacionales en mucho mayor grado que los transfronterizos.

IV. La ley aplicable al procedimiento.

Se ha advertido al inicio sobre el efecto manifiestamente determinante que sobre la resolución del litigio tiene la **ley aplicable,** y de la confluencia de la ley sustantiva sobre el fondo de la controversia, la ley o la normativa que ha de aplicarse al procedimiento y hasta la ley utilizable, en su caso, en el régimen de conflicto de leyes. La ley sustantiva viene dada por el pacto entre las partes, es decir, la ley elegida para regir el fondo de la controversia, o a falta de pacto la ley determinada por el ordenamiento prevalente en el lugar donde se ha de resolver el litigio, que no es ciertamente la "lex fori", sino la resultante de aplicar la misma a los efectos de encontrar las opciones posibles, como, p.ej., la ley del lugar del cumplimiento de la obligación, la ley del lugar del contrato (en el que la cláusula silenciosa está inserta), la ley del lugar del accidente, la ley del fondo de limitación de responsabilidad, la ley que tenga mayor proximidad y conexión con el asunto ,a criterio del tribunal o de los árbitros, y en fin las reglas del propio Convenio Internacional (p.ej., art.24 ,Reglas de Hamburgo 1978).

La ley del procedimiento o **norma procesal aplicable** es la que nos exigirá directa atención en este trabajo, por cuanto la ley del fondo por sí misma no conducirá a la elección más acertada sobre el método de resolución del conflicto. Aunque su influencia sea indudable por motivo de la difícil separabilidad de una y otra, atendiendo a que en el comercio marítimo se utilizan referencias de sumisión a una sola ley, que determina tanto la sustantiva como la procesal, atrayendo la primera a la segunda (salvo pacto específico en contrario). El ejemplo más notorio y casi general es la mención del **english law,** que implica tanto ley británica sustantiva como la normativa en cuanto al proceso. En la mayoría de los litigios resultantes de los contratos marítimos, la normativa procesal coincidirá con la sustantiva. Los supuestos de accidentes marítimos, de los que surgen reclamaciones diversas por culpa extracontractual, no existe pacto alguno previo sobre ley aplicable, por lo que las partes involucradas habrán de ponerse de acuerdo sobre una jurisdicción (de no entrar en juego el Convenio de Jurisdicción Civil en casos de Abordaje, 1910), cuya legislación procesal habrá de regir el litigio, no obstando el dato frecuente de que las mismas partes puedan convenir la aplicación de los límites de responsabilidad y el procedimiento en cuanto a constitución y distribución del fondo de limitación correspondiente a otra legislación (p.ej., jurisdicción inglesa con aplicación de los límites de responsabilidad alemanes).

La situación difiere en cuanto al Arbitraje. En la cláusula arbitral las partes pueden acordar una ley sustantiva determinada; pero siempre que pacten, asimismo, el modelo de arbitraje institucional o administrado todo el procedimiento arbitral se regirá por el reglamento de la concreta institución, y supletoriamente para lo no previsto en dicho reglamento, por la ley procesal del lugar de celebración del arbitraje. Más del 80% de los arbitrajes marítimos mundiales son encomendados a la London Maritime Arbitration Association (LMAA), de Londres, cuyas reglas ("Terms 2017")) se aplicarán al juicio arbitral, y supletoriamente la English Arbitration Act 1996, es decir, la Ley inglesa de Arbitraje. Por tanto, nada impide que la ley sustantiva difiera de la regulación procesal, sea el reglamento de la organización arbitral (en el caso de la LMAA, una asociación de árbitros, tipo "ad hoc"), sea la legislación nacional del país de la sede. Lo mismo sucede con la CCI de Paris, el CIAM de Madrid, la SMA de New York, etc. Los arbitrajes de equidad ("ex aequo et bono") no precisan de normas sustantivas y, por tanto, su procedimiento podrá seguir el mismo reglamento de la cámara o institución arbitral elegida por las partes.

En los supuestos de arbitraje "ad hoc" (no institucional) y, en general de la Mediación marítima, el procedimiento se acordará normalmente con el árbitro o el mediador, salvo que la mediación se confíe a una institución que tenga establecido su propio régimen para llevar a cabo el proceso mediador.

En las dirimencias técnicas (juicio de peritos, adjudicación, informe técnico vinculante) no regirá otra ley procesal que la del lugar de celebración del método de resolución, pero con carácter muy supletorio ya que los encargos dirimentes suelen ser acordados por las partes en todos sus detalles.

El Mini-trial y la negociación requieren una fórmula de conducción o de procedimiento, que son siempre establecidas por las partes (las empresas en el "Mini-trial"), pero que responden a pautas habituales del entorno comercial, aunque no puede hablarse de normas o de reglas ya que se desarrollan voluntariamente y no constituyen vínculo procesal alguno, que pueda ser refrendado o formalizado por ninguna autoridad judicial o administrativa.

V. Las reclamaciones marítimas en el Procedimiento Civil Ordinario.

Las pretensiones relativas al Derecho Marítimo llegan a los tribunales ordinarios con más frecuencia de la que debieran. Es un hecho que las reclamaciones derivadas de los accidentes de la navegación, nacidas de contextos extracontractuales, han de ser conocidas por los tribunales ordinarios que resulten competentes según las reglas nacionales o internacionales de atribución de competencia (p.ej., el Convenio Internacional sobre Competencia Civil en materia de Abordajes, Bruselas, 1910). En el ámbito nacional español los Tribunales Civiles, que son los competentes (a través de los Juzgados de lo Mercantil), tendrán conocimiento de las reclamaciones marítimas bien por razón de sumisión contractual y cuando el demandado tenga su domicilio en España, o en todo otro caso en ausencia de la misma en virtud de lo previsto para la jurisdicción española en el art.22 de la Ley Orgánica del Poder Judicial(LOPJ) 6/1985. No lo tendrán cuando las partes contratantes se hayan some tido a tribunales judiciales o arbitrales extranjeros. En particular, afecta al Derecho Marítimo lo señalado en el art.22(3) para las obligaciones de modo que, defecto de los criterios anteriores, los tribunales judiciales españoles serán competentes cuando las obligaciones contractuales hayan nacido o deban cumplirse en España, y lo serán para las obligaciones extracontractuales cuando el hecho del que deriven haya ocurrido en territorio español o el autor del daño y la víctima tengan su residencia habitual común en España. Puede fácilmente suponerse el gran número de reclamaciones marítimas nacidas de culpa contractual (los contratos marítimos) y extracontractual (los accidentes en el mar). Sin embargo, en el supuesto de los contratos mercantiles marítimos, tanto nacionales como internacionales, la gran mayoría contienen cláusulas de sumisión a arbitraje en sede extranjera en más del 90% de los casos, por lo que no llegan a la jurisdicción española. Es también de interés destacar el aptdo.5 del mismo art.22, en cuanto que remite a los tribunales españoles para la adopción de medidas cautelares o de aseguramiento respecto de personas o bienes que se hallen en territorio español y deban cumplirse en España, a cuyo efecto se invierte el porcentaje de supuestos ya que los dos Convenios de Embargo Preventivo de Buques (1952 y 1999)han sido suscritos por España y otorgan, dentro de las condiciones de dichos Tratados, competencia procesal a los tribunales del lugar donde se encuentre el buque objeto de la medida de embargo preventivo.

Asumiendo, por tanto, que las causas marítimas civiles se verán en la jurisdicción española en supuestos extracontractuales mayoritariamente, y en vía contractual las menos, veremos los Juzgados que resultarán competentes, lo que tiene una gran importancia práctica. Cuando no hayan de abstenerse por falta de competencia internacional o de jurisdicción (arts.37-39 Ley de Enjuiciamiento Civil 1/2000), los Juzgados de Primera Instancia eran los llamados a conocer de los asuntos marítimos en el orden civil(art.45 LEC).Serían aquellos Juzgados correspondientes al domicilio o de residencia del demandado los que tenían competencia territorial sobre las personas físicas (art.50 LEC) y sobre las personas jurídicas-que es el supuesto normal en Derecho Marítimo- se seguirá la misma pauta anterior pero extensible al lugar donde la situación o relación jurídica a que se refiere el litigio haya nacido (lugar del contrato) o deba surtir efectos (lugar de cumplimiento de la obligación) siempre que en tales lugares tengan establecimiento abierto al público o representante autorizado para actuar en nombre de la entidad(art.51 LEC).Este último requisito apuntaba directamente a las reclamaciones marítimas, ya que numerosas empresas tenían oficinas, de venta o de contratación, abiertas en localidades distintas a la de su domicilio social, p.ej. en los puertos españoles. Pero no podían incluirse las oficinas de los Agentes Marítimos o Consignatarios, ocasionales o de línea regular marítima, salvo que se trate de Agentes Generales con poder de representación. Por dicha configuración legal, los asuntos marítimos eran conocidos, con gran frecuencia, por los Juzgados de Primera Instancia de los puertos o demarcación más próxima a los mismos, en los cuales era más probable que actuasen Jueces con mayor conocimiento y experiencia marítima, por tanto mencionables los de puertos de mayor tráfico (como Bilbao, Barcelona, Valencia, Sevilla, Cadiz, Vigo, Las Palmas de Gran Canaria entre una lista corta).La territorialidad alcanzaba, desde luego, de pleno a Madrid, no solo por lugar del contrato sino por lugar de cumplimiento en los numerosos supuestos actuales de transporte multimodal (marítimo combinado con el terrestre, aéreo y ferroviario).De tal proyección es fácil deducir que un Juzgado de Primera Instancia de Bilbao tiene mucha mayor preparación material para conocer de un asunto marítimo que otro correspondiente al puerto de Pasajes, de Motril o de Castellón. Y ese factor, por lo que añadiremos a continuación, es de enorme importancia para los litigantes marítimos.

La LEC, en su art.52, añade hasta 16 supuestos especiales de competencia territorial, de los que nos afectan los de las acciones reales sobre bienes inmuebles (el buque lo es sólo a efectos de hipoteca), el de las obligaciones de garantía, los de competencia desleal, el de las acciones sobre la validez o nulidad de cláusulas de condiciones generales de los contratos, marítimos, los de tercerías de dominio o de mejor derecho en los procedimientos administrativos de apremio en los puertos y aquellos que, dentro del Derecho de Consumidores, versen sobre el ejercicio de acciones de cesación en defensa de consumidores de servicios marítimos. En tales casos de mención especial habrá que estar a la competencia del Juzgado señalada por la ley procesal civil. Por todo lo expuesto, la realidad marítima litigiosa se encontraba a cargo de la jurisdicción ordinaria civil en numerosas ocasiones y supuestos en los que las partes no estaban obligadas a acudir a otra jurisdicción o a otro método alternativo de resolución de conflictos, como el Arbitraje principalmente, en virtud de un pacto atributivo de competencia, que permitía excluir la intervención de un Juzgado Civil mediante la interposición de la Declinatoria, nacional o internacional, prevista en los arts.63-65 LEC. Pero, esa situación ex LEC 1/2000 quedó modificada a partir de Septiembre 2004 con la entrada en funcionamiento de los **Juzgados de lo Mercantil,** cuyas competencias quedaron ampliadas a un número extenso de materias, enumeradas en el art.86.3 LOPJ, que abarcaron todas las cuestiones que se susciten en materia concursal ,competencia desleal, propiedad industrial, propiedad intelectual, publicidad, sociedades mercantiles y cooperativas ,acciones colectivas sobre condiciones generales de contratación y protección de consumidores ,resoluciones de los registradores mercantiles, normativa de transporte internacional y nacional y ," ***aquellas pretensiones relativas a la aplicación del Derecho marítimo*"** (art.86.3.2 LOPJ); por lo que **los asuntos marítimos quedaron sometidos a los Juzgados de lo Mercantil**. Pero ello no opera de forma absoluta porque a la entrada en vigor de la LNM14, de Julio 2014, había un número de materias indeterminadas que se regían por las normas de competencia civil del Derecho Común, lo que ha dado lugar a que algunas reclamaciones no incluidas de forma material en la LNM2014 hayan resultado excluidas de las competencias de los Juzgados de lo Mercantil. Por ello, y atendiendo a su amplio marco competencial, los Juzgados de lo Mercantil **no constituyen una jurisdicción especializada en Derecho Marítimo,** aunque se ha acentuado el mayor conocimiento de aquellos Juzgados de lo Mercantil que se encuentran situados en puertos de mar, e igualmente sucede lo mismo con las Audiencias Provinciales, sobre todo la de Barcelona, Bilbao y Valencia.

Como el objetivo de la presente obra es la comprobación del tratamiento que recibe el Derecho Marítimo en los diferentes procedimientos de resolución de litigios, en este primero que se refiere al **juicio civil ordinario** los siguientes aspectos que estimamos relevantes: el conocimiento experto del juez, la demanda y el planteamiento del litigio, las pruebas , el sendero a la sentencia , los recursos habilitados contra ella , su coste económico , la agilidad del proceso y el tiempo para alcanzar una resolución firme.

a) el conocimiento experto del Juez.

Este puede situarse en primer lugar como el problema dominante, salvo la excepción de los Juzgados y AP de puertos de mar. El Derecho Marítimo es una disciplina de raíces comerciales y, en muchos enfoques, consuetudinaria. Es inseparable de la realidad del tráfico mercantil en el medio y el espacio marino. Cierto que ello sucede con todas las actividades industriales y comerciales, pero el negocio marítimo es superespecializado por razón de la tecnología naval, de las operaciones del tráfico de mercancías por mar y del tránsito portuario, del comportamiento de la vida humana en el mar, de la geografía y las ciencias del mar, y sobre todo por razón de la legislación marítima, casi autónoma aunque aún sea encasillable en el Derecho Mercantil, en la que sobresale el Derecho Marítimo inglés por el elegido por las partes en una abrumadora mayoría de veces, lo que obliga a la prueba del derecho extranjero y al reto para un juez español de valorar y entender dicha prueba legislativa.

El que fue ilustre Magistrado de la Audiencia Territorial de Valencia, MIGUEL CIGES PEREZ, confesaba que ***"cuando los Jueces y Tribunales nos enfrentamos con una cuestión marítima, una de las tantas cuestiones que nos depara el ejercicio del comercio por mar, pronto advertimos que nos hallamos ante una auténtica problemática en el momento de aplicar el Derecho Marítimo a la cuestión controvertida. Problemática en el más puro sentido gramatical de la***

palabra, es decir, en el sentido de la serie de dudas e incertidumbre que nos acosan en nuestro mejor y más noble deseo de fallar el caso dentro de la mayor justicia y equidad, y aumenta nuestra congoja cuando por delante llevamos el principio* iura novit curia, *cuya presencia no se puede desconocer"; "el derecho que regula la proyección del hombre sobre el mar........se nos va proyectando como un mar de confusiones. Porque ya en su primera hora el encuentro del hombre con el mar fue siempre antijurídicamente; alguien ha dicho que la proyección del hombre sobre el mar ,la obra ingente del hombre con el mar, lo que vulgarmente denominamos civilización, se ha llevado a cabo y se ha producido por el ejercicio de dos facultades: la temeridad, la imprudencia temeraria, y la razón......La historia del mar es un proceso de empresas temerarias, imprudentes y de fracasos........Y el fracaso de esta gran aventura del hombre, el Derecho Marítimo, lo liquida también a veces antijurídicamente, con actos que prohíbe el Derecho Civil, y con actos que castiga el Derecho Penal; y esta antijuridicidad se viene arrastrando en todo el Derecho Marítimo, y le tinta de un particularismo de donde arranca en origen toda esa problemática"(LA PROBLEMÁTICA DEL DERECHO MARÍTIMO ANTE LOS JUECES Y TRIBUNALES ESPAÑOLES, 1974, Publicaciones del Comité de Derecho Marítimo de Valencia, recogiendo su discurso en la solemne apertura del año judicial el 15 Septiembre 1973).No sería exagerado decir que un Juez español desconoce, generalmente, el Derecho Marítimo y la doctrina recaída sobre sus materias tanto en Derecho español como en Derecho Comparado, destacando el anglosajón. No es sino problemático el cumplimiento del axioma "iura novit curia", por el dato reconocido de que ***"este derecho Inglés ha sido y continúa siendo el rector de la política mundial del mar, y en estos países de influencia inglesa el derecho mercantil ha sido esencialmente marítimo siempre, al contrario que el nuestro, en que el Derecho Marítimo ha sido o es esencialmente mercantil o comercial"*** (señala el Magistrado CIGES, opus citae). Más aún, el Juez español desconoce la construcción naval y cómo es un barco mercante, así como no puede suponerse que conozca la operativa de los puertos y la ciencia de la navegación por mar.

Un problema frontal como éste fue objeto de consideración detenida por la Asociación Española de Derecho Marítimo en los años 80; se hizo una solicitud al Ministerio de Justicia para la creación de "Juzgados Marítimos civiles", a semejanza de los seis "Tribunales marítimos comunes" abiertos en Portugal, pero se recibió la respuesta de que no sería posible porque la "jurisdicción especial" estaba prohibida por la Constitución española, lo que frustró nuevos intentos ya que se confundía, a nuestro modo de ver, la "jurisdicción especializada" con la "especial". Hubo, no obstante, algunos Magistrados del Tribunal Supremo de encomiable afición y conocimientos de Derecho Marítimo (como, p.ej., Marina Martinez-Pardo, Albacar y Ferrandis). El resultado de tal desconocimiento del Derecho y del entorno marítimo dio lugar a ciertos fallos singulares y desilusionantes, que quedaron lejos de las expectativas de las partes.

JURISPRUDENCIA:

-STS 14-11-1865. Avería Gruesa: el contrato a la gruesa o préstamo a riesgo marítimo es un acto esencialmente mercantil; para el pago eran competentes los tribunales del lugar del final de los viajes para los que fueron contratados los préstamos, a la sazón Alicante. El TS decidió que el competente era el Tribunal de Comercio de Barcelona.

-STS 15-11-1879. Seguro Marítimo: el Armador puede vender el buque y relevar al Capitán sin consentimiento del Asegurador.

-STS 3-7-1882. Arribada forzosa: los gastos de arribada forzosa no son de avería gruesa porque la arribada fue causada por un accidente.

-STS 11-5-1900. Prueba pericial: el tribunal tiene facultades discrecionales en lo relativo a la valoración de la prueba pericial judicial. No hay error judicial porque se apoya en el conjunto de las pruebas.

-STS 15-11-1902. Sumisión expresa. Debe entenderse por "sumisión expresa" (art.57 LEC) la hecha renunciando, clara y terminan-

temente, al foro propio y designando con toda claridad el foro al que se sometan.

-STS 7-2-1905. Retraso en la entrega: las consecuencias del contrato de transporte por retraso de la mercancía son independientes de la cadena de perjuicios que pueden o no sobrevenir.

-STS 22-1-1908. Cláusula "bordo Bilbao": la expresión "bordo" de un determinado puerto de mar significa que la cosa vendida ha de transportarse a un lugar distinto del que se encuentra, sin que la remesa sea por cuenta, cargo y riesgo del comprador, designando así el lugar para la entrega de las mercancías y el precio o lugar del cumplimiento de la obligación.

-STS 9-6-1909. "bordo Gijón": la cláusula de sumisión expresa consignada en las circulares impresas de la casa vendedora no puede producir efecto alguno por no poder sospecharse que la conocía el comprador ni que fuese tenida en cuenta al cumplirse la obligación.

-STS 10-12-1912. Endoso del Cto. de Embarque al Banco: la entrega de los Ctos. de Embarque al Banco como garantía provisional de las letras giradas para el pago del precio de la mercancía transportada no atribuye a éste la cualidad de propietario de la misma ni le legitima para reclamar el importe de su valor basándose en el contrato de cambio.

-STS 6-11-1915. Avería Gruesa ante Notario: las actuaciones de jurisdicción voluntaria basadas en una declaración ante Notario Público, y no ante la Autoridad Judicial competente, carece de eficacia. La jurisdicción voluntaria deja a salvo el derecho al juicio declarativo.

-STS 24-12-1920. "sobre bordo en Barcelona": en el domicilio del vendedor, significa por cuenta y riesgo del comprador, invalida la cláusula de sumisión expresa inserta en una factura.

-STS 20-10-1921.Clausula de sumisión expresa en el Cto. de Embarque: vincula a cargador y porteador, pero no afecta al comprador no contratante del transporte.

-*STS 28-3-22. Cláusula de sumisión expresa en el Cto. de Embarque: en contra de la anterior, sí vincula al destinatario comprador en razón al efecto traslativo del Cto. de Embarque como título valor.*

-*STS 6-3-1922. Cláusula de sumisión expresa en el Cto. de Embarque: tiene plena validez aún sin firma del cargador.*

-*STS 24-4-1926. Abordaje: "en esta clase de accidentes de mar, la presunción es que obedecen a fuerzas inevitables de la naturaleza o que se realizan de un modo fatal, a despecho de la voluntad de quienes rigen las embarcaciones".*

-*STS 3-5-1978. Auxilio Marítimo: en el incendio de un buque en puerto no tiene aplicación la Ley 60/62 sobre Auxilio y Salvamento por no hallarse la nave "en el mar", y corresponde conocer del asunto a la jurisdicción ordinaria.*

-*STS 21-5-1982. Cto. de Embarque no firmado por el cargador: la cláusula de sumisión expresa contenida en el Cto. de Embarque no tiene efectos frente al Asegurador en subrogación.*

-*STS 6-5-1985. Limitación de responsabilidad: no existe derecho a limitar la responsabilidad pactada en el Cto- de Embarque porque la carga y la estiba no fueron supervisadas por el capitán.*

-*STS 10-7-1989. Averías marítimas: la arribada a un puerto para reparar originó gastos reclamados por usos de comercio "contra legem" que, aunque sean fuente del ordenamiento jurídico, son siempre de segundo grado.*

-*STS 10-7-1990. Contrato de fletamento: inaplicación de la cláusula de sumisión a tribunales extranjeros por falta del requisito de firma por las partes. La aplicación de Derecho extranjero exige acreditar no solo la exacta entidad del derecho vigente sino también su autorizada interpretación de suerte que su aplicación no suscite la menor duda razonable a los tribunales españoles.....la sumisión a tribunales extranjeros tiene un carácter "rigurosamente excepcional".*

-STS no.865/2015, de 14 Enero 2016 y STS no.4136/2018, de 19 Diciembre 2018,la segunda de fijación de la indemnización, en el ***caso Prestige:*** *aplicación errónea del Convenio MARPOL 73—78 , de la Directiva 2005/35/CE, del Convenio SOLAS 74-78-88, del Convenio de Intervención en Alta Mar 1969, y sobre todo, violación del Convenio CLC92 en cuanto a la exclusión de la culpa del Capitán (art.3.4) y en cuanto al derecho de limitación de responsabilidad del Asegurador de P&I (arts.5.3 y directamente el 7.8).*

-Auto, de 15 Mayo 2017, Audiencia Provincial de Valencia, Sección 9. El Reglamento Bruselas I, refundido, sólo es de aplicación cuando el tribunal al que se remita la cláusula de sumisión se encuentre en un país de la UE. La cláusula de jurisdicción remite a las partes a los tribunales de Hong-Kong, que no es parte de la UE, por lo que la cláusula sumisoria no fue negociada individualmente y no puede ser válida conforme a lo exigido por el art.468 LNM2014. Este fallo, si hubiese de afectar al arbitraje, habría ignorado los efectos del art.2 del Convenio de New York 1958, suscrito por España. La importancia reside en la probabilidad de que los tribunales españoles no reconozcan la validez de los pactos de arbitraje marítimo en favor de Londres por el hecho de que el Reino Unido no forma parte de la Unión Europea desde el 1 Enero 2021, y de que se haga uso del art.468,LNM2014 a fin de negar reconocimiento en España a un laudo arbitral dictado en Londres, lo que iría en contravención de lo establecido en el Convenio de New York 1958 sobre reconocimiento y ejecución de sentencias arbitrales extranjeras.

b) el planteamiento del litigio: demanda y reconvención.

Una controversia de naturaleza marítima requiere flexibilidad de planteamiento. Los contendientes pueden tener pretensiones varias o cuestiones puntuales y no sólo un pedimento de cuantía dineraria. No obstante las peticiones de pronunciamientos varios, las demandas declarativas (acciones de jactancia) y las de cuantía indeterminada en el procedimiento civil ordinario, la demanda está sujeta a un rigorismo procesal notable, ordenada por los hechos y fundamentos de derecho, según determina el art.399 LEC, que obliga al comerciante marítimo a buscar la asistencia de letrado a fin de, sin ser la principal encomienda, cumplir con los requisitos de la técnica jurídica procesal.

La técnica procesal civil suscita, además, el obstáculo de las "preclusiones", es decir, de la imposibilidad de llevar a cabo actuaciones en otro momento que no sea el fijado por la ley procesal. Así, la preclusión de la alegación de hechos y fundamentos jurídicos que puedan invocarse después de la fecha de la demanda; la preclusión de acumular acciones después de contestada la demanda, lo que afecta a la intervención de terceros en un conflicto marítimo (p.ej. relacionado con una exportación con fletamento y una cadena logística de transporte);la prohibición de cambios en el objeto de la demanda; la preclusión de documentos, medios, instrumentos, dictámenes e informes, salvo casos excepcionales tasados, con posterioridad a la demanda y contestación (en su caso, en la audiencia previa), fijando la regla de "presentación inicial", lo que constituye muchas veces un rigor excesivo para la rapidez habitual con la que se desarrolla el comercio marítimo; y, sobre todo, la formalidad de presentación de documentos privados (en original o copia autenticada por fedatario público), y asimismo debidamente traducidos, habida cuenta de que prácticamente toda la contratación marítima se lleva a cabo en forma electrónica.

Otro aspecto que cabe añadir al cuadro restrictivo es el del intento de "conciliación" o transacción previstos en el art. 415 LEC, ya que, a pesar de tratarse de una opción de alto interés para todo comerciante marítimo, la ley procesal lo reserva para el acto de audiencia previa al juicio únicamente y no para otro momento ulterior más fácilmente materializable; no es apenas probable que tras la demanda y contestación, en fase inicial, las partes interesadas hayan podido entablar una negociación y llegar a un acuerdo transaccional. Esa falta de realismo lo ha convertido, en la práctica, en una diligencia muerta, en la que los representantes legales se limitan a hacer constar que no hay conciliación alguna y el Juez nada puede hacer por conciliarlas ya que apenas ha tenido tiempo de familiarizarse con el expediente y de estudiar soluciones de sobreseimiento, que el clima de contenciosidad extrema en tal momento imposibilita.

c) las pruebas.

De nuevo hemos de invocar la necesidad de flexibilidad máxima que el comercio marítimo requiere a efectos de la probanza de los hechos debatidos. En las secuencias generadoras de una controversia intervienen agentes y representantes de parte, corredores mercantiles (brokers), intermediarios de distinto signo, el Capitán, oficiales y la tripulación del buque y se precisa ayuda pericial y experta sobre numerosos aspectos que van desde la maniobra del buque, el funcionamiento de los elementos técnicos y la evaluación de las pérdidas económicas hasta los contenidos y vigencia de la ley aplicable al incidente. La composición y entramado técnico suele ser muy compleja. Casi sin excepción los contendientes no llegan a ponerse de acuerdo sobre el relato fáctico, resultando necesario acudir a una proposición de prueba, por cada parte, de la máxima apertura y valor. Las pruebas propuestas por las partes deben ser admitidas por lo general salvo en los casos de irrelevancia absoluta por desconexión con los puntos de controversia y en los casos de ilegalidad; son embargo, el ordenamiento procesal civil es más estricto y admite las pruebas según criterios de "pertinencia y utilidad" (art.429.2 LEC), lo que siempre será arduo calificar para un juez que no tenga conocimiento suficiente del negocio jurídico y de su trasfondo, como es bastante probable que ocurra con los asuntos marítimos (p.ej. un contrato de fletamento por tiempo o un abordaje en la mar).

En cuanto a la prueba DOCUMENTAL los comerciantes marítimos buscarán aportar toda la parte de sus propios expedientes que les favorece, ocultando secuencias de comunicaciones que puedan restarle credibilidad, y asimismo buscarán aportar documentos existentes en poder de terceros (para comenzar, los brokers).En el negocio marítimo todos los intercambios se hace por correo electrónico y, a veces por whats-app, por lo que existiendo soportes de los mensajes casi nunca un documento es impugnado por el contrario. Como suele ser el caso, los abundantes documentos aportados por cada parte ocultan tanto como muestran, y por tal motivo las partes se exigen mutuamente la apertura y exhibición de sus archivos completos mediante una fase conocida por el nombre de "discovery", que sin duda tiene un objetivo útil. El problema radica en que, por la complejidad señalada, los archivos suelen ser muy voluminosos y el tribunal puede encontrarse con legajos conteniendo miles de documentos de todo tipo. Por ello, el "discovery" ilimitado no debe permitirse, sino que las aportaciones pedidas al contrario deben ser especificadas por medio de una lista detallada que aprobará o no el tribunal. Valorar la pertinencia de tal lista exige, en los asuntos marítimos, un conocimiento y experiencia sobre la materia que el juez ordinario no suele tener. La LEC permite la designación de archivos, protocolos y registros públicos a fin de obtener una certificación, pero siendo los mismos accesibles, la parte interesada debe aportar copias junto con su demanda(art.265.2); pero, si no se hace tal designación del lugar donde se encuentran ni se aportan copias, operará la preclusión definitiva de la presentación de documentos (art.271 LEC). La ley procesal civil no regula el "discovery" documental, por lo que la parte interesada ha de solicitar al juez que requiera la aportación del documento por la parte que se supone que lo tiene en su poder, lo que carece de eficacia alguna.

El INTERROGATORIO DE LAS PARTES, también llamado confesión judicial, previsto en los arts.301-316 LEC, es práctica común en los litigios civiles y mercantiles, pero carece, apenas, de importancia en los de Derecho Marítimo. Por razones varias: la parte interrogada, litigante o colitigante, negará todas las preguntas que, aún admitidas por el juez, perjudiquen a sus intereses en el litigio; las preguntas pueden ser inadmitidas o, incluso si fueran admitidas pueden ser impugnadas por la parte a quien puedan perjudicar antes de contestarlas; los letrados han aconsejado bien previamente a sus defendidos; el llamado "interrogatorio cruzado" (cross-examination) se convierte frecuentemente en alegaciones y puntualizaciones de las partes en vez de peticiones de aclaraciones fundadas o de observaciones sobre los hechos que el juez suele desconocer; gran parte de las respuestas son evasivas o no concluyentes; la mayor parte de las veces, el compareciente interrogado es el representante legal de la parte y no conoce personalmente los hechos, o en todo caso hace uso del derecho a excusarse (art.308); la valoración del interrogatorio de partes es relativa y sólo de contraste con el resultado de las demás pruebas, entendiéndose siempre que el tribunal hará uso interpretativo de las "reglas de la sana crítica", que dado su escaso conocimientos del Derecho Marítimo confiere a la prueba una relatividad aún mayor.

En los arbitrajes marítimos, este tipo de prueba apenas tiene uso porque las partes hacen sus "statement of facts" como revelación de las circunstancias fácticas que a cada una le incumbe y suelen admitir, según el caso, a los directores de sus empresas prestar declaración testifical.

La PRUEBA DE TESTIGOS. Esta prueba es, con frecuencia, muy importante en las controversias marítimas en las que la contratación de un buque o de una carga haya tenido un desarrollo complejo y cambiante, en el que lo acordado por las partes no haya quedado definitivamente determinado en los intercambios y la recapitulación final, no habiéndose emitido póliza o contrato escrito (en cualquier caso nunca suelen estar firmados).La LEC ofrece un régimen extremadamente riguroso en sus arts.362-381, aunque ciertamente obligado por el principio de legalidad. La proposición de la prueba exige designar los testigos de parte con carácter previo, ya que la designación de otros puede ser aconsejable en un momento ulterior de la práctica testifical pendiente la autorización del tribunal. Las partes pueden proponer una larga lista de testigos, siendo los gastos por cuenta de la proponente en la realidad, pero es muy necesaria la intervención del tribunal a fin de evitar repeticiones inútiles si un hecho ha quedado probado ya suficientemente (art.363, par.2).La prestación de juramento o promesa de decir verdad constituye un requisito superfluo, con apercibimiento penal del delito de falso testimonio, ya que la mayoría de los testigos ex parte comparecen debidamente preparados por sus abogados para decir la "verdad interesada", y es al tribunal a quien corresponde advertir las contradicciones en que incurran así como a los abogados y las partes mediante el interrogatorio cruzado (cross-examination) y el careo entre testigos y de éstos con las partes, práctica muy útil y flexible que debería estar abierta desde el comienzo del testimonio. Pero, ciertamente en Derecho Marítimo, el arma de control principal reside en los conocimientos y experiencia en comercio marítimo que el tribunal posea. Por otra parte, los testigos deben ser presuntamente imparciales, pero la habilitación general para su idoneidad exigida por el art.367 no suele cumplirse cuando el testigo está o ha estado al servicio de la parte que lo propone, ya que con frecuencia los testigos que conocen los hechos son los que tomaron parte en ellos como empleados de alguna de las partes litigantes, lo que no quiere decir que tengan interés personal o indirecto en el resultado del litigio, pero son circunstancias colindantes que facultan a las partes, según sea el caso, para pedir la tacha del testigo por falta de imparcialidad presunta(art.377).Otro ejemplo de rigidez es el derecho de las partes a impugnar la admisión de las preguntas por el tribunal, cuando ese control debe ser capaz de ejercerlo el propio tribunal de forma inapelable. La viabilidad de que las declaraciones testificales puedan extenderse a periciales permite que la figura del testigo-perito (art.370.4) sea positiva para un litigio marítimo, y toda la valoración de contenido fáctico y de alcance científico tendrá un efecto determinante sobre la formación de criterio del tribunal. No obstante, tal valoración y formación del criterio juzgador se guiarán por las reglas de la "sana crítica" (art.376), y es ahí donde hemos de insistir en la preparación especializada del tribunal.

En el arbitraje marítimo, los testigos pueden presentar sus declaraciones por escrito ("statement"), en repuesta a las preguntas previamente formuladas e intercambiadas entre las partes con copia al árbitro(s), si así es acordado por las partes. Si, por el contrario, se ha previsto celebrar una vista ("hearing"), entonces los testigos comparecen ante el tribunal arbitral acompañados de los letrados de la parte que los presenta en apoyo de su caso. No hay proposición de preguntas ni de repreguntas para previa admisión, sino que las preguntas y todo el interrogatorio transcurre de forma directa y cruzada, sin otras restricciones que las que imponga el árbitro(s), quien puede y suele, a su vez, interrogar a los testigos en torno a cada tema particular y concreto actuando de oficio. Los testigos comparecientes no están obligados a prestar juramento y de hecho no lo hacen, no solo porque se considera arcaico e inútil sino porque el árbitro(s) suele tener experiencia y conocimientos para saber si dicen la verdad o no.

LA PRUEBA DE PERITOS Y EXPERTOS. Se trata del medio probatorio de más destacada relevancia en el Derecho Marítimo, por ser éste una disciplina especializada. En su amplio espectro de la navegación de comercio hallamos incontables supuestos de carácter técnico naval que exigen la intervención de peritos, y otro tanto sucede con los expertos legales que han de acreditar el contenido y vigencia de la ley extranjera que deba ser aplicable. La LEC dedica los arts.335-352 al "Dictamen de peritos", para los casos en que sean necesarios conocimientos científicos, artísticos, técnicos o prácticos para valorar hechos o circunstancias relevantes en el asunto, con un enfoque genérico. La práctica de esta importante prueba está sujeta en la LEC a una notable rigurosidad:

-los peritos, al emitir el dictamen, están sometidos a un procedimiento sancionador penal; deben prestar juramento o promesa formal de decir verdad y de actuar con objetividad(art.335.2).

-los dictámenes periciales (ad hoc) que los litigantes aporten elaborados por peritos de su designación habrán de ser presentados con la demanda o la contestación, de forma preclusiva presunta en cuanto que el demandante habrá de probar que no le fue posible obtener el dictamen pericial en el momento de interponer la demanda (art.336.1 y 3).

-para la intervención pericial posterior, siempre antes de la vista del juicio, las partes deberán haber expresado que solicitarán al perito previamente, sin esperar al desarrollo flexible del juicio(art.337).En caso de ser necesario el informe pericial por causa de alegaciones hechas durante la vista, tal nuevo informe debe ser aportado por la parte interesada al menos 5 días antes de la vista(art.338), lo cual podría ser agilizado mediante la presencia del perito en la vista del juicio con aviso de la cuestión o aspecto sobre el que se le pedirá opinión.

-el perito designado por el tribunal es clave y de crucial importancia. En nuestro ordenamiento civil el perito del tribunal podrá ser solicitado a instancia de parte o ex oficio por el propio tribunal. Sin embargo, la organización de la prueba es compleja: si se refiere a un extremo alegado en la demanda o en la contestación no podrá ser solicitado perito judicial después de la fecha de las mismas; si lo hacen posteriormente el tribunal lo acordará si lo estima pertinente y útil y ambas partes aceptan previamente el objeto de la pericia y lo que dictamine el perito; el perito deberá poseer título oficial, y estará sometido a recusación y tacha por las partes; requisito de ratificación del dictamen pericial; de lo que deriva una ausencia de agilidad y eficacia que en el Derecho Marítimo queda suplida por un experto o perito de reconocimiento científico conocido e independiente.

Con todo, la vertiente más habitual utilizada es la llamada "prueba pericial de Academia", prevista en el art. 340.3 y 4, que permite a organismos actuar a través de sus órganos institucionales o habilitando a personas entendidas. En los litigios marítimos, la prueba de una institución científica (como puede ser, p.ej., el Colegio Oficial de Ingenieros Navales) reviste un valor decisorio en la práctica, ya que el juez, que lo ha designado, estará más que inclinado a adoptar las conclusiones del perito dado su propio desconocimiento técnico en la formación de los hechos. Podría decirse que un litigio marítimo sometido al procedimiento ordinario es decidido, en la mayoría de los casos, por el dictamen pericial del experto judicial, ya que en caso contrario el tribunal habrá de valorar el dictamen mediante las reglas de "la sana crítica" (art.348).

En los arbitrajes marítimos, la prueba pericial cobra una singular importancia, ya que muchas de las cuestiones objeto de controversia son de carácter técnico y de operación de buques, por lo que las partes presentan, normalmente, un experto (aunque por escrito pueden presentar varios dictámenes), que hayan acordado previamente entre ellas, ya que debe existir consenso sobre la idoneidad e identidad de los expertos escogidos. Facilitan mucho el desarrollo de la sesión, tanto si se hace por escrito o a través de vista oral ("hearing"), los conocimientos técnicos de los árbitros o de algún miembro del tribunal arbitral, lo que no es infrecuente ya que a menudo los árbitros marítimos han tenido práctica previa como ingenieros navales o como inspectores técnicos de navieras. Puede darse el caso de que el tribunal arbitral proponga la actuación como perito, con valor dirimente, de uno de sus miembros, para cuyo caso es necesario el acuerdo explícito de las partes o de sus representantes.

LA PRUEBA DE FILMACION, GRABACIÓN Y OTRAS SEMEJANTES.

El ordenamiento procesal civil español se refiere a medios de prueba que en la actualidad son básicos en un litigio marítimo. Así, la reproducción de palabras, imágenes y sonidos captados mediante instrumentos de filmación, grabación, power-point y otras técnicas audiovisuales son convenientes y oportunas a fin de ilustrar y mejor explicar al tribunal argumentos y razonamientos de carácter originariamente industrial, de instalaciones navales y portuarias, y de ensamblaje de equipos y estiba de cargamentos, además de reglas náuticas y técnicas de maniobras y de navegación (como puede ser el caso, p.ej., de un abordaje entre buques o de un salvamento en la mar).Conforme al art.383 LEC, se levantará un acta de los actos en los que se utilicen los citados medios, donde se consignará lo necesario para la identificación de las filmaciones, grabaciones, reproducciones, etc.; pudiendo acordar que se realice una transcripción literal de las voces filmadas o grabadas, lo que constituye un dilatado proceso impropio de la rapidez y eficacia aconsejables para los efectos de formar criterio en el tribunal sobre extremos que por medio de técnicas hoy muy perfeccionadas tienen un alto valor didáctico. Asimismo (art.384), los instrumentos, en su mayoría digitales, y los elementos técnicos, que hayan sido admitidos como prueba (y ya la admisión configura conflictos y oposición entre las partes), serán examinados por el tribunal por los medios que la parte proponente aporte, valorándolos según las reglas de "la sana critica" aplicable a tales instrumentos. De ahí que la preparación y equipamiento tecnológico adecuado de un tribunal, cuyos componentes no estén familiarizados con las modernas artes audiovisuales, sea mucho más conveniente y aconsejable para los litigios marítimos que las rigurosas comprobaciones previstas en la LEC. Las vistas telemáticas se desarrollaron en gran escala durante los años de la reciente pandemia Covid19 (2020-2022) y son una realidad en muchos países. En España, en virtud de la Ley 3/2020 (BOE-A-2020-10923), de 18 Septiembre, de medidas procesales y organizativas para hacer frente al Covid19 en el ámbito de la Administración de Justicia, aprobó el uso de medios tecnológicos para celebrar audiencias y vistas a distancia, con el fin de superar la suspensión de las actividades procesales obligada por la irrupción contagiosa del virus.

JURISPRUDENCIA

El TS (Sala de lo Penal), por su Sentencia de 22-07-21, *determinó que no quedó limitado el derecho de defensa del acusado si su presencia en el juicio durante la pandemia fue por videoconferencia; con ello, avaló el empleo de la las vistas telemáticas.*

d) el sendero hasta la sentencia.

El juicio tiene por objeto la práctica de las pruebas antes comentadas y a continuación las partes formularán las CONCLUSIONES sobre las pruebas (art.431 LEC). Las partes deben comparecer representadas por procurador y asistidas de abogado (art.432); si no comparece ninguna, se levanta acta y se declara el pleito visto para sentencia, pero se celebrala vista de conclusiones si sólo comparece una de las partes. Es preciso comentar tres aspectos: a) en cuanto a la práctica de las pruebas, por la que comienza el juicio, alguna de ellas puede haber impugnado la admisión de alguna prueba, o también alguna parte puede proponer alguna nueva prueba relativa a hecho conocido con posterioridad. El tribunal resuelve in situ, sobre la marcha, y la parte perjudicada por la resolución ha de plantear recurso de reposición oral contra la decisión, todo lo cual supone un cierto vértigo de actuaciones al minuto que no contenta a nadie y produce sensación de incertidumbre en materias especializadas de Derecho Marítimo; b) las conclusiones son orales y tienen lugar a continuación de, como es frecuente, varias horas de debate durante la práctica de pruebas, lo que resulta desafiante para los letrados ya que el procedimiento requiere "exponer de forma ordenada, clara y concisa" los hechos relevantes, hacer un breve resumen sobre cada una de las pruebas practicadas en el juicio con remisión pormenorizada a la ya practicada en autos para cada hecho, alegando lo que se estime sobre los hechos dudosos y la carga probatoria. A continuación cada parte informará de los argumentos jurídicos que asisten a su razón litigiosa a la vista del resultado de las pruebas refiriéndose también al resultado para su contraparte, y para finalizar cada parte (su letrado) resumirá las conclusiones sobre sus respectivos pedimentos iniciales por vía de demanda y, en su caso, reconvención. Es decir, una sesión maratoniana en cuyo desarrollo pueden quedar numerosos extremos oscuros que no tuvieron mejor ocasión de clarificación dada la oralidad del recorrido y la falta de sosiego para reflexionar por medio de apuntes o notas, en cuyo contexto sería obviamente conveniente consultar con la parte representada (el cliente); c) la vista es presencial y lo es durante horas; en la actualidad y con motivo de la pandemia del Covid19 ha devenido necesario celebrar las vistas o juicios mediante formato virtual, que permite otra disposición completamente distinta y privada de la presión psicológica siempre inherente a la información en los estrados del tribunal. Las vistas virtuales o semivirtuales son muy adecuadas para los litigios marítimos, y en el apartado del Arbitraje nos referiremos a ellas en detalle. Las DILIGENCIAS FINALES (art.435 LEC) permiten opciones a las partes, de forma excepcional, la presentación de nuevos documentos (no conocidos antes) y de practicar pruebas que no pudieron ser practicadas en su momento o que el tribunal juzgue pertinentes o útiles "para mejor proveer"; si el tribunal las concede estas diligencias finales se practicarán en el plazo de 20 días, por lo que es una opción procesal muy popular y utilizada por las partes con frecuencia, que en Derecho Maritimo pueden ser innecesarias ya que por medio de una mayor flexibilidad en la fase probatoria, haciendo uso del "discovery" pueden las partes aportar todo lo que convenga a su derecho. Transcurridas las Diligencias Finales se dictará la Sentencia, en tiempo normalmente impredecible.

e) los Recursos disponibles.

Las oportunidades de impugnación y apelación de nuestro ordenamiento civil son poco atractivas para el Derecho Marítimo por dos razones fundamentales: la impredecibilidad del fallo y la dilación en la tramitación hasta alcanzar una resolución firme y definitiva. Lo último constituye un recorrido carente de agilidad, a pesar de estar fijados los plazos en la propia LEC. Los recursos son tasados, solamente los determinados por la ley están permitidos. El Recurso de Reposición contra todas las Providencias y Autos no definitivos se insta ante el mismo tribunal que dictó la resolución desfavorable; de por sí resulta improbable que el tribunal se corrija a sí mismo, pero en asuntos marítimos la probabilidad es aún más remota dada la confianza que el juzgador de instancia suele poner en otro tribunal superior que pueda ser más conocedor de la materia. El juez ha de resolver en el plazo de 5 días (art.453.2) lo que sucede muy rara vez. El Recurso de

Apelación, por los trámites de la Segunda Instancia, se puede interponer contra todas las Sentencias y Autos definitivos (y otros señalados por la ley) ante las Audiencias Provinciales. Es un recurso de carácter revisorio de la totalidad del fallo inferior, que implica un nuevo examen de las actuaciones y que se dicte una nueva resolución que sustituirá a la apelada que se revoca. Supone un primer trámite de preparación y admisión, al que sigue un segundo de interposición del recurso por escrito, acompañando documentos, continuado por una fase probatoria (si se solicitan pruebas no admitidas, no practicadas en primera instancia y aquellas otras que se refieran a hechos de relevancia para la decisión), audiencia a la parte apelada, remisión de los autos al tribunal competente que ha de resolver y sentencia de apelación. Esa Sentencia puede ir precedida de una vista si se han pedido prácticas de prueba o si lo pidió una de las partes o el tribunal lo considera necesario. Si hay vista de apelación, la Sentencia debe dictarse en 10 días (art.465.1), lo que prácticamente nunca sucede. La fase de Apelación puede ocupar hasta un año o más. Los comerciantes marítimos no pueden habituarse a tales dilaciones en la administración de justicia, aunque el reclamante triunfador en primera instancia tiene a su favor la posibilidad de solicitar la ejecución previsional de la sentencia que le favoreció y de hacerlo en el momento que el juzgado de primera instancia remita los autos al tribunal superior (art.463.2), y esa ejecución provisional puede tener efectos disuasorios sobre su contrario y obligarle a interesar una solución amistosa que acabe con el litigio. A partir de la Sentencia dictada en Apelación se abren dos recursos, a saber, uno en cuanto a forma llamado “Recurso extraordinario por Infracción Procesal” y otro que es el Recurso de Casación en cuanto al fondo de lo decidido en apelación, los dos ante el Tribunal Supremo; no constituyen una “tercera instancia” ya que los motivos son extraordinarios y tasados escrupulosamente (arts.473 y 477), por lo que no implican una iniciativa automática de la parte perdedora, cuyas posibilidades de éxito se reducen considerablemente pero, en Derecho Marítimo, las esperanzas crecen por cuanto las partes estiman que los Magistrados de la Sala Primera , de Casación Civil, están más preparados para resolver cuestiones especializadas como las de Derecho Marítimo; no obstante, el problema reside en que estos recursos extraordinarios sólo pueden ser entablados en contadas ocasiones (cuando la cuantía sea superior a EU150.000, cuando se haya conculcado el principio constitucional de "tutela judicial" y cuando el asunto presente "interés casacional", por ausencia de doctrina previa autorizada sobre la materia). En conjunto, y sin contar con el posible último recurso ante el Tribunal Constitucional, el litigio puede durar hasta 15 años o más. España ha recibido repetidas críticas de la UE por la dilación en los procesos sentando la doctrina de que "justicia diferida no es justicia".

JURISPRUDENCIA:

- la STC 129/2016, así como la STS 125/2022, de 10 Octubre, estimaron que una demora de tres años en la celebración del acto de conciliación previa y juicio en procedimiento ordinario de reclamación de cantidad constituyó una vulneración del derecho constitucional a un proceso sin dilaciones indebidas.

En el marco del Derecho de la Unión Europea, la Carta de los Derechos Fundamentales de la Unión Europea, en su versión adaptada tras la entrada en vigor del Tratado de Lisboa de 13 Diciembre 2007, se reconoce en su art.47, que la demora judicial puede hacer bueno el axioma de que "nada se parece tanto a la injusticia como una justicia tardía". En relación con la vulneración del principio de garantía del derecho a un proceso sin dilaciones, el *Tribunal Europeo de Derechos Humanos (TEDH) ha condenado a España en 16 ocasiones: STEDH, de 7 Julio 1989 en el caso "Unión Alimentaria Sanders SA c. España; STEDH, 23 Junio 1993, en "Ruiz Mateos c. España; STEDH, 11 Enero 2002, en "Díaz Aparicio c. España", la más reciente SSTEDH, de 20 Diciembre 2016, en "Ruiz-Villar Ruiz c. España ".*

En el ámbito del Arbitraje Marítimo, el laudo arbitral no es recurrible en cuanto al fondo, sino solamente impugnable en base a argumentos tasados por la Ley 60/2003. En el Reino Unido, país donde tienen lugar la inmensa mayoría de los arbitrajes marítimos la Arbitration Act 1996 estable, en su art.1 (b) que "el objetivo del arbitraje es obtener una resolución de controversias por medio de un tribunal imparcial sin dilación ni gasto innecesarios". Por lo que la agilidad del procedimiento arbitral, en los casos marítimos, es una obligación inherente a la función arbitral.

f) el coste económico.

Este último nos parece el factor más adverso para un litigio marítimo en el procedimiento civil español. Los costes son muy elevados, aunque las tasas procesales exigidas por ley son de baja cuantía, ya que hay que contar con los gastos de asistencia legal (Abogados y Procuradores) que suelen en conjunto oscilar entre el 5-10% de la cuantía en litigio, y añadir los gastos de prueba y los informes periciales (valorados en función del tiempo dedicado y del prestigio del perito y, en su caso, sociedad asesora). Puede estimarse que un litigio valorado en EU200.000 puede generar una facturación global de EU23.000 aproximadamente para la primera instancia solamente. Si añadimos recursos de reposición, de apelación, de casación ante el tribunal supremo, incidente de nulidad de actuaciones y recurso de amparo constitucional ante el tribunal constitucional, dicha suma puede multiplicarse por 3 (la nulidad de actuaciones y el recurso de reposición no suponen sumas altas), pudiendo subir mucho la factura de abogados si surgen frecuentes complicaciones en el curso de las actuaciones, como, p.ej. impugnaciones de medios de prueba, trámite de ejecución provisional de sentencia, trámites de medidas cautelares y afianzamiento de bienes, y sobre todo gastos de desplazamiento y de materiales varios de letrados y de peritos. Con ello, puede alcanzarse una cifra equivalente al 35% de la reclamación al final de todas las actuaciones, debiendo tener en cuenta que la dilatación del proceso (si no se lleva a cabo con éxito la ejecución provisional de la sentencia de instancia o si no se provoca un arreglo amistoso extrajudicial) durante 12/15 años puede ser catastrófico para el reclamante, sin la protección de embargos preventivos, ya que su deudor puede entrar en bancarrota, o simplemente desaparecer de la escena tras un curso alargado en el tiempo de forma insoportable. Es un escenario que no conviene, en absoluto, a los comerciantes marítimos. El tiempo es un coste derivado y añadido.

La LEC (arts.394-398) establece un sistema de Condena en Costas que puede parecer justo, pero no lo es para un acreedor marítimo. En la primera instancia, las costas se impondrán a la parte que haya vistos rechazadas todas sus pretensiones, salvo que el tribunal aprecie dudas y disponga otra cosa, teniendo en cuenta que si fuere parcial la estimación de la demanda cada parte abonará las costas propias y las comunes por mitad. Sería más compensatorio el régimen anglosajón de "costs to follow the event", de forma que el perdedor, en más o en menos, habrá de pagar las costas propias y las del demandante. En fase de apelación y de los recursos extraordinarios de infracción procesal o de casación ante el tribunal supremo, se aplicará el mismo principio presunto de condena en costas anterior, con excepciones. Pero si se obtiene una estimación total o parcial de uno de tales recursos no se condenará en costas a ninguno de los litigantes (art.398). Por tanto, el régimen de condena en costas puede no resultar compensatorio para el acreedor vencedor, total o parcial, de sus pretensiones. El interés legal fijado por la ley en base al índice LIBOR aumentado en dos puntos no es tampoco compensatorio pleno para un acreedor que ha invertido enormes sumas durante 12/15 años por causa de oscilaciones en los mercados, inflación, devaluaciones de moneda, etc. que durante tal lapso de tiempo hayan reducido sus ganancias y legítimas expectativas de reposición (o "restitutio in integrum").

VI. Las causas penales iniciadas con motivo de los accidentes marítimos.

El Código Penal de 1995, y sus modificaciones posteriores, así como la exclusión de los delitos y faltas cometidos en el medio marino de la jurisdicción militar de marina, dejaron únicamente tipificados los delitos contra el medio ambiente marino (arts.325-331) y los de estragos y otros de riesgos causados por otros agentes en cuanto al transporte por mar (arts.346 -350).El resto del enjuiciamiento de las conductas derivado de los accidentes marítimos, como el abordaje, la varada, el naufragio, es competencia de los tribunales civiles que, ciertamente, podrán apreciar agravantes cercanas a los supuestos penales de dolo, temeridad, imprudencia y negligencia de peligrosidad criminal y ,en su caso, referir el caso a la jurisdicción penal ordinaria.

Atendiendo a las reglas generales para la competencia penal, establecidas en el art.23 de la Ley Orgánica del Poder Judicial (LOPJ 6/1985), pero aplicadas a los sucesos marítimos, los tribunales españoles serán competentes para conocer de las causas por delitos y faltas en los supuestos siguientes:

1) si se cometieron en territorio español o a bordo de los buques españoles, sin perjuicio de lo previsto en los tratados internacionales.

Así, el Convenio Internacional sobre Competencia Penal en materia de Abordajes, hecho en Bruselas el 10 Mayo 1952, cuyo objetivo fue el de regular la competencia del foro que habría de conocer los casos de responsabilidad penal o disciplinaria del Capitán del buque, o de cualquiera de sus dependientes, cuando se produzca un Abordaje o cualquier otro accidente de la navegación marítima. Este Convenio, atendiendo a la presencia de elementos de extranjería en los territorios de los Estados quiso establecer una norma de competencia que evitase que los Capitanes acusados de un ilícito penal, tanto en casos de Abordaje como en los de otros accidentes (varada, naufragio, contaminación por vertido, etc.), no fueran juzgados ante los Tribunales Penales de los Estados donde se cometió el delito, sino que gozaran de una protección de neutralidad. El Convenio (art.1) hace referencia al Capitán "y a toda otra persona al servicio del buque", que por la amplitud de la frase puede interpretarse que deba aplicarse no sólo a actos cometidos por la dotación del buque, sino a otras personas que, estando al servicio del buque (p.ej. el Práctico, un buzo, etc.) no formen parte de la tripulación. Por tanto, el Convenio determinó que no podrá incoarse ningún procedimiento penal sino ante la Autoridad del Estado cuyo pabellón enarbolaba el buque en el momento del accidente o del accidente de la navegación. Lo mismo ha de observarse para un procedimiento administrativo sancionador. El Convenio no se aplica a los abordajes u otros accidentes de navegación ocurridos en los puertos y radas o en aguas interiores, en cuyas zonas tienen plena competencia los Tribunales nacionales. El Convenio facultaba, no obstante, a los Estados contratantes para hacer una reserva al efecto de conservar el derecho a perseguir las infracciones cometidas dentro de sus aguas territoriales, es decir, permitiendo derogar el primordial fin del Convenio de otorgar competencia exclusiva a la autoridad judicial del Estado del pabellón del buque, siempre y cuando la reserva haya sido formulada por un Estado contratante en el momento de la firma, de la ratificación o de la adhesión al Convenio. Muy pocos Estados parte hicieron uso de la reserva. El Convenio entró en vigor internacional el 20 Noviembre 1955, habiendo sido ratificado hasta la fecha por más de 80 países, entre ellos España, que lo ratificó en 1953.

Otro tratado internacional a tener en cuenta es el Convenio de las NN.UU. sobre Derecho del Mar, hecho en Montego Bay

(Jamaica) en 1982.En virtud de su art.97, para los abordajes ocurridos en alta mar, otorga competencia a los tribunales del Estado del pabellón del buque, así como a los tribunales de los países de que sean nacionales las personas encausadas en aquellos casos en los que el abordaje genere una responsabilidad penal o disciplinaria para el Capitán o para cualquier miembro de la dotación del buque. España es Estado contratante de ambos Convenios y no formuló la reserva citada en lo que al Convenio de Competencia Penal de 1952 se refiere.

2) los previstos en las leyes penales españolas como delitos, aunque se hayan cometido fuera del territorio español, siempre que los criminalmente responsables sean españoles o extranjeros que hubieran adquirido la nacionalidad española con posterioridad a la comisión del hecho si concurrieran las siguientes circunstancias:

a) que el hecho sea punible en el lugar de ejecución, salvo que un tratado internacional suscrito por España no exija tal requisito,

b) que el agraviado en el accidente marítimo o el Ministerio Fiscal denuncien o interpongan querella ante los Tribunales españoles.

c) que el delincuente no haya sido absuelto, indultado o penado en el extranjero, o, en este último caso, no haya cumplido la condena (si sólo la hubiera cumplido en parte se le tendrá en cuenta para rebajarle proporcionalmente la que le corresponda).

d) cuando sean susceptibles de tipificarse, según la ley penal española, como alguno de los siguientes delitos:

-de traición y contra la paz o la independencia del Estado.

-contra el titular de la Corona, su Consorte. su Sucesor o el Regente (apenas probable en el Derecho Marítimo).

-rebelión y sedición (poco probable en el comercio marítimo).

-falsificación de la firma o estampilla reales, del sello del Estado, de las firmas de los Ministros y de los sellos públicos y oficiales (poco probable en el comercio marítimo).

-falsificación de la moneda española (euro, actualmente) y su expedición.

- cualquier otra falsificación que perjudique directamente al crédito o intereses del Estado, e introducción o expedición de lo falsificado.

-atentado contra autoridades o funcionarios públicos españoles.

-los perpetrados en el ejercicio de sus funciones por funcionarios públicos españoles residentes en el extranjero y los delitos contra la Administración Pública española.

-los relativos al control de cambios.

-genocidio.

- terrorismo.

-piratería y apoderamiento ilícito de buques, aerodeslizadores e hidroaviones.

-falsificación de moneda extranjera.

-delitos relativos a la prostitución y los de corrupción de menores o incapaces.

-tráfico ilegal de drogas psicotrópicas, tóxicas y estupefacientes.

-y cualquier otro que, según los tratados internacionales, deba ser perseguido en España, como determina el Convenio Internacional para la Supresión de Actos Ilícitos contra la Seguridad de la Navegación, hecho en Roma en 1988, y su Protocolo modificador de 2005 (arts.3 en relación con el 7).

Es decir, la competencia extraterritorial de la jurisdicción penal española es amplia, en consonancia con el Derecho Internacional sobre conductas punitivas, y siempre evitando la imputación penal de aquellos que hayan sido absueltos, indultados o cumplido condena, total o parcial, en el extranjero atendiendo al principio criminal universal de "non bis in ídem".

Efectivamente, teniendo en cuenta que la ilicitud del acto puede consistir en cualquier forma de culpabilidad no extrañará que cuando dicha forma sea el dolo (intencionalidad), el dolo eventual (no intencional, pero a sabiendas de que los daños se podrían producir) o incluso la negligencia grave, el acto ilícito sea, al propio tiempo, constitutivo de delito o, en general, de una conducta criminalmente tipificada. En los ordenamientos marítimos mundiales suelen tipificarse como delito los daños personales, sean producidos de forma deliberada o por imprudencia grave, y así también los daños materiales dolosamente causados.

En lo que atañe a los daños por contaminación del mar por vertidos procedentes de buques hemos de registrar, en el ámbito de la Unión Europea, la Directiva 2005/35/CE (modificada por la Directiva 2009/123/CE) DUE nos L255 y L280 respectivamente), que obligaba a los Estados Miembros a legislar ,no más tarde del 16 Noviembre 2010, la tipificación como delito y a castigar criminalmente los actos de contaminación marina por sustancias de las incluidas en los Anexos I o II del Convenio MARPOL y causada por actos dolosos , por imprudencia temeraria o por negligencia grave.

Se deduce, así, el problema de la posible dualidad de acciones penales y civiles llamadas a resolver sobre el derecho a resarcimiento de los perjudicados en las jurisdicciones nacionales. No obstando las diferentes soluciones de un país a otro, el cuadro que suele ser común en los ordenamientos europeos y en los derivados de ellos sería el siguiente:

- el enjuiciamiento criminal siempre tiene preferencia sobre el civil, de modo que no puede iniciarse ni seguirse una acción civil separada de la causa penal ya comenzada. Esta es la vis atractiva penal sobre la acción civil.

- en principio se produce una acumulación procesal de la acción penal y la civil ante la jurisdicción criminal. Sin embargo, el perjudicado está facultado para renunciar al ejercicio de la acción civil ante dicha jurisdicción. Y asimismo puede reservarse expresamente el derecho a ejercitar la acción civil ante la jurisdicción civil una vez que haya terminado el juicio penal.

- a falta de renuncia o reserva de la acción civil, la condena por un delito en vía criminal conlleva obligadamente que la misma sentencia penal resuelva sobre la responsabilidad por los daños ocasionados por aquel delito, determinando tanto el importe de las indemnizaciones como los sujetos civilmente responsables.

- en el caso de que se reserve el ejercicio separado y posterior de la acción civil, el eventual fallo absolutorio en el proceso penal no suele prejuzgar sobre la responsabilidad civil, ya que aquél se limita a declarar que los hechos investigados no tienen el carácter de penalmente punibles. Pero esos mismos hechos pueden ser valorados por la jurisdicción civil como fuente de la responsabilidad civil extracontractual.

- sin embargo, si la sentencia firme en la vía penal declara que no existió el acto del que pudiera derivarse una responsabilidad civil, la acción ante la jurisdicción civil no puede utilizarse en razón de la citada vis atractiva penal sobre la determinación de la licitud o ilicitud de los hechos.

El resumen anterior sobre la relación entre acciones penales y civiles sobre los mismos hechos, en cuanto que es aplicable al

Derecho Marítimo, nos lleva a plantearnos unas cuestiones de contexto dentro del espacio disciplinar, a saber, las siguientes:

a) la navegación de comercio se encuentra sometida a las condiciones atmosféricas del mar, se desarrolla con rapidez de tramitación y en un tráfico mercantil impulsado por el mercado y realizado a través del modo marino y de varios modos combinados (intermodal). Los procesos penales afectan gravemente a la fluidez de ese tráfico, en el que muy rara vez se registran actuaciones intencionales delictivas (salvo el terrorismo y el fraude documental). Por lo que, en cierto modo, la frontera estaría situada en el ilícito civil y sería deseable la despenalización de hechos ocurridos, casi sin excepción, de forma accidental.

b) sin embargo, hay unos delitos tipificados, como el de la contaminación marina, y otros en los que las conductas pueden ser calificadas dentro del ilícito penal en los hechos. De ahí, que el medio marino se encuentre protegido por el Derecho y la Jurisdicción criminal y no sea evitable la intervención de los tribunales penales y ,en su caso, resolviendo también las responsabilidades civiles. Pero, en todo caso, es necesario esperar a la conclusión del proceso penal, que puede tardar varios años (en el caso del buque PRESTIGE 22 años), lo que conlleva una dilación que juzgamos incompatible con la dinámica propia del tráfico marítimo. El problema se ha agravado con lo que se ha llamado "criminalización de la gente de mar", aludiendo a una creciente frecuencia de la imputación penal contra Capitanes y oficiales del buque a resultas de accidentes marítimos en los que se produce contaminación del medio marino.

c) por contrapunto, muchos buques y estructuras navegables sufren un déficit del exigible mantenimiento y se encuentran en defectuoso estado, cuando no en estado de innavegabilidad a veces. En esas condiciones ciertamente peligrosas aumentan los riesgos, sobre todo cuando se transportan cargamentos y substancias contaminantes y azarosas, para la vida humana en el mar y para las propiedades de terceros. Hablaremos, entonces, de un "trasfondo de riesgo punible", que resulta eventualmente en la participación activa en las causas de un siniestro, si no en su causalidad principal. La conducta de los navieros y operadores de buques "subestándar", eventualmente peligrosos, merece no sólo la privación del beneficio de limitación de la responsabilidad civil, sino también la sanción penal. Tal sustrato de riesgo sobrevive a pesar de la vigilancia de los Aseguradores y de la intervención preventiva (inspecciones y controles) de las Autoridades del país del pabellón y de las del Estado rector del puerto. Los delitos se cometen en función de un resultado dañoso producido con infracción de leyes (art.325 Código penal para el delito contra el medio ambiente), por lo que la creación de riesgo y la agravación imprudente del mismo no es objeto de sanción penal.

d) los siniestros marítimos no deberían ser investigados de forma sumarial por un Juzgado de lo Penal que abre diligencias por sospecha de la comisión de un delito, ya que carecen de medios técnicos y de conocimientos adecuados, no bastante la ayuda pericial, a fin de determinar los hechos y su valoración causativa con acierto probable. Existe en España, como miembro de la OMI, una Comisión de Investigación de Accidentes Marítimos, de carácter oficial, cuya misión es precisamente la de averiguar las circunstancias y causas que produjeron un siniestro en el mar; pero su trabajo y encomienda es meramente administrativo y no tiene la menor influencia en la calificación fáctica que pueda hacer el Juzgado Penal de turno.

Las anteriores cuestiones invitarían a estudios *ex lege ferenda*, aunque la realidad sea que el Derecho Marítimo va a continuar intervenido por el Proceso Penal, con plena vis atractiva sobre las acciones civiles, y frente a la intención de las partes (sea ésta contenciosa, arbitral o mediadora) y frente a todo planteamiento de negociación amistosa en tanto no se resuelva la culpa penal.

VII. Los procedimientos especiales. Certificaciones notariales y Jurisdicción voluntaria.

La vigente LEY DE NAVEGACIÓN MARÍTIMA, Ley 14 de 24 Julio 2014 concede un Título IX a los **procedimientos especiales marítimos,** cuya competencia corresponde a la Jurisdicción Civil Ordinaria y no a jurisdicciones especializadas marítimas (el debate sobre la creación de Tribunales Marítimos en España fue zanjado hace más de 20 años por el Consejo General del Poder Judicial conforme a la consideración de que los "tribunales especiales estaban prohibidos por la Constitución". Sin embargo, la LNM2014 estableció unos procedimientos especiales a fin de ser observados por los tribunales ordinarios en beneficio de los particulares, que recibirían atención más pronta, concreta y especializada en cuanto a los procesos.

Pero como es así que muchos de los conflictos o controversias marítimas tienen carácter internacional, en muchos casos, hemos de partir de la normativa sobre criterios básicos en nuestro ordenamiento para determinar la competencia de los órganos judiciales españoles en tales conflictos en materia civil, es decir, en la LEY ORGANICA DEL PODER JUDICIAL(LOPJ), atendiendo a los principios siguientes de **competencia territorial:**

a) los órganos de la jurisdicción civil española conocerán de las pretensiones que se susciten en territorio español con arreglo a lo establecido en los tratados y convenios internacionales en los que España sea parte, en las normas de la Unión Europea y en las leyes españolas (art.21 LOPJ).

b) los órganos judiciales españoles deben apreciar su competencia, de oficio o a instancia de parte, de conformidad con las normas vigentes y las circunstancias concurrentes en el momento de presentación de la demanda.

c) el criterio general de competencia territorial de los tribunales españoles es el del domicilio del demandado, a falta de sumisión expresa (art.22.2 LOPJ). Serán competentes los órganos judiciales españoles cuando el demandado sea una persona física con residencia habitual en España, o una persona jurídica que tenga en España su sede social o su centro de actividad principal (art.22.3 LOPJ).

Los criterios de **competencia exclusiva** incluyen algunos que atañen a asuntos marítimos, como son los de "validez o nulidad de las inscripciones practicadas en un registro español" y de "reconocimiento y ejecución en territorio español de resoluciones judiciales, decisiones arbitrales y acuerdos de mediación dictados en el extranjero" (art.22.1).

Las reglas de **competencia específica por razón de la materia** (art.22.3, 22.4y 22.5), incluso cuando el demandado no resida en España, pueden en algunos casos afectar a casos marítimos como los siguientes:

-respecto a obligaciones contractuales, cuando estas hayan de cumplirse en España;

-en materia de obligaciones extracontractuales, cuando el hecho dañoso haya tenido lugar en territorio español, es decir, abarcando las aguas interiores, el mar territorial y la zona económica exclusiva (ZEE) en cuanto a daños a los recursos naturales.

- para contratos celebrados por consumidores, cuando estos tengan su residencia habitual en territorio español o si el otro contratante lo tuviese, quien sólo podrá litigar en España si el consumidor tiene su residencia habitual en suelo español.

- en materia de contratos de seguro, cuando el asegurado, tomador o beneficiario del seguro tuviera su domicilio en España. También podrá el asegurador de responsabilidad civil ser demandado en España si el daño se hubiere producido en territorio español.

- en las acciones relativas a derechos reales sobre bienes muebles, si estos se encontraren en territorio español al tiempo de presentación de la demanda, por lo que podrá aplicarse a la ejecución de la hipoteca naval y a los créditos marítimos privilegiados.

- cuando se trate de adoptar medidas provisionales o medidas cautelares de aseguramiento respecto de personas o bienes que se hallen en territorio español y deban cumplirse en España. También serán competentes los tribunales españoles para adoptar estas medidas si lo son para conocer del asunto principal (p.ej., en caso de embargo preventivo de buques).

Las anteriores reglas incumben a la competencia internacional española para conflictos marítimos, mientras que para la competencia territorial interna la LNM14 determina supuestos para ciertas controversias surgidas en el ámbito marítimo específico, sin existir cláusula de sumisión expresa, en los que **los tribunales españoles serán competentes a elección del demandante:**

-en los contratos de utilización de buque: a) el foro del domicilio del demandado, b) el del lugar de celebración del contrato y c) el del puerto de carga o de descarga (art.469.2 LNM).

- en los contratos auxiliares de la navegación: a) el del domicilio del demandado, b) el del lugar de celebración del contrato y c) el del lugar de prestación de los servicios (art.469.3 LNM).

-respecto al embargo preventivo de buques, será competente, a elección del demandante solicitante del embargo: a) el órgano judicial que tenga competencia objetiva para conocer de la pretensión principal, b) el del puerto o lugar donde se encuentre el buque, c) el del puerto al que se espera que el buque arribe (si no arriba el buque, perderá la competencia) (art.471.1 LNM).

-a efectos de constituir el fondo de limitación de responsabilidad será competente el tribunal que esté ya conociendo de cualquier reclamación objeto de limitación presentada contra un deudor que tenga derecho de limitación (art.487 LNM).

-para conocer de la impugnación de la liquidación de avería gruesa, tanto la privada como la efectuada por notario, será competente el órgano judicial del lugar de finalización del transporte o el del lugar de arribada del buque, si fuere distinto (art.468.4 LNM).

Una vez establecidos los supuestos de competencia de los órganos civiles españoles para conocer, por fundamentos varios, de asuntos relativos a materias de Derecho Marítimo, nos ocuparemos de los mismos procesos especiales regulados por la LNM14, que comprenden: el embargo preventivo de buques, la venta forzosa o judicial de buques y la constitución del fondo de limitación de responsabilidad. Todos ellos tienen su base en un Convenio Internacional suscrito por España, de modo que la LNM se adhiere a las normas uniforme del Derecho Marítimo Internacional, completadas por otras de producción interna.

1.Procedimiento de Embargo Preventivo de Buques.

La LNM14 de 2014 contiene un procedimiento especial para el embargo preventivo de buques, que tiene en cuenta la adopción española del Convenio Internacional de Ginebra sobre Embargo Preventivo de Buques, de 12 de Marzo 1999 y lo completa con carácter supletorio, como se reconoce en su Preámbulo.

Efectivamente, España era parte del Convenio de Bruselas de 1952 (Convenio Internacional para la unificación de ciertas reglas sobre embargo preventivo de buques), que fue denunciado el 28 Marzo 2012, a fin de adherirse al nuevo Convenio Internacional de 1999. Lo hizo con la reserva del derecho a excluir su aplicación a los buques que no enarbolen pabellón de un Estado parte, por lo que tal reserva limita la "territorialidad" del régimen de producción internacional vigente hoy en España. Las normas del Convenio de Ginebra 1999 son las únicas aplicables en el ordenamiento español junto con las de la LNM14. El propio Convenio Internacional remite a la ley del Estado en que se embarga el buque para todo lo relativo al procedimiento o el levantamiento de la medida cautelar (art.2.4 del Convenio).

- La LNM14, en su art. 470.1, así lo determina: **"la medida cautelar de embargo preventivo de buques, tanto nacionales como extranjeros** (siempre que pertenezcan a un Estado parte del Convenio, si España hiciera uso de la reserva) **se regulará por el Convenio Internacional sobre el Embargo preventivo de Buques, hecho en Ginebra el 12 Marzo 1999, por lo dispuesto en esta ley y, supletoriamente, por lo establecido en la Ley 1/2000, de 7 Enero, de Enjuiciamiento Civil".** La regulación española se nutre del Convenio de 1999 y de dos cuerpos normativos complementarios y supletorios sucesivos, a saber, los arts. 470-479 de la LNM y los arts. 721- 747 de la LEC.

-470.2: en ningún caso podrá solicitarse el embargo preventivo para asegurar la ejecución de una sentencia ya recaída o de un laudo arbitral ya dictado. Esto ya lo determina el Convenio en su art.1.2, por lo que es redundante. No obstante, ni el Convenio ni la LNM mencionan el "acuerdo de mediación" expresamente, pero en el texto del Convenio se indica "… u otro instrumento ejecutorio"; por lo que la

LNM en su redundancia es desafortunada y habrá que estar al texto del Convenio a fin de extender la prohibición a la ejecución de "acuerdos de mediación o de conciliación".

-470.3: las disposiciones previstas en este capítulo (II del Título IX) son de aplicación a las embarcaciones. La diferenciación entre "buques" y "embarcaciones" hay que encontrarla, además de en su destino de uso, a los efectos de esta materia en que el Convenio de Bruselas de 1952 se aplicaba a los "buques de navegación marítima" (en inglés "sea-going vessels"), es decir, a los buques de comercio que hacen navegación por alta mar además de por el mar territorial y la ZEE. En el Convenio de 1999 (art.10.1) se permite a los Estados parte reservarse el derecho de excluir su aplicación a: a) los buques que no sean de navegación marítima, es decir, que el Convenio, a diferencia del de 1952, se aplica a toda clase de buques o de embarcaciones, sean de navegación marítima o no. España no hizo tal reserva, por lo que no habría sido necesario reiterar su aplicación a las embarcaciones. Pero se entiende que el legislador quiso dejarlo claro expresamente.

-471: (1) a efectos de competencia, la LNM14 declara competente para decretar el embargo al tribunal que tenga competencia objetiva para conocer de la pretensión principal del puerto o lugar en que se encuentre el buque o aquel en que se espera que arribe, a elección del demandante, que tenga un **"crédito marítimo".**

(2) Si una vez ordenado el embargo preventivo, sea otro tribunal español el competente para conocer del fondo del asunto, se mantendrá la medida acordada siempre que la demanda se interponga dentro del plazo fijado por el juez en función de las circunstancias del caso. Esta segunda regla ya se encontraba en el art.7.3 del Convenio, mucho más completa, por lo que es redundante; y además al referirse

"a otro tribunal español" no parece contemplar el Arbitraje, aunque prevalecerá el texto del Convenio que, en el párrafo b) del aptdo.3, sí lo menciona expresamente. En ningún caso se mantendría la medida si las partes tuviesen un "pacto de mediación", o lo hubiesen acordado después de la fecha de la prevista arribada del buque al puerto, por lo que resultaría necesario que el Convenio o la LNM fuesen actualizados al respecto de la mediación o de la conciliación; sobre todo a partir de la entrada en vigor, en 2020, del Convenio de Singapur sobre Mediación.

-art.472:(1) Para decretar el embargo preventivo de un buque será suficiente con la alegación del derecho o créditos reclamados, "la causa que los motive y la embargabilidad del buque". El tenor de la norma remite al art.1 del Convenio Internacional de 1999 para definir el crédito marítimo. Sin embargo, el Convenio en su art.1.1 señala que un "crédito marítimo "es un "crédito" que resulte de una o varias causas en la lista que allí se detalla; de ahí, que todo derecho de crédito o expectación de un crédito (p.ej., en vía de subrogación) quedará excluida y podrá admitirse de contrario la prueba de inexistencia de un crédito determinado, líquido y exigible. La LNM14 parece descansar más, a este efecto, en el antiguo Convenio de 1952(denunciado por España), que mencionaba expresamente la alegación de "un derecho o un crédito". Y lo que hace la ley especial es "completar" el Convenio, exigiendo la mención de la causa que motive el crédito (de entre la lista del Convenio) y la de la "embargabilidad" del buque, debiendo entenderse como tal que no concurren ninguna de las causas del Art.8 del Convenio para excluir la aplicación del mismo a ciertos buques. En conjunto, la LNM no modifica el Convenio de 1999 sino que hace necesaria la labor indagatoria del Juez y la comprobación de que, en el embargo, como señala GABALDON*, concurren el peligro por mora procesal y la urgencia que exigen los Arts. 728, 730.2 y 733.2 LEC; es más, la presume en el art.476. Esa labor judicial, para formarse un juicio provisional de la petición de embargo preventivo del buque, no viene ciertamente prohibida por ninguna norma del Convenio Internacional. Cierto es que el Convenio no contiene una sola regla en la que se autorice el embargo preventivo sin prueba ni descripción del crédito marítimo invocado, es decir, sin necesidad de despejar el "fumus bonis iuris", ya que remite a la ley nacional en su art.2.4. Puede decirse que la norma contenida en este artículo no era necesaria, pero sí es eficaz y aclaratoria.

(2): La LNM14 convierte en obligatoria "en todo caso" la prestación de garantía por el acreedor para responder de los perjuicios que puedan causarse al demandado, que en el Convenio es sólo facultativa del tribunal mediante la expresión "podrá como condición…imponer al acreedor "(art.6.1).En virtud de este aptdo.2 del art.472 , el Juez exigirá en todo caso garantía en cantidad suficiente para responder de los daños, perjuicios y costas que puedan ocasionarse, precisando que esta fianza podrá ser de cualquiera de las clases que reconoce el Derecho, incluido el aval bancario. A tal fin establece un mínimo a garantizar del 15% del importe del crédito marítimo alegado, lo que puede elevarse a cifras muy abultadas (p.ej., si el crédito marítimo alegado es de EU500.000 el importe mínimo de la fianza será de EU75.000).Ese requisito de importe mínimo ha causado polémica importante en el sector marítimo español, por lo que está previsto que desaparezca, reduciéndola a un 5 % en una ya anunciada reforma de la LNM14 (por medio del Anteproyecto de Ley de Modificación del Texto Refundido de la Ley de Puertos del Estado y de la Marina Mercante, y de la Ley de Navegación Marítima, nueva redacción del art.476.2).Añade el párrafo segundo que el tribunal podrá "revisar" la cuantía , una vez prestada la fianza, en atención al porte y a las dimensiones del buque(son factores de coste fijo de mantenimiento), al coste derivado de la estancia en puerto(gastos portuarios y estadías en cuyo cálculo entran los dos anteriores), a su precio de mercado por día(calcular los perjuicios en relación con el precio de mercado del buque resulta poco coherente porque el propietario o arrendatario del buque no estará obligado a prestar fianza para liberar al buque de la traba, de acuerdo con el art.4,2 del Convenio por ninguna suma que exceda el valor de mercado del buque en condiciones de embargado), a si está o no sujeto a línea regular(ciertamente, si en virtud de línea regular ese buque regresa al puerto con frecuencia programada, el perjuicio es mucho menor), a si está o no cargado, así como sus compromisos contractuales(los daños emergentes y lucros cesantes en razón de llevar carga destinada a otros puertos y otros contratos de transportes previstos influyen sobremanera en el cómputo de los perjuicios).Lo más razonable sería que el Juez estimase, sin partir de mínimos de garantía, todos los aspectos, comerciales y técnicos, que van a perjudicar al buque en concepto de "variables" por su paralización en el puerto, y decretase el importe de la fianza a exigir desde un principio, sin excluir la revisión posterior por razón de alguna incidencia surgida a fin de reducir o aumentar dicha fianza. Realmente, estamos hablando de la responsabilidad del acreedor por solicitar y obtener un "embargo ilícito o no justificado", como determina el Convenio (art.6.1.a), o por haberse pedido y prestado "una garantía excesiva" para liberarlo (6.1.b); esa responsabilidad del acreedor, cuando hubiere incurrido en ella, la establecerá el tribunal del Estado en el que se haya practicado el embargo de acuerdo con la ley de dicho Estado (art.6.2 y 3 del Convenio).Por lo que el Juez habrá de indagar todo lo necesario en cuanto a los posibles daños, perjuicios y costas que pueden causarse ya que más adelante podrá estimarse que el embargo fue ilícito y ,una cuestión mucho más problemática, si "fue justificado" en atención a los méritos de la demanda principal, lo que será determinado por el juez que conoce del fondo del asunto. La cuestión del "embargo injustificado" no surgía en el Convenio de Bruselas de 1952, pero sí fue consagrada por el afán de ejemplaridad contenido en el Convenio de 1999.

-473: embargo preventivo **por otros créditos no marítimos**. La LNM14 permite el embargo preventivo indiscriminado, es decir, por créditos marítimos y por derechos y créditos distintos de éstos de cualquier naturaleza, incluida la administrativa. De buques españoles que se encuentren dentro de la jurisdicción española a petición de personas que tengan su residencia habitual u oficina principal en territorio español, en supuestos netamente nacionales (buque, lugar y acreedor españoles).Se entiende que, teniendo el Convenio Internacional siempre una conexión de extranjería, la ley nacional permita y regule el embargo preventivo fuera de la aplicación del Convenio (como ha previsto el mismo Convenio en el art.8.6).Lo mismo sucede con los buques de guerra, las unidades navales auxiliares y otros buques de Estado dedicados a un uso público no comercial en el momento del embargo, excluidos por el Convenio (art.8.2).

Caso especial es el de los buques extranjeros que enarbolen el pabellón de Estados no parte del Convenio, que el mismo los considera embargables en base al criterio único de la jurisdicción de un Estado parte (art.8.1); España, en su momento, no hizo uso de la reserva de no aplicar el Convenio 1999 a los buques que no enarbolen el pabellón de un Estado parte (art.10.1.b), por lo que en el aptdo.3 del presente artículo se reitera que tal aplicación de la normativa del Convenio a los buques de los Estados no parte – no era necesario- pero con la salvedad añadida de que tales buques podrán ser embargados tanto por créditos marítimos como por cualesquiera otros créditos, lo que parece sancionar la no adhesión al Convenio y "completar" un campo que estaba vacío o no regulado en el mismo Convenio ya que la fuerza expansiva, con respecto al Convenio de 1952, no libró al Convenio de 1999 de asignar sus privilegios (alegación del crédito, derecho de reembargo y embargo múltiple, etc.) a una lista tasada de "créditos marítimos" , disponiendo en su art.2.2 que "sólo se podrá embargar un buque en virtud de un crédito marítimo pero no en virtud de otro crédito", y en su virtud entenderíamos que la LNM14 no completa al Convenio sino que se desvía de su normativa sustancialmente- con discutible validez jurídica- al extender su aplicación por "cualesquiera otros créditos" a los buque que enarbolen pabellón de un Estado no parte.

-474: embargo preventivo y sometimiento a jurisdicción extranjera. El objetivo de embargar para obtener una fianza, aunque el litigio de fondo haya de estar sometido por voluntad de las partes a un tribunal, judicial o arbitral, extranjero estaba contemplado ya en el Convenio 1999 (art.7.1), y nada había que "completar". Esta regla de procedimiento espec cial nos parece innecesaria.

-475: la declaración del embargo se habrá de practicar "en los términos y con el alcance del Convenio Internacional" parece ser, igualmente, reiterativa e innecesaria.

-476: (vide ut supra en art.472).

-477 y 478: **ejecución del embargo**. Son especialmente útiles estas dos reglas relativas a las medidas concretas para efectuar y garantizar la traba: traslado de la resolución al Capitán Marítimo del puerto, quien adoptará lo procedente para la detención y prohibición de salida del buque, y su mantenimiento mediante vigilancia costera, tras lo cual la traba será notificada al Capitán o al Consignatario del buque con entrega de la copia de la demanda y del Auto que acuerda el embargo preventivo. El Convenio queda así "completado" en aquello que especialmente confiere a la ley nacional.

-479: jurisdicción sobre el fondo de litigio. En su art.7.3.a) y 7.4 el Convenio de Ginebra de 1999 regula detalladamente el supuesto de que el tribunal del embargo no tenga jurisdicción para resolver sobre el fondo del asunto, señalando "un plazo" para que el acreedor entable la demanda principal ante el tribunal judicial o arbitral competente. La LNM14, mediante este artículo, fija tal plazo en no menos de 30 ni más de 90 días, que de no cumplirse dará lugar, a instancia de parte, a la liberación del buque embargado o a la cancelación de la garantía prestada. Dicho plazo podrá ser estimado razonable, ya que corresponde al acreedor la diligencia procesal máxima, aunque no debería excluirse la solicitud de ampliación del plazo en los casos de probada distancia geográfica o dificultad procesal en el ordenamiento del Estado en el que se encuentre el tribunal competente.

2.Procedimiento para la venta forzosa de buques.

La Ley de Navegación Marítima se ha ocupado de la venta judicial de buques para pago a acreedores en ejecución de sentencia con buen criterio. En primer lugar, porque el Convenio de Ginebra 1999 no se aplica a los "embargos ejecutivos", y en segundo porque el Convenio Internacional sobre Privilegios e Hipotecas, del que España es parte también, contiene sólo dos reglas relativas a la "notificación de la venta forzosa" (Art.11) y a los "efectos de la venta forzosa" (art.12), con escaso desarrollo procesal. Así la LNM14, mediante el art.141 sobre la "ejecución de la hipoteca naval" y los arts.480 a 486 relativos a **"la venta forzosa de buques"**, llena un espacio procesal antes únicamente atendido por la normativa sobre ejecución de sentencias de la LEC1/2000.

Las ventas forzosas de buques en España, por vía judicial o administrativa, seguirán el siguiente orden de prelación normativo (art.480 LNM):

(1) las reglas del Convenio de Privilegios e Hipotecas, de Ginebra 1993 (arts.11 y 12);

(2) las normas del Capítulo III, Título IX, de la LNM14 (arts.480-486), y el art.141 en cuanto a la hipoteca naval, y

(3) las disposiciones contenidas en la LEC y en la legislación hipotecaria (para la hipoteca naval), o en la regulación administrativa para la subasta de bienes muebles sujetos a publicidad registral (venta administrativa).

La LNM intenta desarrollar los principios establecidos por el Convenio de 1993, que son de aplicación directa y preferente siempre.

-Art.481: Notificación. Antes de proceder a la venta forzosa la autoridad competente encargada de la misma habrá de notificar dicha venta : a) al registrador titular del Registro de Bienes Muebles, así como a la autoridad competente encargada de la inscripción del buque en el Estado que lo hubiera autorizado a enarbolar temporalmente su pabellón, si fuere el caso; b)a la persona que tenga inscrita a su favor la propiedad del buque; c) a todos los titulares de hipotecas o de gravámenes inscritos que no hayan sido constituidos al portador; y d) a todos los titulares de las hipotecas o gravámenes inscritos constituidos al portador y de los privilegios marítimos enumerados en el art. 4 del Convenio de 1993, siempre que el juez u órgano administrativo competente hubiera recibido notificación de sus respectivos créditos.

El orden de notificación anterior viene ya determinado por el art.11.1 del Convenio de 1993, con la diferencia fácilmente salvable de que en el Convenio se menciona “a la autoridad encargada del registro en el Estado de matrícula” y este art.481 reza “al registrador titular del Registro de Bienes Muebles……..”, es decir, a la autoridad registral competente en España. Entendemos que con tal redacción el art.481 era innecesario. Pero salvando previamente la observación -que hacemos- de que podría haberse exigido también la notificación, en último lugar, a los titulares de “otros privilegios marítimos nacionales” contra el propietario, el arrendatario a casco desnudo, el gestor o el naviero del buque, (según lo previsto en el Art.6 del Convenio 1993), siempre que el juez u órgano administrativo competente hubiera recibido notificación de sus respectivos créditos. Puede bien suceder que no existan contra el buque ninguno de los créditos marítimos privilegiados preferentes enumerados en el art.4 del Convenio 1993, en cuyo caso si existiesen y constasen privilegios nacionales, de rango inferior (según el art.6.c) del Convenio 1993, sus titulares tendrían derecho a ser informados y, en consecuencia, a acudir a la subasta del buque. La LNM debería haberse ocupado de la notificación a los titulares de los “privilegios nacionales”, ya que el Convenio 1993 los ignoró en el art.11.

Del “plazo y contenido de la notificación” trata el art.482: deberá efectuarse, al menos, con treinta (30) días de antelación de la fecha prevista para la venta forzosa y en cuanto al contenido de la notificación es el mismo que el del Convenio, por lo que los plazos (de 30 días y de 7 días, en segunda y última llamada) y el contenido de la notificación coinciden plenamente con lo exigido por el Convenio. Así, estimamos que, en razón de la aplicación directa del Convenio, el art.482 sobraría.

Respecto a las “tercerías de mejor derecho “(art.483) y a la “realización del buque por persona o entidad especializada” (art.485), la LNM remite a los arts.614-620 de la LEC y art.641 de la misma, que en todo caso habrían tenido aplicación supletoria, destacándose la importancia práctica que para los comerciantes marítimos tiene el método de gestión de venta del buque por medio de persona o entidad especializada bajo autorización y control judicial.

Los efectos de la venta forzosa (art.484): cabe decir que coincide, en menos, con el superior y detallado régimen previsto por el Convenio 1993 en su art.12; por lo que este artículo de la LNM ha de ceder ante la regulación del Convenio enteramente, y no aporta nada nuevo con carácter específico ni especial, salvo la reseña (párrafo 2) de que no será de aplicación lo dispuesto en los arts. 666,668.3,670 y 672 de la LEC sobre avalúo y declaración de cargas y sobre cargas y gravámenes.

EL Convenio de Privilegios e Hipotecas, Ginebra 1993, establece un régimen claro sobre los efectos de la venta judicial forzosa, a saber (art.12):

1. Todas las hipotecas, mortgages o gravámenes inscritos, salvo los que el comprador haya tomado a su cargo con el consentimiento de los beneficiarios, y todos los privilegios y otras cargas, dejarán de gravar el buque a condición de que:

a) en el momento de la venta el buque se encuentre dentro del ámbito de la jurisdicción de ese Estado; y

b) la venta se haya efectuado de conformidad con la legislación de ese Estado y con lo dispuesto en el art.11 y en el presente artículo.

2. Las costas y gastos causados en el embargo preventivo o la ejecución y subsiguiente venta del buque se pagarán en primer lugar con el producto de la venta. Tales costas y gastos incluyen, entre otros, el costo de la conservación del buque y la manutención de la tripulación, así como los sueldos y otras cantidades y los gastos a que se refiere el apartado a) del párrafo 1 del artículo 4, realizados desde el momento del embargo preventivo o de la ejecución. El remanente se

repartirá de conformidad con lo dispuesto en el Convenio, en la cuantía necesaria para satisfacer los créditos respectivos. Satisfechos todos los créditos, el saldo, si lo hubiere, se entregará al propietario y será directamente transferible.

3. Todo Estado podrá establecer en su legislación que, en caso de venta forzosa de un buque varado o hundido tras su remoción por una autoridad pública en interés de la seguridad de la navegación o de la protección del medio ambiente marino, los gastos de esa remoción se pagarán con el producto de la venta antes que todos los demás créditos que estén garantizados con un privilegio marítimo sobre el buque.

4. Si en el momento de la venta forzosa el buque se halla en posesión de un constructor o de un reparador de buques que, con arreglo a la legislación del Estado parte en que se realiza la venta, goza de un derecho de retención, el constructor o reparador de buques deberá entregar al comprador la posesión del buque, pero podrá obtener el pago de su crédito con el producto de la venta una vez satisfechos los créditos de los titulares de privilegios marítimos mencionados en el artículo 4.

5. Cuando un buque matriculado en un Estado parte haya sido objeto de venta forzosa en un Estado parte, la autoridad competente librará, a instancia del comprador, un certificado que acredite que se vende libre de todo hipoteca, mortgage o gravamen inscrito, salvo los que el comprador haya tomado a su cargo, y de todo privilegio y otras cargas, a condición de que den los requisitos establecidos en los apartados a) y b) del párrafo 1.A la presentación de ese certificado, el registrador estará obligado a cancelar todas las hipotecas, mortgages o gravámenes inscritos salvo los que el comprador haya tomado a su cargo, y a inscribir el buque a nombre del comprador o a librar certificación de baja en el registro a los efectos de la nueva matriculación, según el caso.

6. Los Estados parte velarán porque todo producto de una venta forzosa esté efectivamente disponible y sea libremente transferible.

El art.486, finalmente, se refiere al destino de la suma obtenida en la subasta o venta directa del buque. Con el producto de la venta se pagarán por el siguiente orden:

1. las costas procesales y los gastos originados por el embargo preventivo y, en su caso, por la ejecución y subasta del buque; tales costas y gastos incluyen, entre otros, los gastos de conservación del buque y la manutención de la dotación, así como los sueldos y otras cantidades, y los gastos de repatriación y las cuotas de la seguridad social pagaderas en su nombre (art.4.1.a) del Convenio 1993), devengados desde el momento del embargo preventivo o desde el inicio de la ejecución.
2. El sobrante se repartirá de conformidad con lo dispuesto en el Convenio Internacional sobre los Privilegios Marítimos y la Hipoteca Naval, Ginebra, 1993.
3. Satisfechos todos los créditos, el saldo, si lo hubiere, se entregará al propictario y será libremente transferible.

No obstante lo dispuesto en este Capítulo III del Título IX, los arts.481 a 486 inclusive no dejan de ser una duplicación de lo regulado al efecto de la venta forzosa del buque en el Convenio 1993 (arts.11 y 12, y este último en relación con el 4).En razón a que el Convenio establece en su art.13.1 que las normas del Convenio se aplicarán a todos los buques matriculados en un Estado parte; y ya que España lo es, la aplicación directa de la normativa del Convenio a los buques de pabellón español, es decir, los efectos internos del Convenio, no serán discutibles, quedando las normas de la LNM14, y su remisión expresa o no a la LEC, para los supuestos de carácter supletorio. Sobre todo, en lo referente a la venta directa del buque por agencia especializada (arts. 614-620 y 641), de importante sentido práctico y económico en interés de todas las partes interesadas.

Para ser destacado, la LNM214 ha aportado un valor de uniformidad procesal que no solamente servirá a los órganos judiciales sino también, con mucho, a los intereses de los Estados parte del Convenio 1993.

Con todo, ha sido aprobado por la UNCITRAL un **nuevo Convenio Internacional sobre la Venta Judicial de Buques**, preparado inicialmente en el seno del CMI, que ha sido recientemente adoptado y cuya entrada en vigor internacional afectaría a la regulación española, es decir, al mismo Convenio 1993 y a la LNM14 de 2014, si España lo ratifica y se convierte en Estado parte (a los 180 días después de la fecha del depósito de ratificación).

Detallaremos las partes relevantes de su contenido y las cuestiones que suscitan, a continuación:

El anteproyecto de un nuevo CONVENIO INTERNACIONAL SOBRE VENTAS JUDICIALES EXTRANJERAS DE BUQUES Y SU RECONOCIMIENTO fue ultimado en el Grupo de Trabajo VI de la UNCITRAL con la asistencia del CMI, y resultó finalmente aprobado y adoptado por la Asamblea General de las Naciones Unidas el 7 Diciembre 2022, con el título de ***CONVENIO DE LAS NN.UU. RELATIVO A LOS EFECTOS INTERNACIONALES DE LAS VENTAS JUDICIALES DE BUQUES.*** Su texto de trabajo no fue otro que el llamado "Borrador de Beijing", hecho el 19 Octubre 2012, modificado en Dublín 2013 y en Hamburgo 2014 por las respectivas sesiones de la Asamblea del Comité Maritime International (CMI), pero el texto final contiene notables cambios respecto al mismo.

Según su preámbulo, se busca conseguir una "adecuada protección jurídica" de los compradores, que repercuta positivamente en el precio que se obtiene en las ventas judiciales en beneficio de todos los interesados (propietarios, acreedores y financiadores) ; establecer "normas uniformes" que promuevan la información sobre ventas judiciales a las partes interesadas; y dar efectividad a las ventas judiciales de buques vendidos libres de cargas y gravámenes, facilitando la inscripción registral de los mismos. Esos tres objetivos estaban incluidos, y subsumidos, en el Convenio de Ginebra de 1993 (arts.11 y 12). Resultando lógico pensar que la seguridad jurídica siempre redundará en beneficio del comercio marítimo, el "precio" de un buque en subasta se define por consideraciones económicas, coyunturas de empleo comercial para el concreto tipo de buques o, en su caso, cotizaciones de mercado, ante todo. La motivación o el interés de un comprador será, evidentemente, recibirlo libre de cargas y gravámenes, aunque el riesgo de que no sea así no es determinante por la existencia de hipotecas (que son ineludibles o, ciertamente, objeto de posible subrogación) ni por las cargas inscritas, sometidas al efecto de purga que tiene la venta judicial, para los compradores en la experiencia postventa registrada. Como sucede, desafortunadamente, con la predominancia de los atractivos económicos sobre la protección jurídica en todo el amplio marco de la actividad marítima. Y, por demás, todo eso está contenido y garantizado en el Convenio de Ginebra 1993, también preparado por el CMI conjuntamente con las Naciones Unidas, cuyo único problema ha sido el bajo número de ratificaciones recibidas, a pesar de haber entrado en vigor internacional (y para España).

DEFINICIONES

-art.2.a): por "venta judicial" se ha de entender toda venta de un buque ordenada, aprobada o ratificada por un órgano judicial u otra autoridad pública, que se lleve a cabo ya sea en subasta pública, o por acuerdo de partes bajo la supervisión y con la aprobación de un órgano judicial, y cuyo producto se ponga a disposición de los acreedores. Una definición amplia que comprende la, hoy muy frecuente, venta del buque por agencia especializada acordada ante el órgano judicial (y hay suponer, o ante otra autoridad pública).

-art.2.k): por "Estado de la venta judicial" se hace referencia al Estado en que se lleve a cabo la venta judicial de un buque.

-art.2.c):por"títulodepropiedadlimpio"seentenderálapropiedadlibre y exenta de cualquier hipoteca o mortgage y de cualquier carga. De aquí que una venta con hipoteca o ciertas cargas inscritas asumidas voluntariamente por el comprador no equivalga a "título limpio", con la consecuencia de que el nuevo Convenio no sería aplicable.

-art.2-e): por "carga" se entenderá todo derecho de cualquier naturaleza u origen que pueda hacerse valer contra un buque, ya sea mediante embargo preventivo, secuestro o cualquier otra vía, y que abarca los privilegios marítimos, los privilegios, los gravámenes, los derechos de uso y los derechos de retención, pero no incluye las hipotecas o mortgages.

-art.2.f: por "carga inscrita" se entenderá toda carga que esté inscrita en el registro de buques o registro equivalente en que esté inscrito el buque o en cualquier otro registro en el que se inscriban las hipotecas o mortgages.

—art. 2.g): por "privilegio marítimo" se alude a toda carga que la ley aplicable reconozca como privilegio marítimo sobre el buque. Tal breve definición utiliza la expresión "carga" en vez de "crédito marítimo", por lo que un gravamen tal como, p.ej. la anotación preventiva de demanda puede entrar en los que la ley aplicable califique de privilegiado. Deberían coordinarse las definiciones 2.e y 2.g. Asimismo, con la expresión "ley aplicable" no se determina cuál ha de ser, por lo que será necesario acudir a las normas de Derecho Internacional Privado del país donde tiene lugar la "venta judicial "a fin de identificar la ley aplicable a los privilegios marítimos.

-art.2.d): por "hipoteca o mortgage" se alude a toda hipoteca o mortgage constituida sobre un buque que esté inscrita en el Estado en cuyo registro de buques o registro equivalente esté inscrito el buque.

-art.2.i: por "comprador" se entenderá la persona a quien se venda el buque en la venta judicial. Cumplida definición ya que incluye a quien puede comprar el buque "para revender", es decir, a una agencia intermediaria.

-art.2.j: por "comprador posterior "se entenderá la persona que compre el buque a quien figure en el certificado de venta judicial (que se menciona más adelante, en el art.5 del Convenio).

AMBITO DE APLICACIÓN

-art.3: El Convenio será aplicable a la venta judicial de un buque únicamente:

a) si la venta judicial se lleva a cabo en un Estado parte, y

b) si el buque se encuentra físicamente dentro del territorio del Estado de la venta judicial en el momento de esa venta.

Los requisitos de aplicación para el Convenio son estrictos y limitativos. Han de cumplirse las dos condiciones, a saber, que el Estado de la venta judicial sea parte del Convenio y que el buque se encuentre físicamente dentro de las aguas de ese Estado y en el momento en que sea dictada la sentencia de remate (o de venta con adjudicación de la propiedad a un comprador). No se aplicará el Convenio si el buque es embargado, retenido o secuestrado de cualquier forma en un Estado no parte; tampoco, se aplicará si se hace la venta mediante anotación registral sin necesidad de estadía física del buque en puerto o aguas de un Estado parte; el buque podrá estar fuera del territorio del Estado parte antes de dictarse la sentencia de remate. Debería, quizás, haberse precisado mejor "en el momento del comienzo del procedimiento de venta forzosa o de ser embargado, secuestrado o retenido para ser vendido en subasta" (con lo que quedarían excluidos los embargos preventivos y los secuestros, etc., con el fin exclusivo de obtener una garantía).

NOTIFICACION DE VENTA JUDICIAL

El régimen previsto en esta materia de notificaciones es muy similar al del Convenio de 1993.

-art.4.1: la venta judicial se llevará a cabo de conformidad con la ley del Estado donde tiene lugar la misma. Como regla general los trámites, requisitos y plazos para las notificaciones serán los exigidos por la ley de la venta judicial, así como todo lo referente a la impugnación de la venta judicial del buque antes de su finalización (y las tercerías de dominio y de mejor derecho). Destacaremos que, también, el momento de la venta judicial, a efectos del Convenio, será determinado conforme a dicha ley local, por lo que la condición, comentada antes, de que el buque se encuentre físicamente dentro del territorio del Estado en el que tiene lugar la venta, es decir, dentro de la jurisdicción del órgano judicial, dependerá del momento fijado conforme a tal lex fori. El Convenio no busca la uniformidad sobre esos extremos.

-arts.4.2 a 7: sin embargo, el Convenio impone una lista de destinatarios que deben ser notificados, y exige otros métodos de publicidad (por edictos y comunicación a un "archivo" internacional, que veremos más adelante), a fin de que pueda expedirse el certificado de venta judicial, es decir para que la venta judicial sea válida.

Serán notificados obligatoriamente los siguientes destinatarios (art.3):

-a) el registro de buques o registro equivalente en que esté inscrito el buque;

-b) todos los beneficiarios de hipotecas o mortgages y de cargas inscritas, a condición de que el registro en el que están inscritas sea de acceso público;

-c) todos los titulares de privilegios marítimos, pero a condición de que éstos hayan notificado previamente la existencia del crédito marítimo privilegiado al órgano judicial o autoridad pública que lleve a cabo la venta (conforme a la ley del Estado de la venta judicial). Como es sabido, los créditos marítimos privilegiados no suelen inscribirse en el registro del buque, por lo que son "ocultos", y el Convenio solo exige notificación de la "existencia", que deberemos entender resultante o reconocida por sentencia judicial firme, no bastando la simple alegación; al efecto surgirá la cuestión -en absoluto baladí- de verificar si el crédito marítimo es privilegiado o no, lo que será determinado por la "ley aplicable", y cuál sea ésta habrá de ser identificada mediante las normas de Derecho internacional privado vigentes en el Estado de la venta judicial. De ahí, que es muy posible que la venta judicial experimente dificultades formales, argumentaciones e impugnaciones, y considerables dilaciones como resultado.

-d) el propietario del buque en ese momento (el de la notificación de la subasta).

-e) en su caso, el arrendatario del buque a casco desnudo, si el contrato de arrendamiento fue inscrito en un registro (lo que no es habitual).

-además, la venta judicial (la apertura) se dará a conocer al público:

a) mediante publicación de edictos en la prensa u otras publicaciones en el Estado de la venta judicial, y

b) mediante envío a un "archivo" internacional a cargo de las Naciones Unidas, en uno de los cuatro idiomas de trabajo (árabe, inglés, francés, ruso y español) de las NN.UU.

Para conocer la identidad y la dirección de las personas que deberán ser notificadas, el Convenio señala(art.7) que "bastará" con los datos que consten en los registros públicos (de buques, de hipotecas o, en su caso, de arrendamiento a casco desnudo) y con los que faciliten los titulares de créditos marítimos privilegiados en sus respectivas notificaciones al órgano encargado de la venta judicial.

CERTIFICADO DE VENTA JUDICIAL

Art.5: el Convenio ha previsto, como consecuencia práctica de la venta judicial una vez finalizada, que el órgano judicial o autoridad pública competente expida al comprador un **certificado de venta judicial,** que le sirva de prueba de título limpio de propiedad sobre el buque. Por tal razón de prueba concluyente, ese certificado solamente podrá emitirse cuando hayan quedado resueltas todas las posibles impugnaciones y peticiones formuladas por los interesados en la venta judicial del buque, es decir, cuando no quepa duda alguna de que la venta forzosa del buque se ha llevado a cabo "con arreglo a la ley del Estado de la venta judicial y de conformidad con los requisitos exigidos por dicha ley y los requisitos establecidos en el Convenio".

El modelo de formato del Certificado de Venta Judicial figura incorporada a un Anexo II, al texto del Convenio, pero podrá también expedirse en forma de documento electrónico.

EFECTOS INTERNACIONALES DE LA VENTA JUDICIAL

El Convenio, a diferencia del borrador de Beijing, no hace referencia alguna a los efectos extintivos de la venta judicial del buque, sino que proclama la nota esencial del mismo, a saber, los **efectos internacionales**:

-art.6: la venta judicial de un buque, acreditada por el Certificado expedido al comprador, será reconocida en los demás Estados parte como título de propiedad del comprador. No será necesario el reconocimiento transfronterizo de la resolución adjudicataria de la propiedad, sino que bastará con la presentación del Certificado de Venta Judicial, debidamente cumplimentado y emitido (según exige el Convenio en el art.5), otorgando con ello una solución práctica al frecuente problema del reconocimiento y ejecución de resoluciones judiciales de un país u otro, ambos partes de un Convenio.

Hay, no obstante, una excepción de carácter primordial, y supuesto, y es que el efecto internacional pretendido sea "manifiestamente contrario al orden público" del Estado en el que se busque que la venta judicial sea reconocida y tenga pleno efecto (art.10).El calificativo de "manifiestamente" parece innecesario ya que no hay grados de violación del orden público, pero sí deja abierta al tribunal competente la valoración del impacto sobre el orden público, que habrá de ser grave (lo que siempre corresponderá a la ley nacional regular).La excepción es jurídicamente conforme y está comprendida en los Convenios Internacionales sobre Privilegios e Hipotecas (1926, 1967 y 1993).

ACTUACION DEL REGISTRO

-por el art.7, el Convenio regresa a lo previsto en el Convenio sobre Privilegios e Hipotecas 1993 al efecto de cancelación de las inscripciones registrales relativas al título de propiedad del buque, a saber, se cancelarán:

-las hipotecas o mortgages y cargas inscritas antes de finalizada la venta judicial. Las cancelará el Registro de matrícula del buque en el Estado de abanderamiento. En cuanto a los créditos marítimos privilegiados ya notificados al órgano judicial del Estado de la venta, no hará falta cancelar nada porque no estarán inscritos y porque el sistema de purga, que sigue la venta judicial, los extinguirá automáticamente.

-la del buque, es decir, la baja registral del buque en el Registro de matrícula en el que estaba inscrito en el momento de ser vendido en pública subasta. El Registro expedirá un certificado de baja del buque a los efectos de su nueva inscripción en el registro que elija el comprador, quien quedará así facultado para practicar el alta del buque, debiendo cumplir con los requisitos exigidos por la ley del nuevo Estado de matrícula.

El Convenio se aplicará siempre que tanto el Estado del registro de matrícula como el del nuevo registro donde será inscrito el buque por el comprador sean partes del Convenio. De ahí que opere, también para la inscripción de alta, y la de cancelación hipotecaria en el registro saliente, la excepción de orden público, ya comentada antes (art.7.5 en relación con el art.10).

EMBARGOS PREVENTIVOS DEL BUQUE

Asimismo, el Convenio contempla que todo posible embargo preventivo del buque objeto de una venta judicial sea denegado, si se ha solicitado, o levantado, si ya se ha trabado, contra la presentación del Certificado de Venta Judicial por el comprador, o por comprador posterior(art.8). No especifica si el Estado del lugar en el que el buque ha sido embargado preventivamente ha de ser parte del Convenio, pero en todo caso también operará la excepción de que la denegación o, en su caso, el levantamiento del embargo preventivo del buque pudiera ser "manifiestamente" contrarios al orden público de ese Estado (art.8.4).

ANULACION Y SUSPENSION DE LA VENTA JUDICIAL

La venta judicial puede ser impugnada y anulada, y sus efectos pueden ser suspendidos, a solicitud de parte interesada en la propiedad del buque. La competencia exclusiva recaerá en los órganos judiciales del Estado en el que se lleva a cabo la venta judicial (art.9), y declinarán su competencia para conocer de toda solicitud o demanda presentada en otro Estado parte del Convenio.

Las solicitudes de anulación o de suspensión se resolverán conforme a la ley aplicable al procedimiento de venta forzosa, que es la del mismo Estado de la venta judicial (art.4.1).

El órgano judicial que resuelva sobre las impugnaciones estará obligado a ordenar lo procedente al juzgado o autoridad pública que llevó a cabo la venta judicial e igualmente lo transmitirá "con prontitud" al archivo internacional antes mencionado.

ARCHIVO INTERNACIONAL

En virtud del art.11 -novedad del Convenio- se crea un archivo a cargo del Secretario General de la Organización Marítima Internacional (OMI), o a cargo de una institución designada por la Comisión de las Naciones Unidas para el Derecho Mercantil Internacional (UNCITRAL), ambos organismos de las Naciones Unidas (ONU).

El archivo tiene carácter informativo y probatorio, no es constitutivo de derechos, siendo su objetivo el de otorgar publicidad mundial a las ventas judiciales de buques; a las notificaciones, a los certificados de venta judicial y a las resoluciones judiciales sobre demandas de anulación o de suspensión de la misma. Se trata de un archivo que puede ser consultado por el público en general, lo que tiene notable importancia práctica en relación con los lapsos de información que suelen tener lugar en materia de cambios de la propiedad de un buque.

Es necesario que el Convenio entre en vigor internacional. Las obligaciones respecto del "archivo" recaen sobre los Estados partes únicamente, pero las notificaciones al archivo podrán ser efectuadas por un Estado que haya adoptado el Convenio, pero no haya entrado en vigor nacional (plazo de 180 días).

COMUNICACIÓN ENTRE AUTORIDADES DE LOS ESTADOS PARTES

El Convenio surte efectos entre Estados partes, cuyas autoridades podrán comunicarse entre ellas directamente, sin necesidad de acudir a tratados internacionales sobre reconocimiento y ejecución de resoluciones judiciales ni sobre cooperación judicial internacional(art.12). Esa facultad ya estaba prevista por el Convenio de Ginebra sobre Privilegios e Hipotecas 1993.

Sin embargo, un Estado parte del Convenio podrá siempre reconocer y atribuir efectos a la venta judicial de un buque realizada en otro Estado, parte o no parte del Convenio, fuera de las reglas del Convenio, es decir, conforme a otro acuerdo internacional o con arreglo a la ley aplicable (art.14).De nuevo habrá que encontrar la ley aplicable, salvo en los casos de ejecución hipotecaria (el contrato de hipoteca naval).La uniformidad internacional no puede cuestionarse, ya que es un Convenio de aplicación efectiva entre Estados partes.

Por ello, sus requisitos de entrada en vigor no son rigurosos: sólo 3 Estados, y a los 180 días a partir del tercer depósito del tercer depósito del instrumento de ratificación, aceptación, aprobación o adhesión, y 180 días para la entrada en vigor para cada Estado que lo adopte(art.21). Además, el Convenio no contiene Reservas, con lo que se espera una pronta entrada en vigor internacional y que supere la poca aceptación tenida por el Convenio de Ginebra de 1993.

3.PROCEDIMIENTO PARA LIMITAR LA RESPONSABILIDAD POR CRÉDITOS MARÍTIMOS.

La LNM14 introduce, entre sus procedimientos especiales marítimos, un ordenado proceso para el ejercicio del derecho de **limitación de la responsabilidad** de un deudor frente a las reclamaciones marítimas. La responsabilidad y el derecho a limitarla podrán surgir de los Convenios Internacionales, en particular el Convenio de Londres sobre Limitación de Responsabilidad por Reclamaciones Marítimas de 1976, reformado en 1996, ambos suscritos por España, así como de la legislación interna, siempre que tal derecho de limitación así venga conferido por la ley o bien sea contractualmente acordado. El procedimiento aquí desarrollado será válido para los efectos de invocar el derecho de limitación en España únicamente, como es lógico. Las reclamaciones o créditos marítimos deben haber sido planteadas ante los órganos judiciales españoles en principio, y para los casos en que las reclamaciones se hayan interpuesto ante tribunales (judiciales, no arbitrales) "se estará a lo previsto en la normativa de la Unión Europea y en los Tratados aplicables" (art.487.2).

En los Convenios Internacionales Marítimos sobre Limitación de Responsabilidad de los Armadores de buques de 1957 y de 1976/97 se configura la prestación de una fianza única, o de un fondo dinerario único, por el importe total de la cifra de limitación que servirá para pagar todas las reclamaciones surgidas del mismo acontecimiento y que permitan ejercitar el derecho de limitación (arts. 5.4 del Convenio de Bruselas 1957 y art.11.1 del Convenio de Londres 1976). Ambos instrumentos internaciones remiten a la ley nacional del país donde se presta la fianza o se constituye el fondo para reglar el procedimiento. Eso es lo que hace la Ley de Navegación Marítima a través de sus arts.487 a 500.

La **competencia** recaerá en el Juez de lo Mercantil que ya conozca de cualquier reclamación limitable presentada contra el titular del derecho a limitar (art.487.1). En España hay 64 Juzgados de lo Mercantil en 31 sedes, por lo que no habrá mucha dificultad para la constitución del fondo de limitación ya que el Armador del buque, con mucha probabilidad, puede ser demandado en el puerto de destino de la mercancía transportada o en el lugar de su residencia o en el lugar de los hechos.

El procedimiento se iniciará y desarrollará del modo siguiente:

1.- la persona que invoque en un proceso civil el derecho a limitar deberá presentar una solicitud de constitución del fondo de limitación dentro de los 10 días contados a partir de su invocación formal. La solicitud de constitución del fondo se presentará ante el mismo Juzgado que conoce de la reclamación en cuyo proceso se ha invocado el derecho a limitar, y será tramitada en pieza separada de dicho pleito principal(art.488).Cuando el derecho de limitación se invoque en otro proceso no civil (penal, administrativo, social) entonces la solicitud para constituir el fondo se habrá de presentar ante el Juzgado de lo Mercantil del mismo lugar aportando testimonio del otro Juzgado y en el mismo plazo de 10 días, con el efecto importante de que las sentencias o resoluciones dictadas en aquellos procesos serán sólo ejecutables contra el fondo legalmente constituido en el Juzgado de lo Mercantil (art.489).

La solicitud de constitución del fondo de limitación será formulada por escrito, firmado por Abogado y Procurador, en el que se dará constancia de los hechos relevantes referentes a la limitación invocada, acompañando los siguientes documentos:

a) documento acreditativo de ingreso en la cuenta del Juzgado del importe de la suma máxima de indemnización calculada de acuerdo con las reglas previstas (en el Capítulo III, Titulo VII de esta ley o en el Convenio Internacional 1976/96), según la naturaleza de las reclamaciones formuladas, incrementado por sus intereses legales desde la fecha del siniestro hasta la de la constitución del fondo; el ingreso podrá sustituirse por una garantía suficiente a favor del Juzgado otorgada por una entidad financiera autorizada a operar en España.

b) copia auténtica del certificado de arqueo del buque.

c)lista de tripulantes del buque en el momento del accidente.

d)en el caso de que la limitación se refiera a alguna reclamación por muerte o lesiones de los pasajeros, certificado del número máximo de pasajeros que el buque está autorizado a transportar.

e) copia auténtica del certificado de navegabilidad del buque.

f) certificado de la autoridad monetaria sobre la conversión en euros del derecho especial de giro (DEG, moneda legal utilizada internacionalmente para limitar la responsabilidad) en el momento de constituirse el fondo.

g) documento en que conste el cálculo del importe de la limitación global.

h) lista de acreedores o reclamantes, con indicación de su domicilio, si se conoce, el título de su reclamación y su importe "estimado" (art.490).

2.- El Juez, recibida la solicitud con sus documentos, dictará Auto admitiéndola si cumple con todos los requisitos, concediendo al solicitante 5 días para subsanar las omisiones y defectos encontrados, si no los cumpliera. El Juez podrá rechazar la solicitud si estima que la cuantía del fondo está mal calculada, en cuyo caso concederá un plazo de 5 días para subsanarla o para aceptar la cifra calculada de oficio(art.491).

3.- Con el Auto de admisión a trámite el Juez declarará constituido el fondo de limitación sin perjuicio de las impugnaciones que puedan presentarse a continuación. Bastará un testimonio de dicho Auto para obtener, en otro procedimiento cualquiera derivado del accidente marítimo, el levantamiento del embargo o de otras medidas cautelares sobre el buque o sobre otros bienes de la persona con derecho a limitar; la misma pérdida de acciones se producirá contra otros deudores del mismo(s) crédito(s) en cuyo nombre se haya constituido el fondo. El Auto que deniegue la constitución del fondo de limitación será recurrible en apelación por el solicitante(art.492).

4.- En el Auto de admisión a trámite el Juez acordará el nombramiento de un **comisario-liquidador**, que podrá ser recusado por los interesados invocando las causas establecidas para los peritos en la Ley de Enjuiciamiento Civil. El comisario-liquidador deberá aceptar el cargo en el plazo de 3 días compareciendo en el Juzgado al efecto. Tendrá derecho, en concepto de honorarios y gastos, a una retribución igual al 1% del fondo finalmente distribuido entre los acreedores y podrá pedir una provisión de fondos para gastos, que efectuará el solicitante (art.493).

5.- El comisario-liquidador formará 3 piezas separadas: la primera dedicada a la regulación del estado pasivo del fondo; la segunda, a la del estado activo, y la tercera será la pieza de reparto. Podrá proponer al Juez un reparto provisional de parte del fondo, y si es autorizado podrá efectuar pagos adelantados que serán siempre a cuenta de la liquidación en el reparto definitivo (art.494).

6.-Una vez firme el Auto que declara constituido el fondo, el comisario-liquidador notificará a todos los acreedores mencionados en el escrito del solicitante, así como a cuantos aparezcan posteriormente, el inicio del procedimiento de distribución del fondo y su derecho a ser parte el mismo. El Auto se publicará en el Boletín Oficial del Registro Mercantil y, si el comisario-liquidador lo estima conveniente, en otros medios de comunicación. Toda la información y el trámite relativo a las reclamaciones (títulos, cuantías, etc.), que se integrarán en la masa de deuda, serán ordenadas en la pieza primera. Los acreedores tendrán un plazo de 30 días para presentar sus títulos o justificantes del crédito, y 60 días para los residentes en el extranjero(art.495). Y podrán presentar alegaciones e impugnaciones sobre la procedencia, el importe de los créditos o sobre la inclusión en el estado pasivo (art.496.1).

7.- El comisario-liquidador presentará un informe al Juzgado con la lista de los créditos admitidos en el estado pasivo y su importe, provisional o definitivo, así como las alegaciones, impugnaciones y las razones de su criterio de admisión. El Juzgado resolverá sobre la composición del estado pasivo por medio de Auto, que será recurrible en apelación ante la correspondiente Audiencia Provincial (art.496.2).

8.- En la segunda pieza relativa al estado activo del fondo, el comisario-liquidador recogerá las impugnaciones que los acreedores hayan formulado, dentro de un plazo preclusivo de 3 meses a partir de la notificación del expediente a cada acreedor, acerca de la procedencia del derecho a limitar la responsabilidad o de la cuantía y forma del fondo. De tales impugnaciones se dará traslado al solicitante para alegaciones en el plazo de 20 días, transcurrido el cual el comisario- liquidador elevará al Juez su informe definitivo sobre la validez e importe del fondo de limitación, así como sobre las impugnaciones presentadas y las razones que justifican su opinión. El Juez resolverá por medio de Auto acerca de la procedencia y cuantía del fondo, que será recurrible en apelación ante la Audiencia Provincial (art.497). Si en este último Auto se estableciera una cuantía del fondo diversa de la ya depositada o constituida, el solicitante deberá completar esta última en el plazo de 10 días, incluso si dicho Auto fuere recurrido, salvo pérdida del derecho de limitación (art.498).

9.- Si por resolución firme se determinara improcedente la limitación de responsabilidad, el Juez declarará terminado el trámite, aunque retendrá durante 60 días el aval o cantidad depositada para asegurar las reclamaciones que se presentarán ante el juez competente y también como garantía de las que ya hubieren sido presentadas (art.499).

10.- Una vez ganada firmeza por los Autos que aprueban los estados pasivo y activo del fondo el comisario-liquidador elaborará una propuesta de reparto con arreglo al orden de preferencia de créditos previsto en el Título VII de la LNM. La propuesta podrá ser impugnada por los acreedores en el plazo de 20 días. El Juzgado, tras recibir las impugnaciones que se hayan hecho, a la vista del informe final del comisario-liquidador resolverá mediante Auto, que será recurrible en Reposición y Apelación.

La concepción del procedimiento es la correcta en tanto que provee todas las garantías procesales a fin de que el objetivo de limitación de la deuda se cumpla según lo previsto por el legislador internacional para los Estados parte, a los que faculta plenamente en todo lo relativo a la constitución del fondo, a la distribución de cantidades desde el fondo (art.14) y a las reglas de procedimiento(art.10.3).

Sin embargo, el desarrollo es prolijo y farragoso, sujeto a impugnaciones y apelaciones varias (como no podía ser de otro modo), lo que conllevará un largo plazo de tiempo que resultará en una probable depreciación monetaria del importe del fondo. No se precisa en lugar alguno el momento efectivo de depositar el importe del Fondo en la caja de depósitos designada por el Juzgado, aunque se deducirá (art.490- a) que tal momento ha de iniciarse no más tarde de 10 días desde el instante en que el derecho a limitar se invoca en el proceso principal (art.488.1), es decir, desde la contestación a la demanda o de la contestación a la reconvención(momento procesal netamente prematuro porque no puede recaer aún en dicha fase procesal resolución o decisión alguna; si no que, a efectos conducentes, ello no deberá suceder hasta que recaiga sentencia y se proceda a ejecución de la misma por lo que el Capítulo IV está pensado para fase de ejecución de sentencia, provisional o definitiva . No hay tampoco previsión para el abono de intereses de demora en la fase de reparto. Por lo que los acreedores, admitidos en la tercera pieza de reparto, correrán el riesgo de percibir un importe menor del que les correspondería.

La constitución efectiva del Fondo de Limitación no sería necesaria de acuerdo con el Convenio de Londres de 1976-96, a fin de producirse los efectos legales pertinentes (levantamiento de medidas cautelares y cese de responsabilidad de pago por deudas mayores que las limitadas), de modo que resultaría suficiente con la invocación del derecho de limitación y su admisión judicial firme para tales efectos, pero el citado Convenio (art.10) autoriza a los legisladores nacionales de los Estados parte a exigir el trámite de constitución efectiva del fondo, cuya medida es la única que faculta al deudor para proteger el resto de su patrimonio ya que el fondo de limitación paraliza cualesquiera otras acciones posibles contra sus activos. Efectivamente, **el legislador español optó por la exigencia de la constitución del fondo, cuyo trámite deberá iniciarse en el plazo de 10 días** desde la invocación del derecho a limitar ante el Juzgado competente(art.488.1). Por tanto, la LNM 14/2014 no permite la simple invocación del derecho a limitar sin constitución del fondo. A diferencia de la situación anterior, es decir, desde la fecha en que España adoptó el Convenio de Londres LLMC 1976 (1 Diciembre 1986) hasta la entrada en vigor de la LNM 14 (25 Septiembre 2014), que fue el caso español al no existir en esos años una regulación específica española que impusiera la exigencia de la constitución del fondo. GONZALEZ LEBRERO ("Procedimientos Marítimos", Biblioteca Jurídica de Bolsillo, Madrid 1996, pag.125) entendía que el derecho de limitación podía ser planteado como cuestión incidental en el procedimiento principal, y también por vía autónoma, como pretensión unilateral del presunto responsable, a través del ejercicio de una "acción de jactancia". La LNM14/2014 prescindió de tal opción meramente invocatoria, que ciertamente facilitaba mucho la solución transaccional de reclamaciones mediante el reconocimiento legal, de acuerdo con el Convenio de Londres 1976, a limitar la responsabilidad sin necesidad de iniciar trámites para constituir el fondo de limitación.

En el art.489 falta la previsión de que, si la cuantía admitida es menor que la efectivamente depositada, se proceda a la devolución correspondiente del importe depositado o a la reducción proporcional de la garantía prestada.

4.CERTIFICACIÓN PÚBLICA DE DETERMINADOS EXPEDIENTES DE DERECHO MARÍTIMO. DISPOSICIONES GENERALES.

Antecedentes. La Jurisdicción Voluntaria en el ámbito mercantil.

La Ley 15/2015, de 2 Julio, de la Jurisdicción Voluntaria (LJV) tiene una destacada incidencia en la esfera mercantil-marítima. Esta norma supone una importante reforma en los procedimientos de jurisdicción voluntaria, por cuyo efecto se separó la jurisdicción voluntaria de la regulación procesal común con el fin de ofrecer al titular de derechos "medios efectivos y sencillos" que agilizasen las actuaciones y disminuyesen la carga judicial ; así , la Ley de Jurisdicción Voluntaria procedió a la desjudicialización de un número de asuntos que tradicionalmente se incluían bajo la rúbrica de jurisdicción voluntaria, confiándolos a operadores jurídicos no investidos de potestad jurisdiccional. Tal enfoque dio lugar a una distribución de competencias con carácter general, salvo aquellas reservadas en exclusiva al juez de lo mercantil.

Bajo la rúbrica de "expedientes de jurisdicción voluntaria en materia mercantil, el Título VIII de la LJV regula en ocho capítulos una serie de procedimientos de naturaleza mercantil, optándose por atribuir el conocimiento de la mayor parte de los expedientes generados por actos de jurisdicción voluntaria a Notarios y Registradores mercantiles, y en algunos casos a los Notarios de forma exclusiva. Entre esos expedientes está el caso de los de Derecho Marítimo. La LJV no hace mención de ellos, que hubieron de esperar a ser regulados íntegramente en el seno de la Ley de Navegación Marítima. Realmente, la LJV únicamente se ocupa de los expedientes en materia mercantil que se tramitan ante los órganos jurisdiccionales del Estado y remite a la legislación civil o mercantil la regulación de los mismos expedientes cuando quienes los tramiten sean Registradores o Notarios. De tal modo, fueron y son criterios de política legislativa los que ofrecen un panorama no unitario y confuso sobre la tramitación de los expedientes. Y esa misma política legislativa condujo a situar los expedientes de Derecho Marítimo en la Ley 14/2014 de Navegación Marítima bajo la denominación de ***"certificaciones públicas"***. Aclararemos que no son expedientes jurisdiccionales y que carecen de un carácter contencioso, pues los Notarios, aunque sean funcionarios públicos, no tienen una función judicial asignada; se llamarán expedientes "voluntarios", porque han de iniciarse de manera voluntaria por alguno de los interesados legitimados, y su tramitación tiene por objeto la "certificación" por los Notarios dando fe del expediente tramitado ante ellos.

La jurisdicción voluntaria en el ámbito marítimo.

Hasta la entrada en vigor de la LNM 14/2014, los actos de jurisdicción voluntaria en negocios de comercio marítimo estaban regulados en los arts. 2131 a 2161 y 2168 a 2174 de la Ley de Enjuiciamiento Civil de 1881, vigentes largos años en virtud de la Disposición Derogatoria Única de la LEC 1/2000, que remitía a la regulación de los mismos en una futura Ley sobre Jurisdicción Voluntaria. La LJV, largamente esperada, en 2015, sin embargo, no se ocupó de los expedientes de Derecho Marítimo, a pesar de la remisión expresa hecha por la LEC1/2000.Hay que decir que en ese lapsus de tiempo tuvo lugar el proceso legislativo de ambas leyes, la LJV y la LNM, y se produjo un vaivén legislativo con grandes cambios sobre la residencia competencial de los expedientes, hasta ser entregados a los Notarios finalmente. En 2004 el Anteproyecto de Ley General de Navegación Marítima del Ministerio de Justicia, ante la falta de aprobación de una LJV, partiendo de que las normas procesales relativas al Derecho Marítimo debían contenerse en la Ley especial marítima, recogió en su articulado la regulación de varios expedientes de jurisdicción voluntaria. Apenas un año después, la Exposición de Motivos del Anteproyecto de LJV, de 2005, argumentaba en favor de incluir los expedientes marítimos de jurisdicción voluntaria en su articulado por razón de su naturaleza jurídico-procesal. Discrepancia de criterios dentro del mismo Ministerio de Justicia. Vuelta atrás en los respectivos anteproyectos de 2006 y 2008 (LNM) y de 2006 (LJV). Finalmente, en el anteproyecto de 2012, culminado en el de 2015, la LJV decidió no regular todos aquellos expedientes cuya tramitación se mantenía fuera de la Administración de Justicia, y al atribuir competencia a los Notarios pasó al Proyecto de LNM de 2013 la regulación de los expedientes voluntarios marítimos. Todo ese trasfondo, que hizo transitar a los expedientes marítimos de jurisdicción voluntaria del órgano judicial a la esfera notarial, influirá en la atribución a los Notarios de competencias en materia de Derecho Marítimo cuyo desarrollo práctico planteará cuestiones generales (p.ej., la presencia física del Notario en el puerto y la libre elección del Notario por el interesado; los supuestos de concurrencia de varios interesados que acudan a distintos Notarios; la urgencia de las actuaciones y la disponibilidad de los Notarios en el puerto en cuestión).

El Título X de la LNM14 comprende y regula seis (6) procedimientos mediante expedientes notariales, cuya competencia única corresponde a los Notarios, y por tanto son trámites enteramente extrajudiciales. El Notario es elegido por los interesados, a cuyo efecto de actuación serán hábiles todos los días y horas sin excepción (arts.501 y 502). Los gastos del expediente serán a cargo del solicitante interesado; y los gastos de perito serán a cargo de quien los proponga(art.503).

De la protesta de mar por incidencias de viaje.

En el Título III, Sección 2ª, al hablar de las obligaciones del Capitán del Buque la LNM en el art.187 establecía que el Capitán podrá levantar un acta de "protesta "ante la Capitanía Marítima, o ante el Cónsul español si arriba con su buque a puerto extranjero(art.175), cuando hayan ocurrido hechos que pudieran comprometer su responsabilidad. En dicha acta se consignarán los hechos ocurridos tal como figuran anotados en el Diario de Navegación, con los comentarios que estime oportuno, y se conservará junto al Diario entregando inexcusablemente copia compulsada a todas las personas que aleguen un interés legítimo. Si el Capitán se negare a expedir la copia, el interesado podrá dirigirse a la Capitanía Marítima, en cuya jurisdicción se encuentre el buque o la de su puerto de matrícula, a fin de que se obligue al Capitán o al armador a expedir y entregar por su conducto la copia interesada; la Capitanía vendrá obligada a tramitar esta solicitud salvo que el solicitante carezca patentemente de interés legítimo (art.87).

De ahí que se haya concebido un procedimiento que garantiza la fe pública notarial para la **acreditación de las incidencias** y el otorgamiento expeditivo de copias autorizadas de la protesta de mar, que el Capitán del buque podrá utilizar cuando lo considere conveniente. Sin perjuicio de su deber de hacerlo ante la Capitanía Marítima(art.504.1). Es decir que hay que distinguir los casos en el Capitán está obligado legalmente a levantar la protesta de mar de aquellos otros en que puede actuar potestativamente. Los supuestos en los que el Capitán tiene obligación legal de levantar protesta de mar son:

-accidente, contaminación o seguridad en la navegación (art.186 LNM).

-actuaciones del Capitán como autoridad pública a bordo del buque (arts.171, 177, 179 y 180.3 LNM).

La LNM regula, así, la protesta de averías llamándola **"protesta de mar"** en relación con un expediente de certificación pública de las protestas de mar por acaecimientos del viaje que tiene por objeto la acreditación fehaciente de las incidencias del viaje. Por lo tanto, es un procedimiento de índole administrativa, no judicial, de valor probatorio público. Y de carácter facultativo para el Capitán.

En el plazo de 24 horas a contar de su llegada al puerto de destino el Capitán deberá entregar al Notario una copia de la parte correspondiente del Diario de Navegación y del acta en que hubiera hecho constar las incidencias producidas, así como, en su caso, una copia de la diligencia de protesta de incidencias instruida en un puerto de arribada previo al de destino. Asimismo, deberá entregar una copia del acta de protesta a todos los interesados que sean conocidos y, en su caso, entregará inexcusablemente copia compulsada en el supuesto previsto en el art.187 (art.504.2).

El Notario, por iniciativa de los interesados, deberá proceder al examen del buque y de las mercancías que transporta, así como ordenar la tasación de los daños causados; para tales diligencias el Notario recibirá declaración de los firmantes del acta o actas levantadas, interesados y consignatarios, si residieren o tuvieren representación en el lugar (art.505.1). La valoración de los daños se realizará por un perito nombrado de común acuerdo por el Capitán y los interesados o consignatarios y, en defecto de acuerdo, por el Notario (art.505.2).

Mediante este expediente Notarial el Capitán, su Armador y el Asegurador del Buque pueden conseguir una verificación de las anotaciones sobre incidencias insertas en el Diario y en el acta de protesta de mar mediante una tasación pericial en regla, que resultará mucho más satisfactoria para los interesados en los daños acaecidos al buque y/o a las mercancías a bordo, que quedarán acreditadas fehacientemente por la firma del Notario, y de ahí ahorrarse toda desconfianza o discrepancia con el simple otorgamiento de copias autorizadas del acta notarial.

De la liquidación de la avería gruesa.

Este procedimiento está previsto, en la LNM, para el caso de que los interesados en un viaje marítimo no llegasen a un acuerdo para la liquidación de la avería gruesa. Por lo general, los interesados en la aventura marítima acuerdan de forma contractual (en la Póliza de Fletamento o en el Conocimiento de Embarque) la liquidación de la Avería Gruesa mediante intervención de un liquidador (en su caso, también un co-liquidador) privado conforme a un reglamento, elaborado por el Comité Maritime International (CMI) llamado "Reglas de York y Amberes". Estas consisten en una normativa establecida internacionalmente por el método de "reglas uniformes de general aceptación" que, teniendo carácter voluntario y privado, son utilizadas mediante inserción en los contratos marítimos con alcance casi total y unánime, de modo que han adquirido un **valor uniforme**; su última versión es la de Beijing 2016, con la denominación de REGLAS DE YORK Y AMBERES 2016. De forma supletoria, de no haberse convenido nada al respecto, cualquiera de los interesados puede acudir a un Notario en España solicitando un expediente según el trámite que fija la LNM14 (art.506).

El expediente notarial se desarrollará a través de los siguientes pasos:

1.- Se presentará un escrito de solicitud al Notario expresando una relación detallada de los hechos acaecidos, gastos y daños producidos y documentos que justifican la petición, así como relación nominal de los interesados.

2.- Admitida la solicitud, el Notario lo notificará a todos los interesados en el viaje marítimo, en el buque o en el cargamento, instruyéndoles de su derecho a intervenir en la tramitación del expediente (art.507.1 y 2).

3.- El Notario designará a un Liquidador a efectos de practicar la liquidación, y le señalará un plazo razonable para preparar la liquidación, que deberá fijarse en función de las dificultades del caso y que no podrá exceder de 4 meses, salvo causa justificada a instancia del propio Liquidador, con quién los interesados estarán obligados a colaborar en orden a la información y la documentación (art.508.1 y2).

4.-Presentada la liquidación de la Avería Gruesa por el Liquidador o su dictamen negativo sobre la procedencia de la misma, el Notario lo pondrá de manifiesto a los interesados, quienes podrán aceptar la liquidación practicada o impugnarla durante los 30 días siguientes (art.508.3).

5.-Recibidas las conformidades o las impugnaciones, el Notario las trasladará al Liquidador, quien vendrá obligado a emitir dictamen fundamentado en el plazo de 30 días sobre su procedencia y, en su caso, las modificaciones de la liquidación original que proponga (art.509).

6.-El Notario, a la vista de los escritos de los interesados y del dictamen del Liquidador, dictará resolución motivada aprobando, modificando o rechazando la liquidación. Esta Resolución será recurrible con efectos suspensivos ante el Juzgado de lo Mercantil competente. Presentado el recurso, el secretario judicial designará un nuevo Liquidador para que practique la liquidación en el mismo plazo otorgado al anterior Liquidador (no más de 4 meses).Contra su informe de liquidación se podrán presentar impugnaciones por los interesados en el plazo de 30 días, tras lo cual el secretario judicial convocará una vista que se celebrará por los trámites del juicio verbal (según la LEC 1/2000), y a continuación el secretario judicial dictará la resolución que corresponda (art.510).De esta forma, y contrariamente a las previsiones de la LJV, en que la atribución de competencias entre letrados de la administración de justicia y notarios/registradores se configurase como alternativa, en la avería gruesa se prevé una actuación sucesiva, primero del Notario y posteriormente de los órganos jurisdiccionales.

7.-La resolución firme del secretario judicial o la del Notario, si no hubiere sido presentado recurso alguno, será título suficiente para despachar ejecución contra los interesados que en el plazo de 15 días no abonasen el importe de la contribución a la Avería Gruesa señalada en la decisión, así como contra quienes garantizaron su obligación, en los límites de la garantía prestada (art.511).

Esta vía procesal, totalmente voluntaria, propuesta por la Ley de Navegación Marítima carece de viabilidad práctica no sólo porque los interesados, en un viaje marítimo pueden ser cientos, tantos como Conocimientos de Embarque por mercancías transportadas a bordo, y muchos de ellos no españoles sino también, y, sobre todo, porque la Avería Gruesa la declara el Capitán del buque porteador y es el Capitán quien habría de dirigirse a un Notario. No hay probabilidad real alguna de que lo hagan uno o un pequeño grupo de tenedores de Conocimientos de Embarque; y si lo llevaran a cabo, en virtud de la invitación de la LNM14, sin contar con el Capitán, representante del Armador del buque, ni con el Fletador, si lo hay, ni con el resto de propietarios del cargamento total embarcado (imaginemos un buque portacontenedor con 18.000 TEU o unidades de embalaje de la carga) ni obtener su acuerdo, la resolución última no tendría validez real alguna, pero sí formal en cuanto que sería ejecutable conforme al art.511.Ello constituye una vertiente de riesgo evidente que va contra la seguridad comercial que busca el Derecho Marítimo. En el bien entendido de que el contrato de transporte no contenga un pacto sobre Avería Gruesa, resulta altamente improbable que las múltiples partes interesadas llegasen a un acuerdo para seguir el procedimiento previsto en la LNM, pero como ésta no requiere dicho consenso, sino que faculta a cualquiera de los interesados para emprenderlo (puede ser uno entre dieciocho mil), entonces las consecuencias pueden resultar muy conflictivas. Pero en la realidad marítima no se suele dar el caso de que el contrato de transporte guarde silencio sobre la liquidación de la Avería Gruesa. De ahí que estimemos que su improbabilidad es de carácter general.

Por demás, el procedimiento de la LNM14 no considera adecuadamente la dificultad de reunir toda la documentación que un Liquidador de Avería Gruesa necesita ni detalla el tipo de documentación a partir del "manifiesto de carga" por parte del Capitán, ni las facturas, permisos de exportación, certificados sanitarios, etc., etc., relativos al valor salvado de la misma ni los peritajes de daños llevados a cabo después de la descarga. Tampoco incluye la regulación el destacado eje o estructura de condiciones por la que se ha de admitir y de liquidar la Avería Gruesa y cómo se ha de llegar a los importes justos de contribución a la misma, que significa cuanto han de abonar los interesados en el viaje por el esfuerzo o gasto extraordinario, con resultado útil, que llevó a cabo en su momento el Capitán a fin de compensar al Armador de forma equitativa para todos los interesados, buque, carga y flete, en su conjunto. Por último, ni los notarios ni los secretarios judiciales suelen tener conocimientos, teóricos ni técnicos, sobre la institución marítima de la Avería Gruesa. Todo lo cual, sin ser exhaustivo, convierte al procedimiento de la LNM14 en ajeno a la realidad del comercio marítimo y de escasa utilización.

Por otra parte, el CMI ha facilitado la práctica de la liquidación convencional de la Avería Gruesa, con fecha Octubre 2022, mediante las **CMI Guidelines relating to General Average** (Reglas orientadoras sobre Avería Gruesa), que tienen como finalidad ayudar a las partes interesadas a manejar la práctica de la liquidación con una clara compresión permanente de los principios de la Avería Común o Gruesa. Son reglas prácticas que no forman parte de las básicas Reglas de York y Amberes(versión elegida por las partes, en casa caso).Las nuevas "reglas orientadoras" comprenden los siguientes temas : "Concepto general de Avería Gruesa"; "Avería Gruesa y prestación de garantías", facilitando modelos de "average bond" y de "Average guarantee"; "Papel del Liquidador de Averías"; "Papel del Perito de Interés General", cuando sea nombrado uno; "Las Reglas de York y Amberes de 2016, con detalle de las nuevas reglas VI – Salvamento , y XXII – Tratamiento de los depósitos en metálico", y "Concepto general del Salvamento (incluido el LOF)".De esta forma el CMI ha buscado "unificar" las prácticas de liquidación en los diversos foros, destacando la función exigible al Liquidador que garantice una mejor práctica universal. Esta aportación del CMI, hará aún más supletorio e infrecuente el procedimiento previsto en la LNM14.

Del depósito y venta de mercancías y equipajes en el transporte marítimo.

El depósito judicial de mercancías siempre fue objeto de regulación sustantiva por la ley nacional, y así lo hacía el antiguo Código de Comercio, en los Arts.665-668, y la propia LNM14, en los Arts.228 y 238-239, pero no existían reglas procesales algunas al respecto del ejercicio de ese derecho del Fletador y, a la vez en sus casos, deber del Capitán. Así, la LNM14 ha introducido un expediente notarial para ser utilizado por el Porteador Marítimo cuando la **ley aplicable** al contrato de fletamento le faculte para solicitar el depósito y venta de las mercancías o equipajes transportados en los casos en que el destinatario no abone el flete, el pasaje o los gastos conexos a su transporte o no se presente para retirar los efectos descargados en espera de entrega, así como cuando el transporte no pueda concluir a causa de una circunstancia fortuita sobrevenida durante el viaje, que hiciera imposible, ilegal o prohibida su continuación (Art.512 LNM).El Porteador, sea Fletador o Armador del buque, tiene el derecho de acudir a un Notario para solicitar el depósito y la venta de las mercancías; y el Capitán (en nombre del Fletador o del Armador) debe acudir al Notario si el destinario no se presentase a retirar las mercancías.

El procedimiento, pensado únicamente para el contrato de transporte, se desarrollará como sigue:

1.- Al presentar al Notario la **solicitud de depósito y venta** en la misma se expresarán con claridad los siguientes extremos:

-transporte de que se trata, con copia del conocimiento de embarque o título del pasaje.

-identidad del destinario si fuere conocido.

-flete, pasaje o gastos reclamados.

-descripción de la clase o cantidad de mercancías cuyo depósito se solicita, con su valor aproximado.

-fundamento de la solicitud, sea por impago o por falta de entrega de las mercancías.

-si el impedimento para concluir el transporte se debiere a una circunstancia fortuita sobrevenida durante el viaje, deberá acreditarse el hecho de forma fehaciente

2.- Quien inste el depósito, junto con la solicitud, propondrá personas para la **designación de depositario,** según lo previsto en el Art.626 de la LEC (Art.513).

3.- Admitida a trámite la solicitud, el Notario requerirá de pago inmediatamente al destinatario de las mercancías o equipajes que figure en el título presentado. Si este no fuera nominativo no se realizará el requerimiento, salvo que así lo pida el solicitante designando para ello a persona determinada.

4.- Si el destinatario no fuere hallado, o el requerido no pagara o diera garantía suficiente de pago en el acto del requerimiento o dentro de las 48 horas siguientes, el Notario acordará el depósito de las mercancías o equipajes.

5.- Practicado el depósito y nombrado el depositario, el Notario acordará la tasación y venta por persona o entidad especializada o en pública subasta de los efectos señalados. La venta de los efectos depositados procederá asimismo cuando presentaren riesgos de deterioro, o cuando por sus condiciones u otras circunstancias, los gastos de conservación o custodia fueran desproporcionados.

6.-Hecha la venta, con el importe obtenido se atenderá en primer lugar al pago de los gastos del depósito y los del agente especializado de venta o, en su caso, de la subasta; el remanente se entregará al solicitante en pago del flete o gastos reclamados y hasta ese límite (Art.514).

7.- Si se produjese oposición al pago por el titular de las mercancías o equipajes, o el notificado a instancia del solicitante, en el acto del requerimiento o dentro de las 48 horas siguientes, se depositará el remanente a resultas del juicio correspondiente. En este caso, el titular deberá presentar demanda o iniciar de otro modo el procedimiento judicial o arbitral ante el tribunal competente en el plazo de 20 días ante un tribunal español, y de 30 días ante un tribunal extranjero, en ambos casos a contar desde la manifestación de la oposición.

8.-Cuando el depósito se hubiere evitado, o levantado, por la prestación de garantía suficiente por parte del destinatario, éste deberá presentar su demanda en el plazo señalado en el párrafo anterior, que se contará desde su constitución. Si así no lo hiciera, el Notario acordará el pago de lo reclamado con cargo a la garantía establecida.

La solución procesal prevista plantea no pocos interrogantes jurídicos y prácticos de Derecho Marítimo, a saber p.ej.:

a) parte de la conceptuación de un privilegio del Fletante sobre el flete y sus gastos inherentes (demoras y daños por detención) debidos y no pagados, pero no tiene en cuanto el plazo de prescripción de tales créditos bajo la ley que sea aplicable al contrato de fletamento-transporte;

b) es cuestión permanente en el Derecho Marítimo la de si las condiciones, y los créditos derivados de las mismas, quedan incorporadas al Conocimiento de Embarque y pueden tener efecto frente a tenedores legítimos de los mismos, cuya identidad -al ser títulos al portador – son normalmente desconocidas y no constan en el título de transporte, por lo que habrá de estarse a lo dispuesto en el Art.237 LNM.

c) el privilegio del crédito del flete y gastos y el derecho de retención del porteador habrán de ejercitarse durante los 15 siguientes a partir de la entrega de las mercancías, y salvo que en este último plazo se hayan transmitido por título oneroso a un tercero de buena fe (Art.236 LNM). Por lo que ese mismo plazo tendrá efecto para acudir al Notario en solicitud de depósito y venta; según se ha de deducir del Art.237.2 LNM.

d) no se mencionan, ni figuran previstas, las causas de oposición a fin de que el Notario pueda tener una base jurídica para juzgar el litigio, que la LEC y el Código de Comercio convertían en contencioso mediante su inicio como "depósito judicial". En todo caso, a diferencia de la retención, la venta de las mercancías no debería poder llevarse a cabo sino una vez resuelta la oposición, con lo que la expresión "remanente" debiera desaparecer del Art.514.

e) la presentación de la demanda de oposición ante un tribunal extranjero, judicial o arbitral, en el plazo de 30 días es extremadamente confusa ya que tales órganos extranjeros tendrán competencia sobre la controversia de fondo (vide Convenio de Embargo Preventivo de Buques 1993, Art.7) y no sobre el contencioso derivado de la medida cautelar practicada por medio de un Notario.

No será ocioso insistir en el requisito previo de que la ley aplicable al contrato de fletamento faculte al porteador para solicitar el depósito y venta de las mercancías o equipajes transportados. Hay que determinar la ley aplicable y conocer su contenido, lo que tendrá que hacer el Notario antes de aceptar el requerimiento. Si de la documentación aportada con el requerimiento no resulta la ley aplicable, el Notario solicitará al requirente que acredite cuál sea y, en su caso aplicará las normas de Derecho internacional Privado en defecto de ley aplicable; en caso de que la ley aplicable al contrato no sea la española, se planteará la cuestión de hasta qué punto el Notario está obligado (como si fuera un órgano jurisdiccional) a conocer el derecho extranjero. No puede exigírsele tal cosa, aunque sí tendrá acceso a la información que puede proporcionarle la Red Notarial Europea, vinculada a la Red Judicial Europea, que agrupa a los Estados miembros de la UE que tienen el sistema de notariado latino-germánico (también, en virtud de la Ley 29/2015, de 30 Julio, de Cooperación Jurídica Internacional en materia Civil).Pero si esa ley aplicable no es la de un país comunitario, y el Notario no puede averiguar su vigencia y contenido, podría incluir en una responsabilidad no prevista.

Del expediente sobre extravío, sustracción o destrucción del Conocimiento de Embarque.

Este expediente supone una novedad, porque no estaba regulado entre los expedientes marítimos de jurisdicción voluntaria en la antigua ley procesal civil de 1881.Aún bien pensada la novedad regulatoria, la introducción posterior en la LJV a través del art.78 de la Ley del Notariado (modificado) de un procedimiento específico relativo al robo, hurto, extravío o destrucción de títulos valores, lo priva de sentido ya que el Conocimiento de Embarque es un título valor, que incorpora el derecho a exigir las mercancías (art.251 LNM).

Este procedimiento mediante intervención de Notario remite a los casos de extravío, sustracción o destrucción de un Conocimiento de Embarque, título legítimo para retirar las mercancías transportadas por mar, en los que el desposeído del mismo deberá acudir ante el notario competente, requiriéndole para que inste al porteador a que no se entreguen las mercancías a tercera persona y que se le reconozca la titularidad del Conocimiento de Embarque desaparecido (Art.517.1 LNM).

Será competente el notario con sede en el lugar de destino fijado en el Conocimiento de Embarque como destino final de las mercancías donde deben ser entregadas (Art.516), competencia que habrá de determinarse con lo establecido en el Reglamento Notarial (arts.116-125), que concreta quienes son los notarios hábiles. Para apreciar su competencia, el Notario -ya que no tiene delante suya el Conocimiento de Embarque- tendrá que acudir a otras pruebas, como el testimonio de aquellos que intervinieron en su emisión y en su firma (art.249 LNM).

El tenedor desposeído podrá realizar todos los actos tendentes a la conservación de su derecho. Entre ellas, además de pedir el depósito judicial de las mercancías, si a su derecho mejor conviene, también podrá recibir del porteador las mercancías arribadas al lugar de su destino siempre que preste caución ante el notario por un importe equivalente al valor de las mercancías recibidas (Art.517.2).

El procedimiento se desarrollará como sigue:

1.-el tenedor desposeído requiere al notario indicando todas las menciones que figuran en el Conocimiento de Embarque (según exige el Art.248 de la LNM), así como las circunstancias en que vino a ser tenedor legítimo del mismo y las que acompañaron a la desposesión. Asimismo, deberá acompañar los elementos de prueba de que disponga y proponer aquellos otros que puedan servir para fundamentar su derecho (Art.518).

2.-admitido el requerimiento, el notario mediante acta lo notificará al porteador instándole a que, si se presentara tercero alguno a reclamar la entrega de las mercancías, proceda a su retención e informe al notario de las circunstancias de la presentación del tercero a tal fin. También notificará al cargador y, en su caso, endosantes, cuando fueran personas distintas del tenedor y con domicilio conocido. Todos los notificados podrán formular ante el notario, dentro de los 10 días siguientes, las alegaciones que estimen oportunas (Art.519).

3.- el notario, hechas las averiguaciones solicitadas y las que estime oportunas sobre la veracidad de los hechos y sobre el derecho del tenedor desposeído dentro del plazo señalado, procederá inmediatamente a publicar el requerimiento en la sección que corresponda del BOE, fijando el plazo de un mes, desde la fecha de publicación para que el legítimo tenedor del título pueda comparecer y formular oposición (Art.520.1).

4.- si de las averiguaciones practicadas o de las alegaciones de los interesados resultase manifiestamente infundado el requerimiento, el notario podrá cerrar el expediente sin realizar la publicación, dejando sin efecto lo solicitado al porteador y procediendo, en su caso, a la devolución de la caución al requirente cuando hubiera restituido las mercancías recibidas del porteador.

5.- si se presentase tercero reclamando las mercancías y justificara documentalmente su derecho, el porteador podrá en conocimiento del notario tal circunstancia. El notario incorporará al expediente esa reclamación de tercero y su justificación documental, quedando suspendido el expediente durante 2 meses, sin que pueda autorizar "acta de amortización "del Conocimiento de Embarque sustraído o extraviado. Transcurridos esos dos meses sin que el tercero acredite que ha sido admitida la demanda judicial en ejercicio de su pretensión, el notario proseguirá la tramitación del expediente. En caso contrario, ante la demanda judicial acreditada, el notario declarará concluido el expediente sin autorizar la "amortización" (Art.520.2 y 3).

6.- Transcurrido un mes desde la publicación del requerimiento sin que nadie la contradiga, el notario mediante acta de notoriedad hará constar la amortización del título y se reconocerá al requirente la titularidad del mismo. Desde tal momento el Conocimiento de Embarque no tendrá eficacia alguna y el tenedor desposeído, cuyo derecho hubiese sido reconocido, podrá, en su caso, retirar la caución o exigir al porteador la entrega inmediata de las mercancías, previo pago de los gastos de depósito ocasionados; todo ello, sin perjuicio de los derechos y acciones del legítimo titular reconocido, en su caso, contra los responsables de los actos de desposesión ilegítima Arts. 521 y 522).

Este procedimiento faculta al Notario para funciones judiciales, sin que pueda presumirse su conocimiento del Derecho Maritimo relativo a Conocimientos de Embarque. Con tal advertencia en mente, el Notario no puede admitir a trámite ningún requerimiento si carece de facultades para aceptar la motivación jurídica que debe asistir al requirente, ni menos aún dar órdenes al porteador. De modo que resulta complicado que, sin averiguar la validez del requerimiento, el Notario desencadene actuaciones legales que, más tarde, deberá anular (ver numeral 4) al término de sus averiguaciones deduciéndose que el requerimiento fue infundado. Pueden producirse situaciones caóticas que sólo una autoridad judicial esté en condiciones de resolver.

De la enajenación de efectos mercantiles alterados o averiados.

Este procedimiento tiene raíz en el depósito de mercancías y se habilita, con asistencia de Notario, para el supuesto -siempre constitutivo de riesgo – de que los efectos del cargamento de un buque se encontrasen alterados, averiados o en peligro de inminente avería en poder de un depositario .Así, el que tenga a su cargo, mediante encargo comercial o depósito autorizado, la conservación de las mercancías bajo su custodia y no hubiere podido obtener instrucciones del titular de las mismas o del porteador (si no se hubiese efectuado aún la entrega), deberá solicitar a un Notario la autorización para la venta en pública subasta o por medio de persona o entidad especializada (Art.523 LNM).

Con este expediente se reemplaza aquel otro, de frecuente uso en su tiempo, previsto por el art.2161 LEC 1881.Llama la atención que se hayan mantenido dos expedientes que persiguen la misma finalidad, a saber, el previsto en el art.514.3 LNM al regular el depósito y venta de mercancías en el transporte marítimo, junto con éste de los arts.523-524 LNM para vender los efectos depositados por riesgo de deterioro. Una doble regulación, salvo la posible duda de que sea aplicable para los equipajes de los pasajeros.

El trámite seguirá los siguientes pasos (Art.524):

1.- el depositario presentará una solicitud al Notario en la que detallará el número y la clase de los efectos que hayan de venderse;

2.- el Notario procederá a nombrar un perito que reconozca el estado de los géneros previstos para su venta:

3.- recibido el informe pericial sobre el estado de los géneros, si el Notario lo estima necesario, ordenará la tasación y venta por persona o entidad especializada, o en pública subasta de los efectos señalados (pero el Notario podrá decidir si la venta es o no necesaria, porque también podría estimar que procede esperar instrucciones del titular de las mercancías, lo que conlleva serios problemas prácticos para el porteador de las mercancías).

4.- con el precio obtenido se atenderá, en primer lugar, al pago de los gastos del notario (que incluirán, en su caso, los honorarios y gastos de la persona o entidad especializada) y del perito, y el remanente se entregará al titular de las mercancías (o al depositario si la mercancía no hubiese sido aún entregada a su titular).

Comentario especial merece el Capítulo de estos expedientes de jurisdicción voluntaria contenidos en la Ley de Navegación Marítima, cuya tramitación la Ley encomienda a **los No-**

tarios. Cinco son los expedientes de "Certificación pública de determinados expedientes de Derecho Marítimo". La modernización de la Jurisdicción Voluntaria ha significado su desjudicialización y correlativa atribución a funcionarios, los notarios, regulándolos fuera de la propia Ley de Jurisdicción Voluntaria, de 2015, y trasladando los expedientes a una ley especial. El desempeño de funciones de jurisdicción voluntaria al notariado ha irrumpido fuertemente en el quehacer cotidiano y tradicional de las notarías. La experiencia, ya producida en estos años, no es alentadora. Cono señala el Notario MIGUEL VICENTE-ALMAZÁN : "nos encontramos con un campo poco familiar para los notarios por un doble motivo: por un lado, la contratación del transporte marítimo se ha desenvuelto tradicionalmente en un ámbito ajeno a la intervención notarial, por medio de modelos de pólizas de fletamento y formularios de Conocimientos de Embarque ampliamente difundidos y aceptados en la práctica internacional, y por otro, porque la jurisdicción voluntaria, ámbito al que pertenecen estos expedientes, hasta hace poco era competencia judicial". Hubo dudas y vacilaciones (los proyectos pasaron de la LNM a la LJV y finalmente volvieron a la LNM a lo largo de una tramitación que duró catorce años, siendo la consecuencia que la regulación positiva es muy deficiente y deja muchas dudas y dificultades para su aplicación por los juristas prácticos y ,sobre todo, por los notarios, ya que la tramitación de estos expediente se debe hacer por ellos con arreglo a las normas contenidas en la LNM, cuyo trasfondo sustantivo desconocen, y a las contenidas en la Ley del Notariado en cuanto reguladora de la actuación y la documentación notarial.

El expediente de **protesta de mar** presenta dificultades para correcta interpretación de los preceptos que la regulan (Arts.504 y 505). En el curso de un viaje marítimo tienen lugar sucesos dañosos de los que pueden desencadenarse consecuencias de diverso tipo, tanto en el ámbito del Derecho

Público como en el del Derecho Privado. En el Derecho Marítimo se ha denominado "protesta de mar" a la manifestación de voluntad del Capitán del buque, hecha por escrito y en forma legal ante la autoridad competente, a fin de hacer constar su falta de responsabilidad y la del personal de abordo a sus órdenes ante cualquier accidente, situación o avería, salvaguardando con ello los derechos contra terceros de sus armadores y demás interesados en la expedición marítima. En el derogado art.835 del Código de Comercio se obligaba al Capitán a presentar, dentro de las 24 horas del accidente, esa protesta ante la autoridad competente del primer puerto de arribada del buque, como requisito imperativo para el ejercicio de la acción de resarcimiento de daños y perjuicios derivados de un abordaje. La LNM dedica a este requisito amplia atención, aunque lo hace de manera dispersa y asistemática, por lo que su comprensión resulta compleja. Habrá que distinguir, por tanto, entre las protestas de mar obligatorias de Derecho Público y las protestas voluntarias que despliegan su eficacia en la esfera del Derecho Privado (Protestas de Mar en sentido estricto). En cuanto a las primeras, el Capitán tiene la exigencia imperativa de acudir ante la Capitanía Marítima o ante el cónsul español si el buque se encuentra en país extranjero (art.504.1 LNM); por lo que esa competencia primera no pertenece a los notarios, ante los que el Capitán, como cualquier ciudadano, también podrá acudir para dejar constancia de los hechos que estime necesarios; de ahí, que la competencia notarial no sea exclusiva y quede reducida a la tramitación de las protestas de mar voluntarias, pertinentes cuando se haya producido durante el viaje un hecho del que pueda derivarse la responsabilidad del Capitán, quien decide facultativamente acudir a este medio de constancia (leyendo conjuntamente los arts.504.2 y 187 de la LNM). Se trata de una competencia notarial meramente potestativa y residual, cuya finalidad y efectos no resultan claros.

El expediente de **liquidación de la avería gruesa** se regula como subsidiario de la liquidación privada que hayan podido acordar los interesados en el viaje marítimo, lo que sucede prácticamente siempre (la remisión a una liquidación practicada por liquidadores profesionales extranjeros en Londres, la mayoría, Hamburgo o New York), por lo que es muy raro que el asunto se plantee ante un notario español. La regulación de la LNM de este expediente tampoco resulta práctica ni atractiva, ya que, en caso de oposición a la decisión final del notario, se prevé la repetición íntegra de la liquidación dirigida por el notario por otra liquidación dirigida por el Secretario Judicial (hoy letrado de la administración de justicia), regresando a la jurisdicción ordinaria por los trámites del juicio verbal.

El expediente de **depósito y venta de mercancías y equipajes** había suscitado expectativas en el sector marítimo español. El porteador al que no se abone el flete podrá acudir a un Notario, en lugar de al juez (viejo Código de Comercio), a fin de que se vendan las mercancías o equipajes para su pago. Tropieza con la dificultad de la exigencia legal – lo que era inevitable – de que sea la ley aplicable al contrato de transporte marítimo la que deba facultar al porteador a exigir la venta, la cual puede ser difícil para un Notario de determinar y de conocer su contenido cuando sea una ley extranjera.

El expediente de **extravío, sustracción y destrucción del Conocimiento de Embarque** tiene por finalidad permitir que el tenedor desposeído del título de transporte pueda impedir que se entreguen las mercancías amparadas por el mismo a un tercero no legítimo, y que se declare por el Notario la amortización del Conocimiento de Embarque, es decir, el cumplimiento legal de su función de título habilitante para la entrega de las mercancías en destino, y se le reconozca su titularidad. Las objeciones prácticas y el reto consiguiente para los Notarios son grandes: puede y será normal que suceda que el título cartular se encuentre sometido una cadena de endosos, que impide que un original del mismo llegue al puerto de destino antes que las propias mercancías sin que por ello exista desposesión o extravío; puede suceder, asimismo, que se haya pactado o por virtud de la ley aplicable al contrato de transporte sea posible retirar las mercancías mediante una copia o sin documento alguno contra la emisión de una "carta de garantía" por el propietario de las mercancías (según el contrato de venta internacional subyacente) en favor del porteador; puede ocurrir, en definitiva, que la sustracción del documento haya sido denunciada en un puerto o lugar distinto del de destino y pase el asunto a la jurisdicción penal competente. Las dilaciones probables encadenarán la necesidad de acometer el otro expediente de depósito de las mercancías descargadas en el puerto de destino a fin de que el buque pueda zarpar. Son todas situaciones de gran exigencia de conocimientos y experiencia marítima para los Notarios.

El último expediente es el de la **enajenación de efectos mercantiles alterados o averiados**, o que puedan serlo. Tiene por finalidad permitir a quien corresponda la conservación y custodia del cargamento (lo que puede suceder en virtud de un expediente notarial referido anteriormente, dando lugar a expedientes encadenados) y solicitar a un Notario su enajenación en el supuesto de riesgos de avería y/o destrucción cuando no se disponga de instrucciones de su titular. Esta situación se complica con la tramitación del siniestro por la entidad aseguradora de la carga, quien tendrá la facultad de decisión (que no suele emitirse en plazos breves) y de subrogación en la titularidad sobre la misma, o en caso de seguros marítimos pactados conforme a ley extranjera, la de aceptar la pérdida total y abonar la indemnización, pero rechazando la titularidad de los restos. Ello anticipa una importante dilación en el trámite en manos del Notario.

En resumen reflexivo final, la nueva dimensión que estos expedientes significan para la función del Notario que, sin desvirtuar su esencia, le atribuyen la emisión de juicios o valoraciones similares a las decisiones judiciales se nos antoja ardua y controvertida, puesto que el Notario ha de resolver una verdadera contradicción entre las partes haciendo de árbitro o de juez ocasional en jurisdicción voluntaria, conllevando un reto de conocimientos que afrontar. Ese reto es conflictivo para el notariado y a la vez – lo más grave – para la fluidez y seguridad del tráfico marítimo.

Del nombramiento de perito en el contrato de seguro.

Este procedimiento, no previsto en la LNM para competencia jurisdiccional o mediante certificación notarial, corresponde al Título VIII **"De los expedientes de jurisdicción voluntaria en materia mercantil"**, Cap. VIII "Del nombramiento de perito en los contratos de seguro" regulado por la LEY DE JURISDICCION VOLUNTARIA 15, de 2 de Julio 2015.

En sus Arts.136-138 establece las condiciones de aplicación y los pasos a seguir:

1.- cuando en el contrato de seguro, conforme a su legislación específica (en nuestro caso, la LNM14, Arts.406-467), no haya acuerdo entre los peritos nombrados por el asegurador y asegurado para determinar los daños producidos, y aquéllos no acepten la designación de un tercero dirimente, se aplicará este expediente (Art.136);

2.- será competente el Juzgado de lo Mercantil del domicilio del asegurado. No será preceptiva la intervención de Abogado y Procurador.

3.- podrá promover este expediente cualquiera de las partes del contrato de seguro marítimo o ambas conjuntamente por consenso (Art.137).

4.- se iniciará el expediente mediante escrito presentado por cualquiera de los interesados, en el que se hará constar el hecho de la discordia de los peritos designados para valorar los daños sufridos, y se solicitará el nombramiento de un tercer perito. Al escrito se acompañarán la póliza de seguro y los dictámenes de los dos peritos;

5.- admitida a trámite la solicitud, se convocará a una comparecencia en la que el Secretario Judicial instará a los interesados para que se pongan de acuerdo en el nombramiento de otro perito; si no hubiere acuerdo, se procederá a nombrarlo con arreglo a las normas de la Ley de Enjuiciamiento Civil:

6.- verificado el nombramiento, se hará saber al designado para que manifieste si lo acepta o no, lo que podrá rechazar alegando justa causa.

7.- una vez aceptado el nombramiento de perito, se le proveerá del consiguiente nombramiento, debiendo emitir el dictamen dentro de los 30 días a partir de la aceptación del nombramiento.

9.- emitido el dictamen por el perito, se incorporará al expediente, dándose por finalizado el mismo.

El procedimiento es de todo punto correcto, correspondiendo al Secretario Judicial una importante función que servirá eficazmente para un frecuente diferendo en las relaciones derivadas de los seguros marítimos.

El aún PROYECTO DE LEY DE MODIFICACION DEL TEXTO REFUNDIDO DE LA LEY DE PUERTOS DEL ESTADO Y DE LA MARINA MERCANTE, Y DE LA LEY DE NAVEGACION MARITIMA, redactado el 2 Diciembre 2021, introduce un nuevo expediente de jurisdicción voluntaria relativo a **De los expedientes en materia de abandono de buque y embarcaciones de recreo,** que se incorporaría como nuevo Capítulo VII al Título X de la LNM con cuatro artículos (525-529).Referido únicamente a las unidades de recreo, pretende resolver el creciente problema de abandono de las mismas por sus operadores sin pago de las tarifas de atraque y servicios durante un año o más, en cuyos casos se facilitaría a los titulares de las instalaciones náuticas deportivas, donde se localice la embarcación, su venta mediante autorización de Notario. El Notario competente será el del lugar en donde se encuentre la embarcación.

El expediente partirá de una "declaración de abandono" a solicitud, no de su titular propietario, sino de la instalación náutico-deportiva o terrestre (su titular o concesionario), quien a tal fin -y sin mediar embargo preventivo de la misma-acreditará al Notario:

a) que el buque o embarcación ha permanecido inmovilizada en dicha instalación durante un plazo mínimo de un año; y

b) que el propietario, armador o persona explotadora de la embarcación no ha abonado, durante un plazo mínimo de seis meses, las tasas, facturas, costes o gastos de amarre correspondiente al mismo período; o

c) que, aunque haya abonado el total o parte de las mismas, haya hecho dejación de las medidas necesarias para evitar que el buque o embarcación suponga un peligro para la seguridad del puerto o de la instalación; y

d) que no fue posible contactar durante ese plazo (seis meses) contactar con el propietario, armador o persona explotadora en el lugar o dirección, física o electrónica, indicada por aquellos en la declaración de entrada del buque o embarcación en el puerto o instalación deportiva.

Acompañando toda la documentación del buque o embarcación y los justificantes de las facturas y de los intentos de localización del obligado al pago.

El Notario tendrá una difícil tarea para aceptar un abandono abdicativo y traslativo de la propiedad de un buque formulado por el acreedor de deudas de atraque y servicios portuarios; por lo que habrá de consultar los Registros correspondientes, en muchos casos extranjeros (el del puerto de matrícula definido por el Estado del pabellón), y habrá de requerir de pago al deudor (en el domicilio en España o colocando una copia en el tablón de anuncios de la instalación donde se encuentra el buque o embarcación), cuyo requerimiento de pago otorgará un plazo de un mes , transcurrido el cuál sin efecto de pago o de garantía, el Notario acordará la venta por persona o entidad especializada o en pública subasta del buque o embarcación, de acuerdo con la legislación notarial. Una vez más, el legislador confiere al Notario facultades jurisdiccionales, que hoy y antaño eran privativas de los jueces.

Tan complicada, o más, será la subasta pública o la intervención previa de acreedores privilegiados o de terceros con mejor derecho, dando lugar a incidentes que el Notario habrá de estudiar, tramitar y resolver de acuerdo con las preferencias establecidas en la LNM14 y en los Convenios Internacionales de los que España sea parte. Una venta forzosa o judicial de un buque exige la concurrencia de importantes garantías legales. Una venta notarial de buque no puede ser diferente, por lo que -en tanto el proyecto no se convierta en modificación legal promulgada- anticipamos serias dudas sobre su aplicación real.

El texto de la reforma incluye la facultad del Notario para aplicar el importe obtenido por la venta del buque o embarcación al pago de los gastos del procedimiento, al pago de las deudas acreditadas por los acreedores que incoaron el procedimiento, y para guardar el sobrante, si existe, en una cuenta notarial durante seis meses a disposición de quien fuera propietario de la embarcación abandonada (si aparece), transcurrido ese plazo el remanente será ingresado en el Tesoro Público.

En conjunto, mediante este nuevo expediente de jurisdicción voluntaria, no se pretende obtener una "certificación pública", sino que se reúnen las instituciones jurídicas de abandono de buque, venta pública del mismo y ejecución por deudas en un solo procedimiento de instrumentación notarial.

VIII. El Arbitraje en los negocios marítimos. El arbitraje de salvamento. El arbitraje de Equidad.

NOCIÓN Y DIFERENCIAS ENTRE EL ARBITRAJE COMERCIAL Y EL ARBITRAJE MARÍTIMO.

En un plano internacional, y aunque nos encontremos siempre dentro del amplio marco del arbitraje de los negocios, el arbitraje de los asuntos marítimos tiene una personalidad definida desde hace muchos años. En el mundo marítimo se ha desarrollado a lo largo del tiempo una práctica muy frecuente, destacadamente más que en otras áreas del comercio, de resolver las controversias y litigios por medio de soluciones arbitrales. No extrañará que casi en todos los casos de los Contratos de Explotación o de utilización de buques (arrendamiento, fletamento y transporte) se incluyan compromisos arbitrales mediante cláusulas-tipo que las partes voluntariamente tienen previstas desde el principio. Estos modelos-tipo de cláusulas arbitrales son muy conocidos y se encuentran redactados en forma impresa en la mayoría de los formularios de contratos marítimos que se usan en el mercado y que son homologados por la BIMCO (Cámara Internacional de Navieros, sede en Copenhague). Por ello, puede decirse que el arbitraje marítimo viene orientado y preparado desde una práctica de soluciones extrajudiciales inscrita en el seno de la negociación marítima, cuyos trámites y desarrollos se ocupan de conducir los llamados "shipbrokers" o corredores marítimos.

Con motivo de esta voluntad de hacer arbitrajes, que es tan innata y presente en la contratación marítima, se han constituido diversas iniciativas en todo el ámbito internacional a fin de impartir y celebrar los juicios arbitrales que serían generados por los pactos referidos. Así en el panorama de las rutas marítimas podemos encontrar un número notable de centros o instituciones arbitrales especializadas en asuntos marítimos, que funcionan en competencia. Tal competencia es hoy tarea muy difícil, si no inocua, frente al indiscutible líder del arbitraje marítimo que es la LMAA (London Maritime Arbitrators Association) de Londres.

El arbitraje comercial está enormemente desarrollado a nivel internacional y realmente no es posible equiparar el arbitraje marítimo a la enorme difusión que aquel ha obtenido, pero sí resultará oportuno destacar que el arbitraje marítimo aúna una doble cualidad de frecuencia e intensidad que permite y garantiza que en su conjunto la mayoría de los litigios marítimos se resuelvan por vía arbitral y no por los Tribunales de Justicia. A fines comparativos señalaremos que actualmente en el panorama del arbitraje comercial podemos encontrar ocho instituciones que tienen un carácter supranacional o regional, y aproximadamente unas ciento cuarenta y cinco instituciones arbitrales nacionales localizadas en cincuenta y nueve países diferentes: el ámbito geográfico de las mismas alcanza a diferentes partes del mundo desde Australia hasta Columbia Británica en Canadá. Puede hablarse de que los centros u organizaciones arbitrales que solamente realizan arbitrajes marítimos son "especializados", y ello naturalmente sin evitar que muchas de las instituciones de arbitraje comercial también impartan y se ocupen de controversias marítimas, ya que en todo caso es objetivamente muy difícil deslindar el campo marítimo del comercial; hoy resulta frecuente encontrar problemas y disputas que abarcan aspectos comerciales y marítimos a la vez (por ejemplo, en la compraventa internacional de mercancías).

Las instituciones marítimas especializadas nos presentan en la actualidad una escena todavía un poco clásica. Efectivamente, la LMAA de Londres sigue aún en una posición predominante y acapara aproximadamente un 82% de los laudos marítimos en todo el mundo, siguiéndole la SMA (Society of Maritime Arbitrators) de Nueva York con aproximadamente un 9% y el resto se reparte entre las otras instituciones arbitrales marítimas del mundo. A pesar de esta desigualdad a favor del arbitraje marítimo inglés, se han constituido centros arbitrales marítimos en muchos otros países y áreas geográficas en los últimos años y permanecen activas: por ejemplo GMAA (German Maritime Arbitration Association) en Hamburgo; la SFMAA (San Francisco Maritime Arbitrators Association) en San Francisco; la BCMAA (British Columbia Maritime Arbitration Association) en Vancouver, la HKMAC (Hong Kong Maritime Arbitration Centre) en Hong Kong; la Chambre Arbitrale Maritime, en París; la Japan Exchange Maritime Arbitration Chamber, en Tokyo; la Chambre Arbitrale Maritime de Monte Carlo, Mónaco; el Singapore International Arbitration Centre (SIAC) y su hoy separada rama marítima el SCMA, en Singapur; la Comisión de Arbitraje Marítimo de Rusia (MAK), en Moscú; la Comisión de Arbitraje Marítimo y Comercial (CMAC), de Beijing, etc. Hasta un número en torno a 25 organizaciones, a las que se incorpora el CIAM de Madrid (aunque con carácter genérico). El papel que realizan todas estas organizaciones arbitrales marítimas es importante y de gran utilidad, no sólo porque desde dichos foros se promueve el arbitraje en los ámbitos domésticos y se intenta rescatar los litigios de los tribunales ordinarios sino también porque a través de las iniciativas nacionales en materia de arbitraje marítimo se está contabilizando una cultura y un cúmulo de esfuerzos a favor de la solución arbitral de las controversias;cabe decir que las mejores embajadas de ciertos países en el tráfico comercial de hoy se encuentran en las organizaciones marítimas y en aquellos centros que buscan y participan en el arbitraje marítimo resultante de los contratos y de las relaciones entre nacionales y no nacionales.

Desarrollo e implantación en los Negocios Marítimos.

El arbitraje, como método de solución de conflictos, está ante todo considerado en los medios comerciales como válida alternativa al juicio ordinario. Es así la primera figura de los "Alternative Disputes Resolution" (ADR), pero por su éxito de implantación, y de su naturaleza comercial no contenciosa, ya la expresión "ADR" ha quedado limitada a la Mediación, Conciliación, Adjudicación y "Mini-trial" que son considerados alternativos al arbitraje mismo y al juicio ordinario.

En la segunda mitad del siglo XX y sobre todo en la década de los 80 el Arbitraje se fue consolidando como solución preferida en el ámbito marítimo de los negocios objeto de contratación. En el campo de los fletamentos, el arbitraje tuvo un avance muy rápido hasta ocupar el puesto exclusivo de solución de conflictos en las Pólizas de Arriendo de buques (BARECON A y B), de Fletamento por Tiempo (Baltime 39, New York Produce Exchange 93, NYPE 2015, Linertime, Shelltime, BPTime, Texacotime, etc.) y de Fletamento por Viaje, aunque no consiguió entrar en el modelo GENCON hasta el formulario de 1994. Las cláusulas arbitrales del mercado de fletes están, en su inmensa mayoría, orientadas a las sedes de Londres y Nueva York, aunque siguen París, Hamburgo, y últimamente Singapur y Hong-Kong.

Un semejante movimiento de implantación sucedió en los contratos de Construcción y Reparación de Buques a partir de los principales modelos del mercado (AWES) sobre todo, y el último (NEWBUILDCON). La entrada en el área de las ventas marítimas (CIF, C&F, FOB) fue más tibia, aunque una cierta raíz se ha consolidado a favor del arbitraje en la CCI de París. En las controversias derivadas del Seguro Marítimo la implantación de la solución arbitral es aún muy débil, no obstante las condiciones inglesas del I.T.C. (Casco-máquinas, Mercancías, etc.). En el seguro de P&I el arbitraje está, sin embargo, sólidamente asentado desde los años 50.

Hay que señalar que, a pesar su origen contractual, muchas reclamaciones derivadas de accidentes marítimos (abordajes, varadas, naufragios, etc.), son referidas "a posteriori" al juicio de árbitros.

Desde luego, el salvamento tiene un exclusivo y especial sistema de arbitraje técnico, en el Comité de Lloyd's de Londres. La avería gruesa, en forma similar de resolución y liquidación privada, está sometida a Liquidadores en Londres, que se dedican en el uso de funciones similares a la de un arbitraje técnico.

Podemos, en conclusión, afirmar que el arbitraje se encuentra firmemente implantado en casi un 83% del negocio marítimo, y que hace grandes progresos en la actualidad en los campos del seguro marítimo y de la financiación de buques.

Su tratamiento internacional: La Ley Modelo de UNCITRAL.

La diversidad de procedimiento y la multiplicidad de foros arbitrales que hay en el mundo del mercado marítimo, a pesar de la actual dependencia de muchos intereses marítimos al foro inglés, ha sido muy cuestionada. Se nota de forma palpable que el clientelismo buscado por el foro inglés no sólo resulta excesivamente complejo y de muy alto costo económico, sino también para muchos comerciantes marítimos resulta dudosa la conveniencia de acudir a Londres y a las leyes inglesas, material y procesal, cuando la controversia que les afecta carece de relación alguna con el Reino Unido. El arbitraje marítimo que ofrece la LMAA en Londres, aunque se han hecho esfuerzos de modernización importantes como el llamado esquema "short Arbitration rules" para simplificar el proceso, sigue marcado por la normativa procesal inglesa y sigue, sobre todo, atado a las llamadas "reglas prácticas del arbitraje en Londres" mediante las cuales todo un sistema, cuando no se realiza únicamente en base a documentos sino que precisa vistas orales, se conduce de una forma semejante al procedimiento judicial, incluso puede decirse que el juicio ordinario en asuntos marítimos que ofrece la High Court de Londres es más rápido y más económico que el procedimiento arbitral de la LMAA. Estas críticas al estado de cosas existente en Londres son conocidas, pero no han conseguido aún plasmarse en un efecto corrector, quizás debido a la seguridad imperante en Londres de que en una forma u otra la clientela extranjera no desaparecerá ni se menguará.

Así, en la perspectiva inmediata podemos decir que, por una parte, nos encontramos con una insistencia dominante del foro londinense (LMAA) y por otra, con una creciente insatisfacción y un mayor empeño internacional en sustentar y desarrollar alternativas al foro inglés. En este contexto se divisan dos distintos tipos de posturas;

a) una que defiende la conveniencia de que los sistemas de arbitraje marítimo a nivel mundial se prodiguen en diversidad pero que sean compatibles unos con otros y puedan trabajar juntos, defendiendo así lo que en Londres se llama la absoluta "libertad de elección" por parte del usuario del arbitraje marítimo (en esta tendencia se encuentran las posturas de la LMAA de Londres y las de la SCMA de Singapur, y en cierto modo la de la SMA de Nueva York);

b) la otra corriente de opinión que estima como necesaria una admonición transnacional del arbitraje marítimo en base al régimen único previsto en la Ley-Modelo de UNCITRAL (en esta línea se manifiestan los Centros de Arbitraje de Hamburgo, París, Europa Central, Madrid, Iberoamérica, Egipto, Canadá, entre otros).

La diferencia entre una y otra radica, básicamente, en que la primera intenta mantener sus situaciones actuales de predominancia de forma compatible con el crecimiento de las nuevas opciones, y así se desinteresa de todo proyecto unificador en lo concerniente a aspectos sustantivos (lex mercatoria) y a elementos procesales; y por tanto la falta de armonización acentúa aún más un plano de competitividad, en donde todavía ganan Londres, Singapur, Hong-Kong y New York.

En tanto las soluciones de concertación no se produzcan, la única alternativa viable es la del apoyo a la Ley Modelo de UNCITRAL, que ha sido adoptada por 85 países hasta la fecha, y se aplica en 118 jurisdicciones.

Para mayor claridad y tal y como lo explica la UNCITRAL, una Ley Modelo está formulada para ayudar a los Estados a reformar y modernizar sus leyes sobre el procedimiento arbitral a fin de que tengan en cuenta los rasgos peculiares y las necesidades del arbitraje comercial internacional. En ella se regulan todas las etapas del procedimiento arbitral, desde el acuerdo de arbitraje, la composición y competencia del tribunal arbitral y el alcance de la intervención del tribunal, hasta el reconocimiento y la ejecución del laudo arbitral. Refleja un consenso mundial sobre los aspectos más importantes de la práctica del arbitraje internacional aceptados por Estados de todas las regiones y los diferentes ordenamientos jurídicos o sistemas económicos del mundo.

Las Naciones Unidas, por medio de su Comisión para el Derecho del Comercio Internacional (UNCITRAL), adoptó por Resolución 40/72, de 11 de Diciembre de 1985 una Ley Modelo de aplicación a las relaciones internacionales de comercio para los Estados Miembros que sería utilizada cuando el arbitraje tuviese lugar en un Estado miembro que haya adoptado tal Ley Modelo.

La fórmula-tipo creada por la UNCITRAL es sumamente completa, clara y razonable produciendo la mejor propuesta existente de armonización transfronteriza de legislaciones sobre arbitraje.

La Ley Modelo resuelve **cuestiones básicas del arbitraje comercial internacional**, entre ellas, las siguientes:

-a) la consideración de cuando un arbitraje es "internacional".

En el artículo 1 párrafo 3, se define el ámbito de aplicación de la Ley Modelo teniendo en cuenta el concepto "arbitraje comercial internacional". Un arbitraje es internacional, cuando "las partes en un acuerdo de arbitraje tienen, al momento de la celebración de ese acuerdo, sus establecimientos en Estados diferentes". Además, se contempla que esta Ley Modelo también regule aquellos supuestos en los que el lugar de cumplimiento del contrato, el lugar del arbitraje, o el lugar del objeto del litigio estén situados fuera del Estado en el que las partes tengan sus establecimientos, o en los caos en que las partes hayan convenido expresamente en que la cuestión objeto del acuerdo de arbitraje se refiera a más de un Estado.

-b) la definición y la forma del convenio arbitral. La definición de "in writing".

La versión original de la Ley Modelo en el año 1985, en su artículo 7, contemplaba que el acuerdo o convenio arbitral debía constar por escrito. Sin embargo esta exigencia fue revisada en el año 2006, con miras a mejorar y adaptar la norma a las prácticas internacionales nuevas, y es así como se proponen dos opciones distintas para la "formalización" del convenio arbitral, veamos: en una primera opción, se mantiene la norma del artículo 7, es decir, se exige que el acuerdo conste por escrito pero se amplía el sentido tradicional de la forma escrita, con otro medio que "deje constancia de su contenido de cualquier forma", es decir, que incluso verbalmente con el único requisito que se deje constancia de su contenido. El avance de la reforma consiste en que ya no se exige la firma de las partes ni un intercambio de comunicaciones entre ellas, es más, se ha modernizado la norma porque incluye por ejemplo la utilización del comercio electrónico. También incluso es posible que "la referencia hecha en un contrato a un documento (por ejemplo, un documento en el que estén expresadas las condiciones generales de un contrato de compraventa de mercancías internacional) "que contenga una cláusula compromisoria constituye un acuerdo de arbitraje por escrito, siempre que dicha referencia implique que esa cláusula forma parte del contrato". Y en la segunda opción de este artículo 7, se define el acuerdo de arbitraje, pero no se exige que sea por escrito ni se precisa formalidad alguna para tal fin, simplemente, se indica: "El acuerdo de arbitraje es un acuerdo por el que las partes deciden someter a arbitraje todas las controversias o ciertas controversias que hayan surgido o puedan surgir entre ellas respecto de una determinada relación jurídica, contractual o no."

-c) la composición del tribunal arbitral.

Es dedicado el capítulo III de la Ley modelo al nombramiento, recusación, terminación del mandato y sustitución de un árbitro. Se reconoce la libertad de las partes para determinar ya sea mediante acuerdo especial o mediante unas normas de arbitraje preconcebidas, el procedimiento que se seguirá, respetando en todo caso, la equidad y la justicia. Ahora bien, si las partes no han establecido unas normas de procedimiento o no han resuelto una cuestión en particular dentro del procedimiento, la Ley Modelo está dotada de normas que suplen ese vacío legal para que el arbitraje cumpla su cometido, esto es, solucionar la controversia. No puede dejarse de lado que las normas (convencionales o supletorias), que regulan la composición del tribunal arbitral son vitales, ya que cualquier vacío dejaría línea abierta a tácticas dilatorias por alguna de las partes, atacando el normal funcionamiento del tribunal. Por ello en esta materia se establecieron en los artículos 11,13, 14 plazos muy cortos para recurrir a la justicia ordinaria o a otras autoridades competentes a fin dedirimir el asunto de la composición o funcionamiento del tribunal arbitral si fuese necesario, y en todo caso, las decisiones que se dicten tienen el carácter de inapelables.

-d) el importante capítulo de la competencia del Tribunal Arbitral para decidir sobre su propia competencia y para dictar medidas cautelares.

En el artículo 16, párrafo 1) se adoptan dos principios, a saber: Kompetenz zür Kompetenz y el de separabilidad de la cláusula compromisoria. El importante principio Kompetenz-Kompetenz, acogido internacionalmente, implica que el tribunal arbitral podrá decidir independientemente acerca de su propia competencia, incluso sobre toda excepción que se haya opuesto contra la existencia o la validez del acuerdo de arbitraje, sin tener que recurrir para ello, a un tribunal ordinario.

Y el otro principio el de separabilidad de la cláusula compromisoria, supone que ésta debe considerarse como un acuerdo independiente del contrato, lo que genera que si, por ejemplo, una decisión arbitral estima que el contrato sobre el que versa el litigio es nulo, no lo será así la cláusula compromisoria. El convenio arbitral podrá tomar cuerpo como cláusula incorporada a un contrato o como un acuerdo separado. Desde luego, como es sabido, en el primer supuesto la naturaleza autónoma ("separability" del convenio arbitral) resistirá el posible vicio de nulidad del resto del contrato.

-e) Tratamiento especial merecen los llamados "contratos de adhesión", en los que la validez del convenio arbitral y su interpretación se regirán por lo dispuesto "en las normas aplicables a ese tipo de contrato" (artículo 9.3 Ley 60/2003 en España); pero la determinación de tales normas aplicables vendrá facilitada por la ley que las partes hayan elegido o por aquella que, supletoriamente, los árbitros hayan designado como aplicable, y ello plantea que para poder decidir si el convenio arbitral fue válido habremos de contar con una ley aplicable (salvo en la formalización forzosa en la que el tribunal recurrirá siempre a las normas de su foro), lo que conducirá inevitablemente al litigio judicial.

-f) En materia de medidas cautelares y órdenes preliminares–la Comisión aprobó en 2006 el Capítulo IV.a) sobre esta materia–se define como medida cautelar toda medida temporal, otorgada en forma o no de laudo, por la que, en cualquier momento previo a la emisión del laudo por el que se dirima definitivamente la controversia, el tribunal arbitral ordene a una de las partes que: mantenga o restablezca el statu quo en espera de que se dirima la controversia, o que adopte medidas para impedir algún daño actual o inminente o el menoscabo del procedimiento arbitral, o que se abstenga de llevar a cabo ciertos actos que probablemente ocasionarían dicho daño o menoscabo al procedimiento arbitral, o que proporcione algún medio para preservar bienes que permitan ejecutar todo laudo subsiguiente.

El Arbitraje marítimo en España.

En nuestro país, las actuaciones arbitrales en materia de negocio marítimo tienen escaso relieve por razón de la señalada dependencia del foro arbitral de Londres. Sin descontar la iniciativa surgida en 1982 con la creación de IMARCO-Asociación Española de Arbitraje Marítimo, que permaneció menos de veinte años en actividad dictando 11 laudos, la vía administrada de organización de arbitrajes marítimos ha tenido muy aislados ejemplos en Cámaras arbitrales como la Corte de Arbitraje de la Cámara de Comercio, Industria y Navegación, de Madrid y el Tribunal del “Consolat de Mar”, de Barcelona y, recientemente, la cooperación de las Cámaras en materia de arbitraje internacional mediante la creación del Centro Internacional de Arbitraje de Madrid (CIAM),que ha otorgado propia atención al arbitraje marítimo internacional.

El **CIAM,** con sede en Madrid, creó en 2021 un servicio especializado de Arbitraje Marítimo, cuyo reglamento fue elaborado en colaboración con la Comisión de Arbitraje de la Asociación Española de Derecho Marítimo (AEDM), rama española del Comité Marítimo Internacional (CMI).Tal servicio especializado contempla las funciones de arbitraje administrado en materias de derecho y comercio marítimos y se proyecta sobre el ámbito de los arbitrajes marítimos internacionales, bien sean aquellos en los que intervenga una parte española o sean de otro modo "internacionales" conforme a la definición de la Ley Modelo de UNCITRAL, recogida por la Ley de Arbitraje española 60/2003, o bien aquellos otros completamente externos y sin vínculo de contacto alguno con España; lo que convierte al CIAM en un centro de arbitraje marítimo internacional, con sede funcional en Madrid.

El **servicio de arbitraje marítimo del CIAM,** se enmarca en su propio funcionamiento y, por tanto, se apoya en las normas que lo rigen, y en concreto en su Reglamento de Arbitraje, que es único y entró en vigor el 1 Enero 2024.

En cuanto a los arbitrajes nacionales, celebrados en España entre intereses españoles, las condiciones establecidas por la LNM 14/2014 y demás no afectarán al **CIAM.**

La **Asociación Española de Derecho Marítimo**, por su parte y para los arbitrajes marítimos internos, encomendó a su Comisión de Trabajo de Fomento del Arbitraje el estudio y redacción de una Cláusula-modelo, y seguidamente, de unas Reglas Prácticas de Procedimiento Arbitral, que quedaron aprobadas por la Junta Directiva en su sesión del 15 Diciembre 2022, en espera de su consideración y, en su caso, de refrendo por la Asamblea General, que tuvo lugar el 30 Junio 2023.

Por su interés, a continuación, se expone dicho Reglamento de Arbitraje Marítimo.

ASOCIACION ESPAÑOLA DE DERECHO MARÍTIMO.

COMISIÓN DE FOMENTO DEL ARBITRAJE.

REGLAS DE ARBITRAJE DE LA AEDM.

1. Introdución. Desde su fundación en 1949 la AEDM tuvo como objetivo y mandato en sus Estatutos "la promoción del Arbitraje en España".

Los nuevos Estatutos, aprobados por unanimidad en 2016 (Asamblea General del 17 Junio) establecen como fin de la Asociación, en su artículo 3.d): "El impulso, el desarrollo y la promoción del uso de la mediación y del arbitraje, así como de otros medios alternativos para la solución de disputas en el ámbito marítimo español y en todos aquellos que afecten a intereses españoles".

Por iniciativa de la Junta Directiva, entonces presidida por Eduardo Albors Méndez, fue creada una Comisión de Trabajo para el fomento del arbitraje marítimo, en Diciembre 2018, que cumplió acertadamente hasta la fecha presente con el propósito fundacional pendiente.

La Comisión de Trabajo, a cargo de José Maria Alcántara como Ponente y del Prof. Carlos Salinas como Secretario, trabajaron de forma continuada ya cuatro años mediante elaboración de borradores, evacuación de consultas, circulación de Cuestionarios y de sus respuestas, y de reuniones presenciales en Valencia y Madrid (3), sobre las materias de Cláusula arbitral-tipo, de organización del arbitraje y de Procedimiento arbitral; así como en exposición pública en el Congreso de la AEDM de 2019. Como labor especial, la Comisión prestó especial dedicación separada a la colaboración de la AEDM con la CIAM (Corte Internacional de Arbitraje de Madrid) en un proyecto sobre Arbitraje Marítimo en el seno de la CIAM, cuyos trabajos quedaron finalizados con éxito en Junio 2021.A propuesta de la propia Comisión, la Junta Directiva acordó el 29 Septiembre 2021 encargar a la Comisión la elaboración y redacción de un Reglamento de Arbitraje de la AEDM.

La AEDM no es una institución impartidora de arbitraje administrado ni acogedora de una asociación de árbitros en su seno, aunque el objeto estatutario de "fomentar el arbitraje" no le impedirá intervenir como "autoridad nominadora" de árbitros si las partes lo solicitan en su caso. Su neutralidad garantizada al sector marítimo español deberá inspirar, asimismo, la disponibilidad de un Reglamento Arbitral que sea estimado como apto y especial para dirimir las controversias marítimas. Tales Reglas habrán de tener, necesariamente, carácter voluntario para los usuarios del arbitraje y, por tanto, ser siempre objeto de elección convenida por las partes, bien en el momento de pactar una cláusula sumisoria, bien posteriormente una vez surgido el litigio entre ellas. Sin perjuicio de la intención promotora para usuarios españoles, el Reglamento podrá ser aplicado, asimismo de forma voluntaria, en arbitraje internacional mediante acuerdos de cooperación suscritos por la AEDM con otras entidades arbitrales y otras asociaciones nacionales de derecho marítimo.

Para la AEDM el fomento del arbitraje mediante una propuesta de reglamento para sector marítimo español había de constituir una singladura de prestigio y de compromiso formal con los métodos de resolución alternativa de las controversias relativas al Derecho y el Comercio marítimos. La Comisión de Arbitraje estuvo, así, obligada a trabajar y lograr un resultado óptimo para bien de las necesidades prácticas que el sector marítimo español demanda, a saber, sencillez, aplicación agilizada, corta duración y, en particular, un coste económico moderado y asequible. No había de pretenderse con ello hacer a la AEDM competir con otras reglas voluntarias disponibles, fuera o dentro del arbitraje institucional, ya que no podrá existir lucro ni emolumento alguno para una asociación de Derecho Marítimo, rama del Comité Maritime International (CMI); sino únicamente dibujar un modelo arbitral especializado que, correspondiendo a la calidad jurídica de su misión uniformadora del Derecho Marítimo, sirva adecuadamente atendiendo, precisamente, a su mejor conocimiento del medio y del Derecho de los que nacen y derivan las controversias marítimas y aquellas otras conexas que no tengan lugar exclusivamente en relación con la navegación por mar. Oportunamente en momento ulterior, la AEDM podrá atender a la confección de un Reglamento para la Mediación Marítima, ello sin perjuicio de ocuparse en las presentes reglas de la opción mediadora surgida por voluntad y acuerdo de las partes en el contexto del juicio arbitral.

Con tal enfoque, y para tal fin definido como servicio ilustrado, la Comisión de Arbitraje de la AEDM se propuso llevar a cabo la confección de unas Reglas de Arbitraje que fueran realmente útiles y eficaces para aquellos que así lo demanden, y que operen dentro del amplio Derecho dispositivo que permite la Ley de Arbitraje española 60/2003. Por lo que, en la preocupación de la AEDM, a través de su Comisión de Arbitraje, estuvo de forma dominante la identificación con el momento del tráfico y el acierto en la lectura de las necesidades que los litigios marítimos precisan a fin de superar, y dejar atrás, años de desafortunadas incursiones judiciales y de no menos infelices experiencias arbitrales, tan largas como costosas, a través de procedimientos y estructuras de gran configuración, pero poco aptas para el comercio marítimo. Estas Reglas de Arbitraje Marítimo quedaron finalizadas el 12 Diciembre 2022 entrando en vigor en Junio 2023.

Índice del Reglamento arbitral:

La cláusula arbitral y modelo sugerido.

Preámbulo: Sobre la composición de las Reglas de Arbitraje y su ordenación sistemática.

I. Sobre la aplicación de las Reglas.

II. Sobre los Árbitros y la composición del Tribunal arbitral.

III. Sobre el Arbitraje conforme a Derecho, la Ley aplicable, y sobre el Arbitraje de Equidad.

IV. Sobre un Procedimiento Abreviado, mayor y menor cuantías.

V. Sobre la práctica de la prueba y las sesiones arbitrales.

VI. Sobre las actuaciones del tribunal, el Laudo arbitral o, en su caso, el recurso a la Mediación.

VII. Sobre los honorarios de los árbitros, las costas arbitrales y las fianzas. Apéndice Sobre las actuaciones arbitrales por vía telemática.

Apéndice

Sobre las actuaciones arbitrales por vía telemática

La Cláusula arbitral. Modelo sugerido.

La Comisión de Arbitraje dedicó amplio tiempo y contenido a esta cuestión primera. Efectivamente, fueron circulados dos Cuestionarios e intercambiadas las respuestas varias recibidas de los miembros de la Comisión, así como se contrastaron opiniones en las sesiones presenciales hasta llegar a acotar las directrices para confeccionar un modelo de cláusula. Teniendo en cuenta las valiosas aportaciones recibidas y allanado el tracto hacia una redacción-tipo, podemos situar el siguiente modelo como punto de partida para el presente trabajo ya en fase de reglamento: **"Toda controversia surgida en el presente contrato o en relación con el mismo será resuelta mediante arbitraje en ... (localidad en España), con sujeción a la ley..... (ley aplicable) o según Equidad, conforme a las Reglas de Arbitraje Marítimo de la Asociación Española de Derecho Marítimo en cuanto a lo previsto por las mismas, y por la Ley de Arbitraje 60/2003, modificada y vigente en cuanto a todo lo demás."**

Esta sencilla formulación permitirá, naturalmente, ser completada por las partes en lo referente a extremos como ley aplicable al fondo, número de árbitros, etc., todo lo cual formará parte del contenido del Reglamento con carácter abierto a la elección de las mismas. Quedando bien entendido que la AEDM no entra en la designación de institución arbitral alguna, ni en el orden procesal impuesto por la Ley 60/2003, ni en la designación de la ley aplicable al fondo, ni en materia de conflicto de leyes, sino únicamente en la organización del arbitraje y el régimen del procedimiento que el Derecho español ha concebido como dispositivo y, por tanto, residente en la autonomía de las partes.

Preámbulo: Sobre la composición de las Reglas arbitrales y su ordenación.

El presente Reglamento está inspirado en el sentido práctico necesario en los arbitrajes marítimos y supone un intento de la Asociación Española de Derecho Marítimo de ofrecer un régimen sencillo y coherente que responda a las necesidades del sector marítimo español.

En su composición, el Reglamento busca lograr una fácil y plena utilización de todo el campo de derecho dispositivo, muy abundante, que deja la vigente Ley de Arbitraje 60/2003, reformada, a las partes. A tal fin, sometiéndose -como no podía ser de otra manera – a las definiciones y conceptos regulatorios establecidos por dicha Ley, versará sobre los aspectos esenciales constitutivos de un arbitraje que las partes necesitan saber y poner en uso sin necesidad de una negociación prolija y siempre difícil dados los enfrentados intereses que contienden en un juicio arbitral. Cuando resulte necesario explicar un término o una acepción se indicará expresamente en el capítulo correspondiente.

Estás reglas, en número de 40 más un Apéndice, serán, en adelante, conocidas como Reglamento de Arbitraje de la Asociación de Derecho Marítimo 2022, de forma abreviada, **Reglas Arbitraje AEDM 2022**.

I. Sobre la aplicación de las Reglas.

1. Estas Reglas serán aplicables a todo convenio arbitral en el que las partes hayan acordado, de forma expresa e inequívoca, su aplicación en cuanto a los extremos contenidos en las mismas y hayan acordado que el arbitraje tenga lugar en sede española bien sea en el mismo texto del convenio arbitral o separadamente por escrito, sin perjuicio de los acuerdos de cooperación que la AEDM pueda concluir al efecto con otras entidades arbitrales y otras Asociaciones de Derecho Marítimo.

2. Salvo pacto en contrario, estas Reglas se aplicarán también cuando la controversia haya de ser decidida por un árbitro único o por más árbitros que, en el momento de su designación, sean todos Asociados Individuales, regulares u honoríficos, de la AEDM.

3. En ausencia de pacto expreso en contrario, las partes de un arbitraje interno, al que las presentes Reglas sean aplicables, aceptan que la ley aplicable al fondo de la controversia sea la española. Cuando las partes hayan acordado expresamente la aplicación del presente Reglamento al procedimiento y no hayan designado la sede del arbitraje, el árbitro o el tribunal designarán una localidad en España como sede del procedimiento, atendiendo al lugar del establecimiento de las partes y al resto de las circunstancias de la controversia.

4. Cuando, por voluntad de las partes, la sede del arbitraje se encuentre fuera del territorio español, el presente Reglamento se aplicará en todo aquello que no resulte contrario a las normas imperativas vigentes en el país de dicha sede.

II. Sobre los Árbitros y el Tribunal Arbitral.

5.Si el convenio arbitral prescribe la aplicación de este Reglamento, pero no indica el número de árbitros, se entenderá que las partes acordaron la intervención de un sólo árbitro para el procedimiento de menor cuantía y de tres árbitros para el de mayor cuantía, conforme a las reglas establecidas en el apartado IV.

a) cuando el tribunal haya de consistir en un árbitro único, cada parte propondrá a su contraparte una terna de árbitros en el plazo común de siete días y si coincidiera uno de ellos en ambas ternas, o las partes se pusieran de acuerdo sobre la identidad del árbitro único en otro plazo común de siete días, el árbitro así elegido será designado árbitro único. Transcurridos catorce días sin elección por ternas ni por acuerdo, la designación del árbitro único será hecha por la Junta Directiva de la AEDM, en sesión convocada específicamente al efecto, a instancia de cualquiera de las partes y en un plazo de 10 días desde su recepción. Para la realización de dicha instancia, la parte que solicite el nombramiento del árbitro único deberá dirigir un escrito al Secretario de la Asociación, con copia del convenio arbitral suscrito, con especificación de la identidad de las partes y con una breve explicación de las comunicaciones previas entre ellas y la necesidad de proceder a la designación de un árbitro único. Una vez designado, el árbitro deberá notificar a las partes su aceptación, en su caso, en un plazo de 7 días.

b) si el tribunal ha de consistir en tres árbitros, cada parte designará un árbitro en el plazo de siete días a contar desde la recepción de la solicitud cursada mutuamente a tal fin. Los dos árbitros así nombrados nombrarán de mutuo acuerdo un tercer árbitro en el plazo improrrogable de diez días, en cuyo momento lo notificarán a las partes y quedará compuesto el tribunal arbitral. Transcurrido dicho plazo sin acuerdo, el tercer árbitro será designado, en el plazo improrrogable de diez días por la Junta Directiva de la AEDM, conforme a lo previsto en el apartado anterior. Constituido el tribunal arbitral, el tercer árbitro designado será elegido Presidente del Tribunal y su voto tendrá carácter dirimente de los empates. Mediante pacto expreso de las partes, los dos árbitros inicialmente nombrados por las mismas podrán diferir la designación del tercer árbitro hasta el momento del procedimiento en que, sin perjudicar el debido impulso procesal, no puedan ponerse de acuerdo sobre cualquiera decisión procesal o, en todo caso, sobre el sentido y contenido del Laudo Arbitral.

c) El número máximo de árbitros bajo estas Reglas será de tres. No obstante, cuando por acuerdo de las partes se inicie un arbitraje multiparte, el número de árbitros podrá ser mayor. En tal caso, las partes deberán acordar la composición del tribunal y las reglas para la elección de sus miembros. A falta de acuerdo sobre alguno de estos dos puntos, la Junta Directiva de la AEDM decidirá en condición de autoridad nominadora, conforme a lo previsto en el apartado a).

6.El tribunal arbitral, nombrado según el apartado 8 de esta Regla, será competente para resolver las controversias entre las partes.

III. Sobre el Arbitraje de Derecho y el de Equidad, y sobre la Ley Aplicable.

7.Los árbitros podrán decidir la controversia conforme a su leal saber y entender en Equidad (ex aequo et bono) o conforme a Derecho.

8.Decidirán en Equidad si las partes así lo han pactado expresamente en el convenio arbitral o con posterioridad a su conclusión.

9. Decidirán conforme a Derecho en todos los demás casos mediando o no pacto expreso en el convenio arbitral. El tribunal arbitral aplicará la ley o las normas jurídicas pactadas expresamente por las partes. En defecto de pacto, el tribunal arbitral aplicará el derecho español en los arbitrajes internos; si el arbitraje fuere internacional, los árbitros aplicarán las normas jurídicas que estimen más apropiadas.

10. En el caso de un arbitraje internacional al que sean aplicables la presentes Reglas toda referencia al ordenamiento jurídico o al Derecho de un determinado Estado se entenderá hecha al Derecho sustantivo de ese Estado y no al Derecho procesal ni a sus normas de conflicto de leyes.

IV. Sobre los procedimientos de mayor y menor cuantía.

11. Bajo el presente Reglamento, las partes podrán optar por el procedimiento de mayor o el de menor cuantía, conforme a lo previsto en las reglas que figuran a continuación. A falta de pacto expreso, resultará aplicable el procedimiento que corresponda en función de la cuantía prevista para cada uno de ellos en el presente Reglamento. En cualquiera de los casos, los Árbitros tendrán la obligación de conducir el procedimiento aplicando criterios de flexibilidad, máxima diligencia y servicio a las partes.

V. A. Procedimiento de Menor Cuantía.

12. El procedimiento de Menor Cuantía se aplicará cuando la cuantía total del procedimiento, a la vista de las reclamaciones de las partes y su cuantificación en los escritos de solicitud de arbitraje y de respuesta a la solicitud, no supere los 150.000 Euros. Cuando todas o parte de las reclamaciones formuladas estén expresadas en moneda diferente,

se realizará la conversión a euros a los efectos de esta regla en la fecha de solicitud del arbitraje.

13. El procedimiento de menor cuantía se regirá por las siguientes reglas especiales:

A. Las partes designarán de común acuerdo un árbitro único antes de la finalización de un plazo de 7 días a contar desde el requerimiento realizado por una de ellas a la otra, tras recepción de la respuesta a la solicitud de arbitraje.A falta de acuerdo, el árbitro será designado por la Junta Directiva de la Asociación Española de Derecho Marítimo conforme a lo previsto en el apartado a) de la Regla 5.

B. La parte demandante deberá presentar su escrito de demanda, junto con toda la documentación que estime justificativa que estime conveniente, en un plazo de 15 días desde la notificación de la aceptación del árbitro único.

C. La parte demandada deberá presentar su escrito de contestación, junto con toda la documentación justificativa que estime conveniente en el plazo de 15 días desde la recepción de la demanda. Cuando desee formular reconvención, el plazo para la presentación del escrito de contestación a la demanda y reconvención será de 25 días desde la recepción de la demanda.

D. Cuando la parte demandada haya formulado reconvención, la parte demandante y reconvenida tendrá un plazo de 15 días desde la recepción del escrito de contestación a la demanda y reconvención para presentar su escrito de contestación a la reconvención.

E. Recibidos todos los escritos de alegaciones de las partes y la documentación adjunta, el árbitro dispondrá de un plazo de 5 días desde la fecha de recepción del último escrito para remitir a las partes un acta de misión, incluyendo en su caso su propuesta para continuar el procedimiento en base a documentos únicamente y sin audiencia. En este último caso, el procedimiento continuará en base a documentos únicamente, salvo que ambas partes, en un plazo de 5 días a contar desde la recepción del acta de misión, se opongan expresamente a ello y soliciten la celebración de audiencia.

F. Cuando ambas partes soliciten su celebración, la audiencia para la práctica de la prueba deberá tener lugar dentro de los 30 días siguientes a la expiración del último plazo de los previstos en el párrafo anterior. Previa consulta con las partes, y en aras de la razonable celeridad y economía del procedimiento, el árbitro podrá limitar la duración de la audiencia, distribuyendo en tal caso de manera equitativa entre las partes el tiempo disponible.

G. Cuando el procedimiento continúe en base a documentos únicamente, las partes dispondrán de un plazo de 7 días, a contar desde la expiración del último plazo de los indicados en el párrafo E anterior, para presentar un resumen de pruebas por escrito.

H. El árbitro dispondrá de un plazo de 30 días para emitir el laudo, a contar desde la celebración de la audiencia o desde la finalización del plazo indicado en el párrafo previo según sea el caso.

IV.B. Procedimiento de Mayor Cuantía

14. El procedimiento de mayor cuantía se aplicará cuando la cuantía total del procedimiento, a la vista de las reclamaciones de las partes y su cuantificación en los escritos de arbitraje y de respuesta a la solicitud, supere los 150.000 euros. Cuando todas o parte de las reclamaciones formuladas estén expresadas en moneda diferente, se realizará la conversión a euros a los efectos de esta regla en la fecha de solicitud de arbitraje.

15. El procedimiento de mayor cuantía se regirá por las siguientes reglas:

I. las partes designarán de común acuerdo un árbitro único antes de la finalización de un plazo de 7 días a contar desde el requerimiento realizado por una de ellas a la otra, tras recepción de la respuesta a la solicitud de arbitraje. A falta de acuerdo entre las partes transcurrido dicho plazo, cada parte designará un árbitro en un plazo adicional de 5 días. Dentro de un plazo de 7 días desde la notificación de la última aceptación, los dos árbitros designados procederán a nombrar de común acuerdo un tercer árbitro. A falta de acuerdo para la elección de un tercer árbitro, este será designado por la Junta Directiva de la Asociación de Derecho Marítimo conforme a lo previsto en el apartado a) de la Regla 5. Tras su aceptación, con todo, el tercer árbitro designado entrará en funciones sólo cuando los dos árbitros designados inicialmente no puedan llegar a un acuerdo sobre cualquier punto relativo al procedimiento, ejerciendo en tal caso como autoridad dirimente. Cuando los dos árbitros designados no puedan llegar a un acuerdo sobre el contenido del laudo, el tercer árbitro intervendrá igualmente como autoridad dirimente en la redacción del laudo.

J. La parte demandante deberá presentar su escrito de demanda, junto con toda la documentación justificativa que estime conveniente, en un plazo de 15 días desde la notificación de la aceptación del árbitro único o del tercer árbitro, según sea el caso.

K. La parte demandada deberá presentar su escrito de contestación, junto con toda la documentación justificativa que estime conveniente, en un plazo de 15 días desde la recepción de la demanda. Cuando desee formular reconvención. el plazo para presentación del escrito de contestación a la demanda y reconvención será de 25 días desde la recepción de la demanda.

L. Cuando la parte demandada haya formulado reconvención, la parte demandante y reconvenida tendrá un plazo de 15 días desde la recepción del escrito de contestación a la demanda y reconvención para presentar su escrito de contestación a la reconvención.

M. Recibidos todos los escritos de alegaciones de las partes y la documentación adjunta, el árbitro o el tribunal dispondrá de un plazo de 10 días desde la fecha de recepción del último escrito para remitir a las partes un acta de misión. El procedimiento continuará en base a documentos únicamente cuando ambas partes lo soliciten expresamente en un plazo de 5 días a contar desde la recepción del acta de misión. En tal caso, y tras el transcurso de este último plazo, las partes dispondrán de un plazo de 10 días para presentar un resumen de pruebas por escrito.

N. Salvo cuando el procedimiento continúe en base a documentos solamente, el árbitro o el tribunal dispondrá la celebración de la audiencia para la práctica de la prueba dentro de los 60 días siguientes a la fecha de notificación del acta de misión.

O. El árbitro o el tribunal deberá emitir el laudo en un plazo no superior a 45 días a contar desde la notificación del acta de misión a las partes o desde la fecha de finalización de la audiencia, de celebrarse una. Este plazo será automáticamente ampliado a 65 días en el caso de que el tercer árbitro deba intervenir en la decisión del tribunal.

V. Sobre las fases arbitrales y la práctica de pruebas.

16.Bajo el presente reglamento, y en cualquiera de los procedimientos previstos, la parte que desee iniciar un arbitraje deberá notificarlo a la otra mediante un escrito de solicitud de arbitraje, en el que deberá identificar el árbitro o los árbitros cuya designación desee proponer. La otra parte deberá, tras ello, enviar en un plazo no superior a 7 días su escrito de respuesta a la solicitud del arbitraje, en el que deberá igualmente incluir la identidad del árbitro o los árbitros cuya designación desee proponer. Se considerará que el comienzo de las actuaciones tiene lugar con la notificación del escrito con las alegaciones de la demanda por la parte demandante.

17. Salvo acuerdo de las partes en otro sentido, los escritos de alegaciones de las partes tendrán un formato flexible que no requiere patrón alguno, si bien deberán:

- Fijar clara y concisamente las posturas de las partes respecto a los extremos de la controversia y sus peticiones al árbitro o al tribunal;

- Ser desarrolladas mediante párrafos numerados;

- ir acompañadas de la documentación de apoyo que cada parte estime conveniente a los efectos de sustentar su postura respecto a los extremos de la controversia, y siempre que sea relevante para dicha sustentación. La documentación de apoyo deberá ser incluida como en anexos paginados, y con una numeración que permita distinguir fácilmente los diversos documentos. El orden de los documentos anexados deberá preferiblemente seguir el orden en el que aparezcan citados en el desarrollo de las alegaciones.

No serán admitidas las simples expresiones de rechazo o negación en los escritos de Alegaciones, sino que deben hacerse constar las razones de oposición.

18. El plazo para la notificación de los escritos de las alegaciones de demanda y de contestación, en su caso con las de reconvención, podrá ser ampliado mediante solicitud y autorización del tribunal arbitral o mediante acuerdo entre las partes con notificación al árbitro o al tribunal.

19. Salvo pacto en contrario, las partes podrán solicitarse mutuamente los documentos que estimen de importancia objetiva para el ejercicio de sus derechos que no hayan sido aportados previamente, en cualquier momento de la fase de alegaciones o, una vez concluida dicha fase, en las condiciones previstas en la presente regla.

Si alguna de las partes desea la aportación de ciertos documentos en poder de la otra parte antes de remitir su escrito de alegaciones, o posteriormente antes de la finalización de la fase probatoria, deberá obtener el consentimiento de la otra parte, previo requerimiento en el que se identifique con precisión el documento a aportar. En tal caso, la parte requerida deberá dar contestación por escrito en un plazo no superior a 15 días desde la recepción del requerimiento, con una indicación breve de los motivos de su contestación en caso de negar la aportación.

Cuando la parte requerida, por el motivo que sea, deniegue la aportación del documento, la parte requirente dirigirá su petición escrita al tribunal. Cualquier solicitud dirigida al tribunal o al árbitro con esta finalidad deberá notificarse con no menos de tres días de antelación a la finalización del plazo para la presentación del escrito de alegaciones de la parte requirente, del plazo para la presentación del resumen de pruebas, o de la fecha de celebración de la audiencia, según la fase en que se halle el procedimiento y en función de las reglas aplicables al mismo. El tribunal estará siempre facultado para exigir confirmación o explicación de su negativa por el representante legal de la parte que no aporte un documento así solicitado por su contrario.

20. A menos que la controversia se decida solamente en base a documentos, concluida la fase de alegaciones, el procedimiento será continuado por la fase de práctica de la prueba.

Para efectos de la misma, cada parte preparará un cuestionario que contenga lo siguiente:

a) los medios de prueba, con detalle, de los que pretende valerse.

b) la relación directa que cada medio de prueba deberá tener con los extremos de controversia, expresada de forma sucinta y sin reformular o ampliar las alegaciones iniciales.

c) toda solicitud de aportación de documentos, notas, correspondencia, videos y/o transcripciones obrantes en archivos de su contrario, con detalle y razón de su relevancia para el procedimiento, a fin de que el tribunal pueda decidir lo que corresponda.

Las partes deberán remitir su cuestionario en un plazo no superior a 7 días desde la recepción del último de los escritos de alegaciones.

Los Cuestionarios y todo lo concerniente a su presentación y/o su contenido y suficiencia quedará sujeto a la discrecionalidad del tribunal, que oportunamente propondrá a las partes el orden y fechas para la práctica de la prueba, con el fin de que en el plazo de 5 días desde su notificación las partes lleguen a un acuerdo modificativo. A falta de acuerdo, el programa propuesto por el tribunal se llevará a cabo.

21. El tribunal arbitral tendrá facultad para resolver sobre la admisión de las pruebas propuestas, y en particular podrá limitar el número de los peritos o expertos y la extensión de los informes periciales que sean admitidos. En la práctica de las pruebas, las partes y sus representantes legales, sin otras personas, tendrán derecho a asistir e intervenir en la forma que el tribunal determine con el mayor sentido de la flexibilidad y las economías de costes y de tiempo que el arbitraje marítimo presupone.

22. Las partes no copiarán al tribunal en la correspondencia intercambiada entre ellas como norma general, pero todo escrito o comunicación dirigida al tribunal por una parte será copiado a la otra parte. Las directrices y providencias del tribunal serán comunicadas con la mayor diligencia a las partes y a aquellos que han de intervenir en la práctica de las pruebas. El tribunal sólo estará obligado a acusar recibo de la correspondencia recibida de las partes cuando la misma incorpore alguno de los escritos o documentos expresamente abordados en este reglamento.

23. Las directrices u órdenes procesales emitidas por el árbitro o el tribunal con arreglo al presente reglamento, a la ley aplicable al procedimiento o a los acuerdos de las partes no serán objeto de revocación, ni de apelación, y se llevarán a efecto de inmediato a menos que, en casos absolutamente excepcionales, las partes pidan una revisión de lo ordenado por el tribunal en forma debidamente razonada y dicha petición sea recibida por el tribunal dentro de plazo suficiente antes de la práctica de la prueba a la que se refiera la objeción de parte.

VI. Sobre las actuaciones del tribunal y el Laudo Arbitral. Remisión a la Mediación.

24. En ausencia del pacto expreso de las partes, y a salvo de lo previsto en este reglamento, el árbitro o el tribunal arbitral decidirá lo pertinente en cuanto al procedimiento y a la prueba, y en particular decidirán si las pruebas serán orales o escritas y cuáles se practicarán en el curso de la vista, o si admitirán alegaciones fuera de turno durante el juicio arbitral.

25. Una vez nombrado el árbitro o el tribunal, y a la vista de los escritos de solicitud de arbitraje y de respuesta a la solicitud,

el árbitro o el tribunal emitirá en un tiempo razonable un "acta de misión" en la que identificará la controversia o las controversias entre las partes a ser resueltas mediante arbitraje. Igualmente, el árbitro o el tribunal deberá elaborar y someter a las partes un calendario procesal que especifique los hitos básicos y las diferentes fases del procedimiento, con arreglo a las disposiciones del presente reglamento o a los acuerdos a los que las partes hayan podido llegar. Para el mejor desarrollo del procedimiento, el árbitro o el tribunal arbitral podrá valerse de un secretario.

26. Sin perjuicio de la aplicación de las normas del presente reglamento a falta de acuerdo en otro sentido, las partes deberán hacer un esfuerzo razonable por acordar lo antes posible si el arbitraje se celebrará en base a documentos solamente o si se celebrará una vista oral para la práctica de la prueba. A tales efectos, incluso previamente al nombramiento del árbitro, las partes procurarán consultar la disponibilidad de los árbitros que desean proponer.

27. El tribunal podrá acordar la celebración de reuniones preliminares con las partes o, en su caso, anteriores o posteriores a la vista, con el fin de revisar el desarrollo del proceso, de preparar la sesión de la vista oral, o incluso a fin de explorar un acuerdo amistoso de la controversia. Las partes pueden, también, solicitar esas reuniones preliminares y consultivas con el tribunal, las cuales, sin excepción, deberán ser precedidas de contactos entre las partes para definir los extremos que han de ser tratados con el tribunal, que serán informados al mismo antes de celebrarse cada reunión.

28. En caso de llegarse a un acuerdo amistoso entre las partes que deba poner fin al arbitraje, que el árbitro deberá fomentar, el tribunal será informado de ello sin demora alguna. En particular, las partes conjuntamente le informarán de:

(a) si con el acuerdo el arbitraje quedará finalizado o sólo parcialmente;

(b) si las partes han acordado que el acuerdo alcanzado sea elevado a la forma de un Laudo arbitral;

(c) si han acordado lo referente a la liquidación de los honorarios y gastos del tribunal arbitral; y

(d) la forma en que serán abonados los honorarios y gastos del tribunal arbitral que queden pendientes a la fecha del acuerdo amistoso o, en su caso, de la emisión del Laudo solicitado.

Estas obligaciones de las partes se aplicarán, asimismo, a las situaciones en que el acuerdo amistoso entre las partes tenga lugar después de haber sido dictado un laudo parcial o interino sobre alguno de los puntos controvertidos.

29. En los casos en que el arbitraje en curso sea suspendido o aplazado y queden incompletas las sesiones de la vista oral, el tribunal arbitral podrá exigir un pago interino a las partes por los honorarios y gastos del tribunal ya devengados e incurridos, a menos que la suspensión haya sido solicitada, y acordada con el tribunal arbitral, a los fines de someter la controversia a un proceso de mediación. En dicho único caso, convenida la mediación, las partes lo notificarán al tribunal arbitral que declarará la terminación del arbitraje y la liquidación definitiva de los honorarios y gastos del tribunal arbitral devengados e incurridos hasta la fecha, con los demás efectos procesales oportunos, tenga o no éxito la mediación emprendida por las partes.

30. El laudo arbitral deberá ser emitido y estar disponible en los plazos previstos en el presente reglamento, según el tipo de procedimiento que resulte aplicable (de mayor o menor cuantía). Los miembros del tribunal arbitral no necesitarán reunirse físicamente para discutir los puntos de controversia, elaborar el laudo o votar la resolución, ni tampoco para

firmar el laudo o corregir y/o completar el mismo .El árbitro o el tribunal estará facultado para ampliar dicho plazo si la complejidad del asunto o el volumen de la prueba práctica así lo exige, a su criterio.

31. Salvo acuerdo de las partes en otro sentido, el Laudo arbitral siempre será motivado en todos los puntos que resuelva.

32. Una vez dictado el Laudo el tribunal arbitral dará aviso por escrito a las partes al objeto de informarles de: (a) el importe de los honorarios y gastos pendientes del tribunal a la fecha del laudo, y (b) el Laudo arbitral será enviado a las partes, o podrá ser recogido por ellas, previo abono íntegro de dicho importe. El tribunal arbitral no facilitará copias ni información sobre el Laudo antes del pago de sus honorarios y gastos pendientes. Si, en el plazo de 30 días, transcurridos desde el aviso a las partes, el Laudo arbitral no ha sido aún pagado y retirado por las partes, el tribunal les requerirá para el pago por escrito al efecto, notificándoles el Laudo arbitral, quedando las partes obligadas a realizar el pago en el plazo máximo de 15 días.

33. Todo Laudo arbitral podrá ser publicado si las partes así lo acuerdan expresamente y autorizan al tribunal arbitral al efecto.

VII. Sobre los honorarios de los árbitros, las costas arbitrales y las fianzas.

34. Salvo pacto en contrario, las partes son responsables solidarios del pago de los honorarios y gastos de los árbitros que forman el tribunal y, en su caso, de los del secretario.

35. Un importe de 300 Euros en concepto de tarifa de encargo será pagadera por cada una de las partes al árbitro nombrado tras su aceptación. En los casos de árbitro único esta

tarifa será abonada por mitades por las partes. El importe citado corresponde a una tarifa fija acordada por la Junta Directiva de la AEDM, que puede ser revisada según su mejor criterio. Esta tarifa sólo se devengará cuando el convenio arbitral remita a la aplicación de las presentes Reglas, o cuando las partes de cualquier modo acuerden su aplicación.

36.Los honorarios arbitrales serán objeto de acuerdo con las partes; normalmente, se calcularán conforme a una tarifa horaria, aunque otros regímenes de remuneración pueden ser convenidos, siempre en aras de la calidad y de la economía de medios y tiempo. Cada árbitro podrá facturar sus honorarios de forma periódica, no inferior a 3 meses, a la parte que lo nombró, con copia a la otra(s) parte y al tribunal arbitral. En caso de árbitro único, la facturación se dirigirá a ambas partes para su pago por mitades. En ambos casos, la facturación de honorarios parciales, que puede ser siempre solicitada por una o ambas partes, no prejuzgará la responsabilidad última solidaria de ambas partes por el pago de honorarios y gastos arbitrales referida en la regla 34.

37. Cuando cualquiera de los importes, a que se refieren las reglas anteriores 35 y 36, no resulte abonado al árbitro en el plazo máximo de 15 días a contar de la recepción de la factura por la parte obligada al pago, el árbitro podrá poner sobre aviso a las demás partes que renunciará a su cargo y misión si el abono no es efectuado en el plazo máximo de 10 días a contar de la fecha del aviso. De tener lugar la renuncia del árbitro conforme a lo previsto en esta regla, el árbitro tendrá derecho al abono inmediato de los honorarios totales devengados hasta la fecha de la renuncia y no incurrirá en responsabilidad alguna por las consecuencias, de cualquier tipo, derivadas de su renuncia.

38.En los casos de arbitrajes con vista oral el tribunal arbitral podrá reclamar un honorario de reserva siempre que la duración de la vista sea haya de ser superior a 5 días consecutivos, consistente en una tarifa que la Junta Directiva de la AEDM fijará según su mejor criterio y revisará con carácter periódico. El honorario de reserva será facturado a la parte que solicitó la celebración de vista del arbitraje, o compartido igualmente por ambas partes en los demás casos, y deberá ser abonado en el plazo máximo de 15 días.

39. En los casos en que una de las partes no cumpliese con sus obligaciones de pago de alguna de las tarifas u honorarios referidos en las reglas 35 a 38 repetidamente hasta tres veces, y el árbitro no hubiese hecho uso de su derecho a renuncia, el tribunal podrá requerir a la parte incumplidora para que el plazo de 5 días confirme si seguirá participando en el arbitraje, ello sin perjuicio del derecho de crédito ganado por la otra parte a fin de recuperar de la incumplidora la cantidad pagada por ella para evitar la renuncia del árbitro.

40. Sin prejuzgar los derechos arbitrales conforme a las reglas 35 a 38 inclusive, el tribunal arbitral tendrá derecho a solicitar de las partes una garantía razonable por sus costas estimadas (honorarios y gastos) desde la constitución del tribunal hasta la emisión del laudo. A los efectos de calcular la suma de la garantía se deducirán, en su caso, los honorarios de reserva ya abonados. La petición de garantía de costas podrá hacerse al comienzo del arbitraje o más tarde antes de 30 días del día fijado para la celebración de vista o del momento de laudar en el arbitraje con base a documentos solamente. Si la garantía prestada no fuere suficiente, a criterio único del tribunal arbitral, podrá ser solicitada su suficiencia o ampliación. El incumplimiento de la obligación de garantía por las partes, o alguna de ellas, facultará al tribunal arbitral para suspender su misión hasta que sea cumplida, con preaviso de 7 días a las partes. La garantía podrá ser prestada por medio de fianza bancaria, compromiso de pago de una Aseguradora o de un Club de P&I, o incluso

de una firma de abogados, cuya aceptación corresponderá discrecionalmente al tribunal arbitral. La prestación de dicha fianza por una de las partes, o por ambas en importes iguales, no prejuzgará en modo alguno la responsabilidad solidaria última establecida en la regla 34.

Sobre las actuaciones arbitrales por vía telemática. (APENDICE UNICO).

La AEDM ha considerado la conveniencia de proponer, como parte adicional pero separada del presente Reglamento, unas **GUIAS ORIENTADORAS PARA LA CELEBRACIÓN DE VISTAS POR VIA TELEMÁTICA** de acuerdo con lo que se expone a continuación: Introducción. Durante los años 2020 y 2021 el arbitraje, marítimo en nuestro caso, se ha visto seriamente afectado por medidas restrictivas de movimiento de personas por causa de la pandemia del virus Covid19, que han dificultado, cuando no impedido, celebrar sesiones presenciales durante los juicios arbitrales. Se hizo, así, necesario acudir a métodos alternativos telemáticos a fin de poder garantizar la continuación de los procesos que habían de desarrollarse con vista ("hearing"), en lugar de sólo en base a los documentos presentados por las partes ("on documents alone") cuando este formato hubiese sido acordado, a fin de cumplir con la ordenación procesal prevista. La celebración de las vistas no-presenciales tiene una respuesta técnica que los intervinientes en el juicio arbitral podrán mejor llevar a la práctica mediante el uso de unas reglas prácticas ("Guidelines").Con inspiración y referencia a las emitidas por la London Maritime Arbitration Association (LMAA) , de fecha 13 Julio 2020, se han diseñado unas guías orientadoras consistentes en recomendaciones para los árbitros y las partes en cuanto a los aspectos que pueden ser objeto de directrices del tribunal arbitral en el curso de vistas que puedan celebrarse de forma completamente virtual (p.ej., cuando ninguno de los participantes está presente en la misma sala) o bien semivirtuales (p.ej., cuando alguno o todos los testigos prestan declaración mediante un vínculo de video o cuando se utilizan legajos o expedientes documentales electrónicos).Estas Guías tienen únicamente valor orientador a fin de ser adaptadas a las circunstancias de cada caso arbitral. Ha de entenderse que las vistas pueden celebrarse en modo virtual siempre que el tribunal arbitral, de acuerdo en lo posible con las partes, lo estime adecuado, conveniente y practicable, desde luego salvando las garantías de las partes respecto a la oportunidad suficiente para exponer sus respectivos casos, y para replicar y utilizar los medios probatorios. Las recomendaciones fueron diseñadas para los tiempos de pandemia vírica que no permitían las vistas presenciales, pero en la esfera internacional se utilizan con éxito y frecuencia en la actualidad por evidentes razones prácticas de ahorro de gastos de desplazamiento y alojamiento para los intervinientes en el juicio arbitral. Las "Guías" versan sobre: -preparación previa para la vista. -gestiones anteriores al día de la vista. -conducta formal durante las vistas virtuales. -legajos electrónicos de documentos. -pantallas. -valor jurídico y efectos procesales.

Es necesario destacar que son recomendaciones de uso técnico-organizativo para la celebración de vistas virtuales y semivirtuales. Por lo tanto, su utilización será voluntaria, siempre con el acuerdo previo de las partes arbitrales. Ese acuerdo será separado, es decir, que normalmente no formará parte del Convenio Arbitral, ya que es siempre posible que el arbitraje se celebre sin vista oral o sin práctica probatoria (es decir, con el formato de "on documents alone"). Es posible, sin embargo, que en ocasiones de Arbitraje Institucional las partes hayan convenido la remisión a un Reglamento de Procedimiento como el presente; por cuya razón las orientaciones o "Guidelines" virtuales-siempre sujetas a modificaciones acordadas con el tribunal arbitral-serían tan vinculantes como las demás disposiciones contenidas en el Reglamento de la AEDM, salvo que en el mismo se indique lo contrario. Su contenido y detalle puede ser consultado a través de la página web de la AEDM: contacto@aedm.es.

-Regulación española del Arbitraje.

El régimen general de arbitrajes de derecho privado en España ha estado regulado sucesivamente por las leyes de 1953, 1988 y la actual vigente de 2003, modificada en 2011. Durante el imperio de la más antigua de 1953, los arbitrajes comerciales se encontraban enormemente impedidos por razón de dos motivos principales:

-la formalización notarial obligada del compromiso arbitral.

-La prohibición expresa de referir a un tercero la emisión del laudo arbitral.

Las dos leyes posteriores abrieron un tiempo nuevo de fomento y modernidad para los arbitrajes españoles, decisivo con la de 2003.

-La Ley de Arbitrajes de Derecho Privado. Ley 36/1988, de 5 de Diciembre.

Esta importante Ley fue precedida por el Real Decreto 1094/1981, de 22 de Mayo, que abrió las puertas al arbitraje comercial internacional.

La Ley de 1988 configura un moderno y racional régimen arbitral sobre el que se desarrollará un análisis descriptivo y comprensivo a continuación para así, luego, facilitar la explicación de las reformas introducidas por la última Ley de 2003.

El comienzo del juicio arbitral se produce, en nuestro régimen procesal, con la aceptación por el Árbitro de la designación efectuada por las partes o por un tercero, que suele ser una Corporación o Asociación administradora del arbitraje (arbitraje institucional). Cuando esa aceptación es notificada por el Árbitro se inicia el procedimiento (Art. 21 de la L.A. 1988). Este punto inicial no difiere del régimen anterior previsto en la Ley de 1953 (aceptación del árbitro en la escritura de compromiso arbitral). El momento es de todo punto importante porque tiene efectos definidos en cuanto a interrupción de plazos de prescripción y de ratificación de embargo preventivo de un buque. Es razonable que ese momento iniciatorio coincida con la aceptación del nombramiento por los árbitros porque a partir del mismo comienza a correr el plazo para laudar y porque a partir de tal efeméride pueden los árbitros organizar el desarrollo del proceso y proveer la presentación de alegaciones. Sin embargo, en Londres y New York el comienzo del arbitraje se anticipa al instante en que una de las partes (la reclamante) requiere formalmente a la otra para que nombre un árbitro y someta la controversia a arbitraje mediante el llamado "notice of arbitration", informándole con frecuencia (y según el convenio arbitral) de la designación de un árbitro por su parte. Este requerimiento tiene efectos interruptivos de plazos de prescripción de las reclamaciones mercantiles (no hay que olvidar el plazo general de 6 años bajo la "Limitation Act 1980"). En el arbitraje-tipo de la CCI el procedimiento no puede comenzar hasta que los Intervinientes aprueben la misión del árbitro, con la firma del "acta de misión", y abonen la cuota inicial de administración, siendo éste un ejemplo iniciatorio posterior al de la aceptación del encargo por el árbitro.

El juicio arbitral se desarrolla según las reglas de procedimiento que puedan haber pactado las partes en el convenio arbitral (Art. 9.1 de la L.A.) o con posterioridad al mismo. De ahí que el tipo mismo de procedimiento arbitral sea elegible por los intervinientes y cuando su opción es a favor del arbitraje institucional el juicio se regirá por lo previsto en el reglamento de la Cámara o Corte arbitral correspondiente. Si no hay pacto sobre este extremo, coincidiendo casi siempre con la fórmula de arbitraje "ad hoc", entonces el procedimiento será organizado por el árbitro de acuerdo con las partes, pero observando unos principios mínimos de garantía procesal marcados por las leyes arbitrales: los de audiencia, contradicción e igualdad entre las partes (Art. 21.1. L.A.).

Con la aceptación del encargo, el árbitro asume la obligación del cumplimiento fiel del mandato de arbitrar la contienda e incurre en responsabilidad por los daños y perjuicios que ocasionaren por dolo o culpa. Idéntica responsabilidad recae sobre la institución administradora del arbitraje en cuanto vigilante y garante de la función arbitral, teniendo la perjudicada acción directa contra tal institución (Art. 16.1 L.A.). En los ordenamientos anglosajones solamente se conceden efectos anulatorios contra el laudo arbitral por "wilful misconduct" o abuso de poder del árbitro. Hay actualmente un extenso debate internacional sobre este señalado enfoque de la responsabilidad profesional del árbitro y de las Cámaras arbitrales. En nuestro sistema existe otra consecuencia, además, digna de ser tenida en cuenta y es que la mala actuación del árbitro es eficazmente sancionada no sólo por la responsabilidad patrimonial sino también por una inhabilitación para ejercer como árbitro en las Corporaciones o Asociaciones en el caso de tener antecedentes de declaración judicial de responsabilidad (Art. 14 L.A.). Esta severidad de tratamiento es comprensible y del todo saludable para las garantías de seriedad del sistema.

El árbitro es el impulsor del procedimiento desde la fase de alegaciones hasta la emisión del laudo. Cuando el procedimiento no viene reglado por las normas de una institución, el árbitro debe conceder el más amplio margen de flexibilidad a la voluntad de las partes y, preferentemente, acordar con ellas el camino a seguir (en la fórmula "ad hoc") dejando para último recurso el poder de determinar él mismo el procedimiento, lo que puede legalmente hacer (Art. 21.3 L.A.).

Sin embargo, para poder hacer alegaciones es preciso y fundamental que los términos de la controversia estén delimitados y el árbitro conozca la cuestión litigiosa. En la normativa anterior de 1953, la controversia debía quedar determinada en la escritura de compromiso arbitral, es decir, previamente a la aceptación del encargo por el árbitro. Con la nueva ley, este trascendental aspecto quedó difuminado e imprecisado y, al prescindirse de rigor formal alguno en cuanto a la fijación del debate, el árbitro habrá de deducirlo por medio de los escritos iniciales de alegaciones que, con frecuencia, se convierten en dos demandas cruzadas. La imprecisión de la controversia no es tema baladí ya que el laudo podrá eventualmente ser anulado (Art. 45.4 L.A.) cuando el árbitro haya resuelto sobre puntos no sometidos a su decisión o que, aunque lo hubiesen sido, no pueden ser objeto de arbitraje; y también, (Art. 45.1) cuando el convenio arbitral fuese nulo. Efectivamente, el árbitro puede encontrarse más adelante con sorpresas de recursos de nulidad que, fundados o no, la parte perdedora será proclive a estudiar. Será, pues, aconsejable que el árbitro determine ante todo los extremos litigiosos sometidos a su enjuiciamiento y que tales cuestiones, y ninguna otra posible, sean aceptadas como conformes por las partes, así como lograr en momento previo que se desvele si alguna de las partes tiene reservas sobre la validez del convenio arbitral. Si así no ocurre, entonces en la fase de alegaciones las partes podrán plantear cuestiones de falta de competencia objetiva o de nulidad del convenio arbitral (Art. 23 L. A.).

En la fórmula "ad hoc" es, pues, más que conveniente configurar con las partes los términos de la controversia mediante un intercambio preliminar de alegaciones sucintas y breves. El arbitraje administrado de la Corte de Arbitraje de la CCI, París, tiene un mecanismo idóneo para delimitar el debate y es la llamada "acta de misión" que debe contener los datos básicos de los litigantes, una exposición sumaria de sus pretensiones y una determinación de los puntos a resolver, debiendo ser aceptada y suscrita dicha acta por las partes y el árbitro.

El árbitro pone el procedimiento en marcha otorgando un plazo, que ha de ser preclusivo (Art. 25.2 de L.A.), a las partes para formular alegaciones iniciales. Ese plazo deberá calcularse en función del término global permitido para emitir el laudo, que varía de 3 a 6 meses en los reglamentos de las asociaciones de arbitraje marítimo y que si los contendientes no lo acuerdan habrá de ser en todo caso el plazo legal de 6 meses (Art. 30.1), pudiendo ser prorrogado. Normalmente, pues, el plazo para formular alegaciones es de 15 días; con las alegaciones se presentaran todos los documentos que las partes estimen de apoyo para sus respectivas pretensiones. En el arbitraje inglés, si la controversia aparece como sencilla, las partes pueden convenir entre sí que el Árbitro decida con base a documentos solamente ("on documents alone"), es decir, a resultas de lo que se exponga en los escritos de alegaciones y se acredite por vía documental.

En nuestro sistema, es acostumbrado y quizá conveniente para el árbitro organizar una doble fase alegatoria mediante traslado a cada parte del escrito inicial de su contrario junto con los documentos a fin de que formulen contestaciones a las respectivas alegaciones en otros 10 días aproximadamente aportando más documentos según lo estimen.

Evacuadas las alegaciones escritas, el Árbitro ha de estudiar cuidadosamente la fase de prueba y el tiempo que la misma habrá de consumir. Ciertamente, la fase probatoria presenta siempre complicaciones en el arbitraje por su magnitud y por la especial actividad que exhiben las parte. El Árbitro normalmente concede pocos días (5, por ejemplo) para que se formule la proposición de pruebas y a la vista de lo pedido por las partes debe resolver y pronto. El problema sobre la admisión de pruebas por Árbitro está en que la Ley de Arbitraje (Art. 26) obliga al Árbitro, y a las partes, a atenerse al Derecho, es decir, a lo previsto en los Arts. 550 y ss. de la Ley de Enjuiciamiento Civil. De tal modo, el Árbitro no podrá oponerse a recursos de reposición por denegación de pruebas (Art. 567 LEC) ni podrá evitar la aplicación estricta del ordenamiento procesal civil para efectos de admisión y de práctica probatoria está garantizada (Art. 26 L.A.) pero esa participación puede cuestionarse, por algún litigante, en cuanto a su amplitud y si puede autorizarse un margen de flexibilidad no previsto "en Derecho". Aquí se pueden producir dificultades, pero realmente el Árbitro puede convivir entre las limitaciones procesales y autorizar la realización de pruebas sin rigorismos formales siempre que ello convenga a ambas partes; tal es el caso del examen de testigos y expertos, cuya práctica suele acometer el Árbitro en una sesión con presencia de la partes y permitiendo el careo y las preguntas sobre la marcha en forma absolutamente moderna y semejante a lo actuado en el "hearing" del arbitraje de Londres y New York.

La propia iniciativa del Árbitro es muy aconsejable ya que muchas veces resulta necesario abrir camino a la solución entre un marasmo de incongruencias y aspectos secundarios originado por las pruebas traídas a instancia de parte (particularmente, en los arbitrajes de casos de abordaje las partes se suelen empecinar en sostener versiones meramente contradictorias de la maniobra de los buques).

Tanto para las pruebas de oficio como las "ex parte" los Árbitros cuentan con el auxilio judicial para llegar allí donde no pueden llegar por razón de la distancia o de la disponibilidad de personas (Art. 27 L.A.) y hay que decir que los Juzgados prestan siempre esta colaboración con diligencia y buena acogida.

Un buen Árbitro ha de procurar que las diligencias de prueba sean realizadas sin restricciones para los derechos de las partes y en concreto debe buscar alcanzar, con su dirección, dos objetivos en principio convergentes: evitar que por motivos de plazo una de las partes no pueda probar su caso y sostener su pretensión y, también, que ninguna de las partes pueda ser sorprendida por la otra con pruebas extemporáneas. El control del Árbitro resulta así fundamental y conviene fijar un momento (se emplean de 2 a 3 meses para fase de prueba) a partir del cual no se admitirán más documentos, porque puede que esto ocurra incluso después de la audiencia para conclusiones.

Aquel régimen legal, empero, ponía al Árbitro en dificultades cuando el plazo de prueba se prolongue demasiado y faltaba poco para cumplirse el término fatal de laudar, descontando el tiempo para audiencia final y el de elaboración del laudo, y desde la fase de prueba ya debe juzgar si necesitara prórroga del plazo total disponible.

Para resumen de pruebas, y aunque la Ley (Art. 29 L.A.) no lo hace obligatorio, el Árbitro debe siempre oír las conclusiones de las partes expuestas por medio de sus representantes. Así, el Árbitro convoca con diez días aproximadamente para una sesión con él o "vista" en la que concede por turnos informes orales (o escritos que se leen) y suele también autorizar la última presentación de documentos. Transcurrida la vista de resumen de pruebas, el Árbitro tiene que concentrarse en la elaboración del laudo con meticulosidad de estudio y precisión redactora.

En el "hearing", o vista del asunto, de corte anglosajón se reúnen la práctica de pruebas no documentales y los informes de las partes sobre sus respectivas pretensiones y en el mismo el colegio arbitral se asegura que cada parte ha podido hacer valer sus medios de defensa. Estas sesiones son enormemente interesantes, pero son largas y pueden durar varias semanas. El "hearing" más largo de los árbitros de la LMAA duró 229 días, y algunas audiencias sobrepasan tramos mensuales (una famosa del fallecido Cedric Barclay ocupó 134 días). Las ventajas son notables para el Árbitro por cuanto en el régimen de Londres y New York no hay un plazo determinado para laudar y después de la vista el Árbitro se encuentra con que las cuestiones objeto del arbitraje fueron ampliamente examinadas y debatidas. La desventaja se produce para la parte reclamante que siempre tendrá que depender del diario del Árbitro para encontrar una fecha adecuada en la que éste pueda dedicar días o semanas sin interrupción al "hearing" del caso arbitral. Así, en Londres se originan fuertes retrasos que dilatan el procedimiento hasta 1 o 2 años, en casos difíciles o de alta cuantía.

Cuando el Árbitro inicie la confección del laudo, y como hemos advertido anteriormente, ocurre con frecuencia que la fecha tope para emitir el laudo está muy próxima tiene que recurrir a la prórroga, prevista desde luego por la ley (Art. 30.1 de L.A). Pero las prórrogas sólo son otorgables al Árbitro antes de que expire el plazo inicialmente fijado. Si transcurre la fecha fatal sin haberse dictado el laudo, el convenio arbitral queda sin efecto y se abre la vía judicial. El factor "plazo" es, pues, decisivo para la validez del laudo y para la propia atribución de jurisdicción del Árbitro. Por ello, el Árbitro quedaba totalmente a merced de las partes y era suficiente con que una de ellas (intencionadamente, casi siempre) niegue su consenso a la petición de prórroga para que el laudo muera antes de nacer.

Así y con todo, si el Árbitro ha conseguido administrar bien su tiempo y superar las fronteras del plazo fijo emitirá su laudo. Es decir, dictara por escrito el laudo y lo firmará, debiendo seguidamente protocolizarlo ante Notario y hacer que éste lo notifique a las partes (Art. 33 L.A.). Cuando varios árbitros, siempre en número impar, es obligado llegar a una opinión común; si no hay consenso, se acudirá a la mayoría de votos. Nuestra vieja Ley concede voto dirimente al Presidente del colegio arbitral, entre tres o más posibles resoluciones diferentes, y con ello en cierto modo favorece el fallo único ya que, siendo dirimente el voto del Presidente, no se fomenta la discusión en el seno del grupo arbitral a fin de llegar a un consenso sobre una de las propuestas de fallo (Art. 34 L.A.).

En el Laudo arbitral hay que atender cuidadosamente a su contenido. Ante todo, el Laudo ha de ser motivado (Art. 32.2 L. A.) y eso es bueno ya que permite conocer los fundamentos de la decisión. En el arbitraje de Londres (a diferencia de la SMA de New York) no es preceptivo motivar el Laudo y el Árbitro sólo añadirá, en escrito separado, las "reasons to award" si las partes así se lo piden.

El Laudo debe resolver todas las cuestiones planteadas al Árbitro, pero no más ni menos (aunque no se deduce del Art. 45.4 de L.A. Si el laudo dictado "por defecto" es susceptible de nulidad si no fuera corregido por la vía del recurso de aclaración previsto en el Art. 36.1). También debe incluir un pronunciamiento arbitral sobre las costas del arbitraje (honorarios y gasto del Árbitro, gasto de protocolización notarial, gastos de notificaciones y pruebas y hasta la tasa de administración de la Corte arbitral). No dice la Ley (Art. 35) sobre los honorarios y gasto de letrados, si los hubo (casi siempre los hay), pero puede entenderse que este concepto entra dentro de la autonomía de la voluntad de las partes quienes podrán convenir previamente sobre el pronunciamiento de costas, para que el Árbitro obedezca. En Londres se observa el principio de "costs follow the event", es decir, que la parte perdedora corre con las costas, siempre que el Árbitro no conceda otra cosa, para lo que tiene plena facultad discrecional. Por tanto, el Árbitro puede mitigar la sanción a la parte perdedora o adjudicar las costas según estime ha sido la conducta de las partes en el juicio arbitral. Hay una regla o costumbre curiosa en Londres que es la del "sealed enveloppe offer", mediante la cual una parte puede formular durante el juicio una oferta de pago a la otra en sobre cerrado. Si ésta no la acepta y decide esperar al Laudo y el fallo del Árbitro le concede menos cantidad de la señalada en la oferta (que se abre entonces), la consecuencia es que el Árbitro impondrá todas las costas al ganador por menos de lo que le ofrecían.

El Laudo, en fin, debe ser claro y preciso en su pronunciamiento de cantidad, intereses y costas. En España, las partes pueden pedir aclaración en cinco días sobre errores materiales o sobre conceptos oscuros o de omisión del Laudo (Art. 36.1 L.A.).

Más acertado me parece el sistema de la CCI de escrutinio del Laudo por la propia corte Arbitral, revisándolo y corrigiendo posibles errores, antes de que sea firmado por el Árbitro.

El Laudo es remitido a la Secretaria de la Cámara para aprobación (no en cuestiones de fondo) en varios sistemas de arbitraje institucional, con lo que las asociaciones o corporaciones cumplen así con su compromiso de garantizar el buen fin de la labor arbitral y ofrecen a las partes un control efectivo del encargo recibido (por el que son responsables patrimonialmente en España, según el Art. 16 L.A.).

El Laudo debe ser notificado fehacientemente, y los Árbitros deben evitar todo medio postal o facsímile de comunicación del Laudo a las partes. Es una formalidad quizás exigente, pero hay que tener sumo cuidado con este extremo. Porque solamente así, el Laudo que llega a ser firme y no es recurrido en nulidad (dentro de 20 días) se convierte en cosa juzgada, igual que una sentencia judicial (Art. 37 L.A.)

Para el arbitraje marítimo, en suma, la Ley de 1988 trajo una apreciable ventaja cual fue la de favorecer el arbitraje de equidad frente al de derecho, con lo que se incentivó el sometimiento a arbitraje de muchos litigios cuya resolución demandaba un estudio y enfoque de carácter práctico y comercial y no necesariamente jurídico.

-La Ley 60/2003, de 23 de Diciembre de Arbitraje.

La reforma de la Ley de 1988 se suscitó con motivo del éxito internacional alcanzado por la llamada "Ley Modelo", antes examinada, de arbitrajes elaborada por la Comisión de las Naciones Unidas para el Derecho Mercantil Internacional, de 21 de Junio 1985 (Ley Modelo de UNCITRAL), recomendada por la Asamblea General en su resolución 40/72, de 11 de Diciembre 1985, cuando se encontraba en gestación la Ley española de 1988.

La Ley de 2003 ha supuesto, por tanto, la incorporación española a un sistema más flexibilizado a nivel internacional entre los países que adoptaron la Ley Modelo o se adaptaron a ella con algunas diferencias (como fue la ley inglesa de 1996).

Las diferencias, algunas superadoras y otras no tanto, respecto a la Ley de 1988 pueden señalarse del modo siguiente:

Se establece la regla de primacía o predominancia de la voluntad de las partes a casi todos efectos (Art. 4). La autonomía privada comprenderá no sólo las declaraciones de voluntad sino también las sumisiones a reglamentos arbitrales.

El cómputo de plazos se determina en días naturales (Art. 5)

La competencia para conocer del reconocimiento y ejecución (exequatur) de los laudos arbitrales extranjeros pasa de la Sala Primera del Tribunal Supremo a las Audiencias Provinciales (Art. 8); lo que se ha revelado poco acertado al no contribuir a la unificación y seguridad de la doctrina en esa importante materia.

Los requisitos de forma para el convenio arbitral se flexibilizan sobremanera, bastando que el compromiso arbitral se haya pactado en un soporte que deje constancia, dentro de la plena era digital (Art. 9.3).

A falta de acuerdo de las partes sobre el nombramiento de los árbitros, se designará un solo árbitro, por razones de economía y en el arbitraje con tres árbitros, cada parte nombrará uno y los dos árbitros designados nombrarán el tercero, quien actuará como Presidente del Tribunal (Arts. 12 y 15)

Contiene una regulación expresa sobre la importante cuestión del poder de los árbitros para adoptar medidas cautelares y exigir caución al peticionario de ellas (Art. 23). Esta es una de las grandes novedades para el arbitraje marítimo.

En cuanto al procedimiento, se consolida el principio de autonomía de la voluntad, con las garantías constitucionales de igualdad de armas. Se fija el inicio de arbitraje en el momento en que una parte recibe el requerimiento de la otra de someter la controversia a decisión arbitral (Arts. 25 y 27), sin esperar al momento de aceptación del cargo por el árbitro o por el último árbitro. Esta flexibilidad de procedimiento y el adelanto del comienzo jurídico del mismo son beneficioso para el arbitraje marítimo.

Sobre la aplicación de normas a la resolución del fondo de la controversia, la Ley 60/2003, aun manteniendo la libertad de las partes, invierte la regla que la ley de 1988 contenía a favor del arbitraje de equidad, otorgando primacía al de derecho (Art. 34), en defecto de pacto expreso a favor del primero. Este giro radical se excusa en el derecho comparado, pero supone un factor de retroceso para el arbitraje marítimo frente a la Ley de 1988 porque obliga a prescindir, casi por completo, de los árbitros no jurisconsultos (los "comercial men") y de entre éstos los no ejercientes (en relación con el Art. 15), teniendo en cuenta la larga lista de potenciales árbitros comerciales que existen en el sector marítimo español.

El laudo arbitral será notificado a las partes en forma fehaciente y no precisará de protocolización notarial (Art. 37)

El plazo legal, asimismo de 6 meses, para dictar el laudo podrá ser prorrogado por los mismos árbitros por hasta 2 meses (Art. 37.2); esta facultad, que rompe la regla de autonomía de la voluntad, es muy positiva para desbloquear situaciones de falta de acuerdo existentes bajo la Ley de 1988.

El incumplimiento el plazo arbitral, acordado por las partes o el supletorio de seis meses, no produce ya la anulación del laudo arbitral ni constituye un motivo tasado para pedirla (Art. 41.1); la diferencia es notoria frente a la Ley de 1988 y en mi opinión significa una pérdida de rigor temporal frente a la desventaja de los retrasos y dilaciones que hoy se producen en el arbitraje marítimo anglosajón.

Se autoriza la ejecución provisional del laudo arbitral cuya anulación se ha solicitado, con posibilidad de suspensión de la misma mediante provisión de caución por la parte perdedora (Art. 45)

En materia de exequatur de laudos extranjeros la Ley nueva se ciñe completamente a lo previsto en el Convenio de New York de 1958, del que España es parte, disipando así ciertas dudas planteadas en la ley anterior.

-La Ley 11/2011, de 20 Mayo, de reforma de la Ley 60/2003, de 23 de Diciembre de Arbitraje y de regulación del arbitraje institucional en la Administración General del Estado.

En 2011 se llevó a cabo una reforma importante de la ley vigente de Arbitraje con el propósito de regular el arbitraje en la Administración Pública, pero aprovechando para actualizar la institución arbitral después de 8 años. El impulso sirvió para enmendar aspectos procesales y para flexibilizar aún más la liberalidad consagrada por la voluntad de las partes.

La reforma tocó los siguientes aspectos:

A) la **competencia** para el nombramiento y remoción judicial de árbitros pasó a los Tribunales Superiores de Justicia del lugar del arbitraje, y a los de la Comunidad Autónoma del lugar donde el laudo se haya dictado para la acción de anulación del laudo, e igualmente al TSJ del lugar de residencia del deudor para el reconocimiento de laudos arbitrales extranjeros (el exequatur correspondía antes a la Sala Primera del Tribunal Supremo); mientras que la competencia para la ejecución forzosa de laudos y resoluciones arbitrales, nacionales o extranjeros, pasó al Juzgado de Primera instancia del lugar donde se haya dictado el laudo. Debe notarse la segregación entre "reconocimiento "y "ejecución" de los laudos extranjeros, que no se plantea en el Convenio de New York 1958.

B) La fuerza de obligar del convenio arbitral es indiscutible salvo que sea invocada mediante **declinatoria**, que ha de proponerse dentro de los diez primeros días del plazo para contestar a la demanda en los juicios ordinarios, o en los diez primeros días a contar de la citación para la vista en los juicios verbales.

C) Se regula el **arbitraje estatutario** para las sociedades de capital, siempre que se introduzca una cláusula arbitral en los estatutos sociales, que regularán los aspectos de designación de árbitros y de administración del arbitraje, en su caso, por una institución arbitral.

D) Se modifica requisito de árbitro letrado ejerciente por el de **jurista** para los arbitrajes de Derecho, con la particularidad de que si es árbitro único ha de ser un jurista, pero si hay un tribunal colegiado de tres o más árbitros bastará con que uno sólo sea jurista; con lo que resultará anómalo que en un arbitraje de Derecho una decisión por mayoría de no-juristas produzca un laudo conforme a Derecho, que -aún no siendo recurrible- no resultaría satisfactorio para la voluntad de las partes que optaron por el arbitraje de Derecho. Por otra parte, si el arbitraje elegido es el modelo de equidad, no hará falta jurista alguno, pero en las votaciones de un tribunal colegiado el resultado puede ser el mismo que en el caso de Derecho. La definición de "jurista" está abierta a opiniones.

E) El **árbitro-mediador** , cuestión de mucha actualidad, estará permitido mediante acuerdo expreso de las partes, pero en ausencia del mismo queda prohibida la actuación arbitral de alguien que previamente fue mediador entre las mismas partes en la misma controversia; pero no queda prohibida la intervención mediadora de alguien que fue previamente árbitro, es decir, la situación inversa, con lo que se da vía libre a la conversión del arbitraje en mediación sin exigencia de acuerdo de las partes.

F) En virtud de la responsabilidad que incumbe a las instituciones arbitrales, de acuerdo con la Ley 60/2003, se exige la contratación de un **seguro de responsabilidad civil o garantía equivalente**, en la cuantía "que reglamentariamente se establezca"(no podrá ser por vía de reglamento de la institución arbitral misma, lo que deja abierto un asunto espinoso).

G) el **idioma** del arbitraje queda a la libre elección de las partes, por lo que se da un paso de gigante en favor de la celebración de arbitrajes marítimos, en lengua inglesa, en España, y en lengua inglesa se podrán hacer los escritos, las audiencias y hasta el mismo laudo. A falta de acuerdo de partes el idioma será la lengua oficial del lugar en donde se desarrollen las actuaciones, que si tienen lugar en Madrid será el castellano. En todo caso, si un interviniente en el procedimiento arbitral desconoce el idioma pactado del mismo tendrá derecho a interprete o a utilizar su lengua propia, lo que tiene directa referencia a los testigos y peritos. En Derecho Marítimo el conocimiento del inglés es supuesto, y ese factor es determinante para el poder de atracción del foro de Londres.

H) **plazo del laudo:** la reforma de 2011 lo fija en 6 meses, salvo acuerdo en contrario de las partes, otorgando a los árbitros la facultad de prorrogarlo en 2 meses más. Naturalmente, las partes podrán acordar de forma taxativa un plazo menor o mayor, en cuyo primer supuesto se abre la mejora procesal de los llamados "procedimientos abreviados", muy en uso en los arbitrajes marítimos para las reclamaciones de menor cuantía.

I) **motivación y firma del laudo:** según la reforma los laudos arbitrales habrán de estar siempre motivados, lo que no es extensible a los laudos dictados en equidad. La firma de un laudo no es requisito formal, bastando la del Presidente del tribunal arbitral, bien entendido que si el laudo fuese dictado en forma electrónica o en soporte óptico u de otro tipo será suficiente que quede constancia de contenido y firmas, de acuerdo con lo previsto en el Art. II del Convenio de New York 1958 en torno a la definición de "in writing".

J) **corrección, aclaración, complemento y extralimitación del laudo arbitral.** Se cumplen las previsiones de la Ley 60/2003, pero se faculta a las partes para acordar un plazo superior a 10 días; y se añade la oportunidad de pedir al tribunal la "rectificación" de una extralimitación parcial del laudo, sin que los supuestos del "ultra petita" lleguen a constituir una verdadera incongruencia o abuso de poder, lo que queda protegido por la práctica habitual en el arbitraje administrado de fijar los puntos de controversia mediante la suscripción del "acta de misión".

K) **cosa juzgada y revisión de laudos.** El laudo produce efectos de cosa juzgada y frente a él solo cabe ejercitar la acción de anulación, mediante un procedimiento detallado en el nuevo art.42.1. por los cauces del juicio verbal. La revisión únicamente queda reservada igual que para las sentencias firmes en la LEC 1/2000.

L) Derecho **concursal.** Se modifica la Ley 22/2003 a los efectos de condicionar las medidas cautelares aprobadas por los árbitros a la tramitación del concurso de acreedores. Pero estableciendo que la declaración de concurso, por si sola, no afecta a los pactos de mediación o de arbitraje suscritos por el concursado, por lo que no quedarán inhabilitados salvo que el juez del concurso estime que la continuación de los mismos podrá suponer un perjuicio para la tramitación del concurso, en cuyo caso podrá ordenar la suspensión de los mismos. Esta norma tiene especial importancia en los conflictos marítimos, en razón a que es bastante frecuente que la empresa deudora entre en concurso una vez iniciado el arbitraje. En la práctica del arbitraje marítimo inglés, el juez no interviene sino que los árbitros dejan a las partes libres para acordar una suspensión temporal del procedimiento arbitral, con lo que se favorece una negociación entre las mismas.

En síntesis, la situación actual española provocada por la Ley 60/2003 para el arbitraje marítimo, reformada por la Ley 11/2011, puede decirse que el avance con la Ley de 1988 fue importante, frente a la situación preexistente de la Ley de 1953, y que los indudables beneficios de flexibilidad, autonomía de la voluntad, medidas cautelares y menor rigor formal compensan suficientemente aquellas carencias relativas a la primacía del arbitraje de equidad y al incumplimiento del plazo para laudar como motivo de anulación del laudo arbitral. Con todo ello, en un plazo relativamente corto España cuenta hoy con el régimen arbitral más avanzado que permite el modelo de UNCITRAL y, sobre todo, debe destacarse que el territorio español está perfectamente preparado para realizar arbitrajes internacionales comerciales y, por ende, marítimos.

-El contexto de los Convenios Internacionales.

El arbitraje de las controversias marítimas tiene un marco notable de actividad en el contexto internacional.

En primer lugar, encaja perfectamente y se ve favorecido por el Convenio de New York de 1958 relativo al reconocimiento y ejecución de las sentencias arbitrales extranjeras, que dota de eficacia al arbitraje marítimo transfronterizo cuya frecuencia surge de la propia naturaleza internacional del comercio marítimo. El Convenio de New York contiene un régimen flexible sobre la noción de "pacto de arbitraje por escrito", en su art.2, que incluye todo acuerdo para usar el arbitraje resultante de un intercambio de correspondencia, telegramas, correos electrónicos, mensajes, que pueden acreditarse mediante un soporte virtual. Y sobre todo otorga el reconocimiento y ejecución de un laudo arbitral en un país distinto al de su emisión bajo condiciones favorables, salvo -de forma resumida- la de la violación del orden público sustantivo del país donde ha de reconocerse y ejecutarse el laudo y el orden público procesal fijado con efecto multiparte por el propio Convenio. El art.46.2 de la Ley de Arbitraje española ha integrado en nuestro Derecho Común ese régimen del Convenio de New York, por su carácter universal para nuestro país, ya que España no utilizó la posibilidad de formular reserva alguna, como permitía el Convenio admitiendo limitar su ámbito de aplicación a los laudos arbitrales dictados o pronunciados en el territorio de otros Estados contratantes. Por ello, en España pueden beneficiarse del Convenio todas las decisiones arbitrales, tengan o no carácter comercial y hayan sido dictadas en Estados contratantes o no contratantes, al haber abandonado la reserva de reciprocidad.

En los Convenios Internacionales de Derecho Marítimo tiene cabida el arbitraje. Es fomentado por el Convenio de Salvamento, Londres 1989, en su art.26. Está contemplado y regulado en el Convenio de Hamburgo ,1978, sobre Transporte de mercancías por mar (art.22), en vigor internacional y por el Convenio de Rotterdam de 2009 relativo a transporte de mercancías, completamente o parcialmente, por mar (cap. XV), aún no en vigor. Otros dos Convenios sobre Embargo Preventivo de Buques, de 1952 y 1999, contemplan las sentencias dictadas en arbitraje (art.7 de ambos) a los efectos de validación y ejecución última contra los activos del deudor embargados.

Se hará especial referencia al Convenio de Hamburgo 1978 (Reglas de Hamburgo) y al de Rotterdam 2009 (Reglas de Rotterdam).

1.REGLAS DE HAMBURGO.

Contienen dos disposiciones fundamentales, a saber:

Art. 20(1): *toda acción nacida del transporte de mercancías por mar conforme a este Convenio prescribirá a los dos años a menos que se hayan comenzado un procedimiento judicial o* ***arbitral.***

Art.22.Arbitraje:

1.Con arreglo a lo dispuesto en este artículo, las partes pueden acordar por escrito que toda controversia que pueda surgir en relación con el transporte de mercancías, a que este Convenio se refiere, sea decidida por medio de arbitraje.

2. Cuando una Póliza de Fletamento provea que las controversias serán sometidas a arbitraje y un Conocimiento de Embarque, emitido con amparo en dicha Póliza, no contenga una nota especial al efecto de que tal disposición de la Póliza será vinculante para el tenedor del Conocimiento de Embarque, el Porteador no podrá invocar la misma frente a un tenedor de buena fe del Conocimiento de Embarque.

3.A opción del reclamante, el procedimiento arbitral podrá ser entablado en uno de los siguientes lugares:

(a) un lugar de un Estado contratante en cuyo territorio está situada:

(i) la sede principal de negocios del reclamado o, a falta de la misma, el domicilio habitual del reclamado; o

(ii) el lugar del contrato, siempre que el reclamado tenga allí una oficina de negocios, sucursal o agencia con cuya intervención fue hecho el contrato, o

(iii) el puerto de carga o el puerto de descarga; o

(b) cualquier lugar designado al efecto en la cláusula o convenio de arbitraje.

4. El árbitro o el tribunal arbitral deberá aplicar la normativa de este Convenio.

5. Las disposiciones contenidas en los aptdo. 3 y 4 de este artículo serán consideradas parte de toda cláusula o convenio arbitral, teniéndose por nula y no puesta toda esti-

pulación de tal cláusula o convenio que contradiga lo establecido en las mismas.

6. Nada de lo dispuesto en este artículo afectará a la validez de un acuerdo de arbitraje alcanzado por las partes después de surgir la reclamación derivada del contrato de transporte marítimo.

No fue hasta 1978 que un Convenio Internacional marítimo adoptase una solución de arbitraje, ya que las Reglas de la Haya 1924, modificadas por el Protocolo de Visby de1968, no hicieron mención alguna de arbitraje.

Las Reglas de Hamburgo establecen, así, de forma destacada lo siguiente:

-la solución arbitral no es obligatoria, ya que el juicio ordinario permanece como opcional.

- la elección corresponde siempre al reclamante.

-un pacto de arbitraje por escrito será siempre libre y válido en relación con las controversias relativas al transporte marítimo reguladas por el Convenio de 1978, siempre que los aptdos.3 (lugar del arbitraje) y 4 (ley aplicable) sean respetados (carácter imperativo). Las partes no podrán llegar a acuerdo alguno fuera de tal normativa del Convenio. Tampoco podrán evitar la regla sobre plazo de prescripción de 2 años, conforme al art.20 (1).

-el reclamante cuenta con hasta cinco opciones para el lugar del arbitraje, aunque no podrá elegir la aplicación de una ley diferente (aptdo.4) in el pacto arbitral, si así fuera convenido en el contrato o, incluso, después de surgida la reclamación.

-el tribunal arbitral debe aplicar las disposiciones del Convenio de 1978, dondequiera que surja la controversia en relación con dicho Convenio.

-un Conocimiento de Embarque ha de contener una incorporación expresa de toda cláusula arbitral existente en una Póliza de Fletamento para que todo tenedor de buena fe del Conocimiento de Embarque pueda quedar obligado por la misma. La mención ha de ser explícita. Las terceras partes quedan, así, protegidas frente al Porteador por virtud de las Reglas de Hamburgo; y expresiones vagas e imprecisas en el Conocimiento de Embarque como, p.ej.," todos los demás términos según la Póliza de Fletamento" no serán suficientes a fin de obligar al tenedor del Conocimiento de Embarque.

Estas reglas referentes a arbitraje constituyeron un paso de lante de gran importancia, pero el Convenio de Hamburgo sólo entró en vigor internacional en 1992, catorce años después.

2. LAS REGLAS DE ROTTERDAM.

En Septiembre 2009 fue suscrito en Rotterdam el "Convenio internacional de transporte de mercancías, completa o parcialmente, por mar", de las Naciones Unidas, hecho en New York 2008.

El Capítulo 15, por medio de los artículos 75 a 78, trata del arbitraje.

Las bases configurativas son las mismas de las Reglas de Hamburgo, a saber:

-las partes que tengan una controversia relativa a los transportes regulados por el Convenio podrán pactar la sumisión a arbitraje, pero de conformidad con lo previsto en el capítulo 15.

-las partes, sometiéndose a lo previsto por el Convenio, podrán libremente referir sus controversias a arbitraje, pero con sujeción (art.75) a las siguientes condiciones:

(a) el lugar del arbitraje es a elección del reclamante entre:

(i) el designado en el convenio arbitral (que no tiene que encontrarse necesariamente en un Estado contratante); o

(ii) el domicilio del Porteador; o

(iii) el lugar de entrega de las mercancías convenido en el contrato de transporte; o

(iv) el puerto de carga; o

(v) el puerto de descarga.

- el árbitro o el tribunal arbitral no estarán obligados a aplicar las normas del Convenio a la controversia (a diferencia de las Reglas de Hamburgo); todas las reclamaciones que puedan surgir o derivarse del ámbito material del Convenio, no solo las relativas al transporte de las mercancías, por lo que es de todo punto posible que las partes puedan acordar una ley aplicable distinta de la normativa del Convenio para otras controversias, de forma que el espectro arbitral resulta mucho más amplio.

-resulta fuente de duda si una cláusula arbitral inserta en una Póliza de Fletamento puede tener efecto frente a un tenedor de buena fe del Conocimiento de Embarque. Porque las Reglas de Rotterdam no son aplicables a las Pólizas de Fletamento en los transportes de línea regular o sin línea regular (artículo 6), pero sí pueden resultar de aplicación entre el Porteador y el destinario, "parte controladora" o tenedor de un documento de transporte o de un giro electrónico , que no sea el contratante original de la Póliza de Fletamento, excluido por el Convenio (at.7).De ahí que pueda argumentarse que una cláusula de arbitraje existente en la Póliza de Fletamento pueda ser invocada por el Porteador frente al tenedor de buena fe del Conocimiento de Embarque porque, aunque las Reglas de Rotterdam no son de aplicación a las Pólizas de Fletamento, no está específicamente establecido dónde y cómo el "acuerdo de arbitraje" deba estar mencionado en el Conocimiento de Embarque (en el art.75.2.a).Parece deducirse que, a falta de una norma clara y determinante como la del art.22.2 de las Reglas de Hamburgo, el tenedor de buena fe del Conocimiento de Embarque no estará protegido, ya que nunca será el contratante original del Fletamento, frente a cláusulas arbitrales de las que nunca antes tuvo noticia alguna.

-para los llamados Contratos de Volumen (art.80), las Reglas de Rotterdam imponen ciertas condiciones para que una cláusula arbitral tenga validez:

-(i) debe estar inserta en el contrato de forma clara, indicando el nombre y dirección de las partes; y

(ii) el convenio arbitral haya sido negociado de forma individual, o contenga una expresión identificativa en el contrato de volumen.

Si se cumplieran las anteriores condiciones, entonces el acuerdo de arbitraje tendrá fuerza de obligar frente a toda otra persona que no sea parte del contrato de volumen sólo cuando:

(iii) el lugar del arbitraje designado en el convenio arbitral se encuentre situado en uno de los lugares antes mencionados (el domicilio del Porteador, el lugar pactado de recepción de la mercancía, el lugar de entrega, el lugar de carga o el lugar de la descarga final), dentro de un Estado contratante, y

(iv) el convenio arbitral se encuentra contenido en el documento de transporte o en el giro electrónico, y

(v) la persona frente a la cual el pacto arbitral habrá de surtir efecto deberá recibir oportuno y adecuado aviso del lugar del arbitraje y la ley aplicable autoriza que tal persona quede obligada por el acuerdo de arbitraje.

No obstante el carácter imperativo del art.75 respecto a la validez de los acuerdos de arbitraje, hay que tener en cuenta que el capítulo 15, por entero, es voluntario para los Estados contratantes, concretamente, para aquéllos que declaren si lo adoptan en el momento de la firma, ratificación, aprobación, aceptación o adhesión del Convenio (ar.78).

Puede suponerse que el arbitraje marítimo es ampliamente utilizado en el comercio internacional y que España, por ser parte de los Convenios Marítimos citados (excepto el Convenio de Hamburgo 1978) y del Convenio de New York ,1958, está obligada a cumplir con esas referencias internacionales de rango prioritario en nuestro ordenamiento, y lo estará respecto al Convenio de Rotterdam 2009 – al ser el primer país que lo ratificó- cuando entre en vigor internacional.

-Las restricciones aportadas por la Ley de Navegación Marítima 14, de 24 Julio 2014.

La LNM14, como auténtica "especialidad procesal" (Título IX) se refiere a las **cláusulas de arbitraje** en el art.468 del Capítulo I "De las especialidades de jurisdicción y competencia"- **"sin perjuicio de lo previsto en los convenios internacionales vigentes en España y en las normas de la Unión Europea**"- al efecto de declarar nulas las cláusulas de sumisión a arbitraje en el extranjero, contenidas en los contratos de utilización del buque o en los contratos auxiliares de la navegación, cuando no hayan sido negociadas individual y separadamente, no bastando con la inserción de la cláusula de arbitraje en el condicionado impreso de cualquiera de dichos contratos. Este precepto viene expresamente conexionado con el art.251 de la misma Ley, relativo a la eficacia traslativa del Conocimiento de Embarque, a fin de advertir que el adquirente del Conocimiento de Embarque adquirirá todos los derechos y acciones del transmitente sobre las mercancías **con excepción de los pactos sobre jurisdicción y arbitraje, que requerirán el consentimiento del adquirente en los términos señalados en el Capítulo I del Título IX.** Así, los pactos de sumisión a arbitraje en sede situada en el extranjero quedan prohibidos, salvo nulidad, cuando dichos pactos no han sido negociados individual y separadamente y el tenedor del título, en el caso del Conocimiento de Embarque, no los haya aceptado expresamente.

Esta excepcionalidad de la LNM14 ha dado lugar a un intenso debate en la doctrina española, aún no concluso, en torno a la interpretación y ámbito de aplicación de ambos preceptos, al que no podemos dejar de hacer referencia aquí.

La LNM dedica una mención al Arbitraje en los arts.468,469 y 321 únicamente, es decir, bastante menos que el que hacen los textos internacionales (Reglas de Hamburgo 1978, art.22; Reglas de Rotterdam 2019, Capítulo XV). El anteproyecto de Ley General de Navegación de 2004 no contenía disposición alguna relativa a Arbitraje.

El Art. 468 "Cláusulas de Jurisdicción y Arbitraje" contiene una especialidad sobre competencia arbitral para el único efecto de declarar nulas las cláusulas de sumisión a un arbitraje extranjero, contenidas en contratos de utilización de buques o en contratos auxiliares a la navegación cuando no hayan sido negociadas individual y separadamente con la parte afectada, cuya prueba no será cumplida por la mera inserción de la cláusula en un condicionado impreso. La LNM sólo vigila y limita el arbitraje extranjero, no el nacional, pero no puede ignorar que por "arbitraje extranjero" sólo puede entenderse la definición que contiene el art.3 sobre "arbitraje internacional" la vigente Ley de Arbitraje 60/2003, por cuya virtud (aptdo. a) "el lugar del arbitraje, determinado en el convenio arbitral o con arreglo a éste , el lugar de cumplimiento de una parte sustancial de las obligaciones de la relación jurídica de la que dimane la controversia o el lugar con el que ésta tenga una relación más estrecha, esté situado fuera del Estado en el que las partes tengan su domicilio"; de ahí que debamos preguntarnos si la especial exclusión del "arbitraje en el extranjero" alcanzará también a los supuestos de cumplimiento en el extranjero de una parte sustancial de las obligaciones aunque el lugar determinado en la cláusula se encuentre en territorio español.

La LNM limita las cláusulas a los "contratos de utilización de buque", sin definir los mismos (aunque los enumera en el Titulo IV) ni explicar el sentido el sentido de la restricción para los contratos de arrendamiento de buques mercantes y de embarcaciones de recreo, y de remolque. Algo semejante sucede con los "contratos auxiliares de la navegación" (que están en el Titulo V) donde no se vislumbra el objetivo proteccionista de la norma especia para un arbitraje pactado, entre iguales, en un contrato de "gestión naval "(como, p.ej., el modelo SHIPMAN), lo que es igualmente cuestionable para la "consignación de buques", el "practicaje" y las operaciones de "manipulación portuaria".

A pesar de su propósito acotador de la libre sumisión arbitral, la LNM deja a salvo "lo previsto en los Convenios Internacionales suscritos por España y en las normas de la Unión Europea", con lo que la eficacia del art.468 quedará en entredicho, aunque sea lex specialis, ante el Convenio de New York 1958 relativo a reconocimiento y ejecución de sentencias arbitrales extranjeras y frente a las normas y jurisprudencia de la UE. Asimismo, un buen número de contratos marítimos quedarán fuera de su ámbito material, sin que la LNM ofrezca razón clara para, p.ej., afectar al contrato de arrendamiento de buques, pero no a los de compraventa de buques o de construcción naval. En virtud del art.469(1) la LNM otorga competencia exclusiva a una cláusula arbitral, pero bajo las condiciones establecidas en el art.468 anterior, y subsidiariamente, para el caso de que no exista o deba ser declarada nula, determina unos foros de competencia judicial para todos los contratos de utilización de buque, con lo que a fuer de lo previsto en la LNM un arrendatario de un buque en condiciones BAREBOAT, conforme a la Póliza Barecon A tendrá que acreditar que negoció la cláusula arbitral individual y separadamente del resto de las condiciones del contrato si no desea acabar en los tribunales ordinarios. La LNM muestra en ese tratamiento riguroso, sin necesidad de protección a de terceros, que desconoce la práctica real del comercio marítimo.

El art.251 de la misma LNM, relativo a la eficacia traslativa de los datos y contenido del Conocimiento de Embarque, señala que el tenedor del Conocimiento de Embarque adquirirá todos los derechos y acciones del transmitente sobre las mercancías "excepción hecha de los acuerdos en materia de ..... y **arbitraje**", que requerirán el consentimiento del adquirente en los términos exigidos por el art.468, al que remite expresamente. Por tanto, se planteará si allí donde y cuando sea aplicable la LNM un pacto arbitral (p.ej. en Londres) podrá subsistir si no hay prueba de que el mismo fue negociado individual y separadamente entre las partes de todo contrato relativo a la utilización de buques y a servicios auxiliares de navegación, y en cuanto a los Conocimientos de Embarque si no se acredita que el endosatario legítimo tenedor consintió en dicho acuerdo de sumisión arbitral. Pero sucede que hay un desfase normativo al estar circunscrito el requisito del art. 251 al contenido del Conocimiento de Embarque (es decir, para las controversias surgidas en el contrato de transporte marítimo únicamente), mientras que el art.468 lo extiende a otros contratos distintos, sin que se sepa la razón para tal equiparación con otros contratos donde no existen Conocimientos de Embarque ni títulos negociables.

A los efectos del presente estudio lo que importa señalar es que el art.468 LNM14 es una norma imperativa con rango de ley y debe observarse necesariamente, por lo que el comercio marítimo en cuyo contexto opera la autonomía de la voluntad para arbitrar las controversias se enfrentará a una contundente limitación traída por el legislador español con dudosa consideración de la realidad práctica. Pero, al fin y al cabo, se trata de una prohibición de las cláusulas que remiten a arbitraje fuera de España con la desvelada intención legislativa de reconducir los arbitrajes con contratantes extranjeros a sede nacional.

Por ello, en tanto los tribunales no se pronuncien, de forma unánime y rotunda, sobre el verdadero alcance interpretativo que debe darse al art.468 en relación con el art.251 LNM14, el arbitraje marítimo sólo estará permitido si tiene lugar en territorio español, sin necesidad de prueba de negociación "individual y separada" previamente a la inserción de la cláusula arbitral en el contrato.

Claro está, todo ello "sin perjuicio de lo previsto en los convenios internacionales vigentes en España y en las normas de la Unión Europea" (art.468), lo que conduce a la aplicación, con carácter de supraley, del Convenio de New York 1958 relativo al reconocimiento y ejecución de sentencias arbitrales extranjeras, igualmente cuestionable para la "consignación de buques", el "practicaje" y la "manipulación portuaria".

-La polémica doctrinal surgida.

En un trabajo publicado en 2015 el Prof. MANUEL DE ALBA, Titular de Derecho Mercantil en la Universidad Carlos III, de Madrid, advirtió ya de una polémica doctrinal y judicial en torno al propósito del legislador de evitar los abusos cuando un pacto arbitral no sea resultado de una negociación o del empleo unilateral de las cláusulas con sede arbitral extranjera (el caso más frecuente de Londres) en los contratos marítimos. La nueva norma del art.468 LNM ha de ceder ante la regulación de la validez y reconocimiento del laudo arbitral contenida en el Convenio de New York 1958 sobre Reconocimiento y Ejecución de Sentencias Arbitrales extranjeras, del que España es parte. Dicho Convenio, en virtud de su art. VII permitirá que para reconocer un pacto arbitral pueda aplicarse el art.9 de la vigente Ley de Arbitraje 60/2003, pero no el art. 468 LNM. Señala el Prof. DE ALBA que la invalidez del pacto arbitral en el régimen internacional habrá de determinarse conforme a la ley pactada en el contrato o, en su defecto, conforme a la ley del lugar donde se haya dictado el laudo arbitral (art. V, par.1, Convenio de New York); por lo que se produciría un conflicto entre la LNM y los dos Convenios de New York 1958 y el Convenio Europeo sobre Arbitraje Comercial 1961, también ratificado por España. Y el Convenio de New York, que tiene rango máximo en España, no remite a la ley nacional del Juez que conozca de la cuestión de posible nulidad bajo el art.468 LNM, por lo que ello convierte en inviable la norma especial española.

El Prof. MIGUEL GÓMEZ JENE, titular de Derecho internacional Privado en la UNED, había resuelto la cuestión planteada al poco tiempo de entrar en vigor la LNM. El autor opinaba que la eficacia de la norma contenida en el art.468LNM es muy limitada y que no debería aplicarse en lo que se refiere al convenio arbitral, señalando que la misma no podrá aplicarse cuando la cláusula de sumisión a arbitraje inserta en un contrato de utilización de buque o de servicios auxiliares de la navegación remita a un tribunal arbitral de un Estado miembro de la UE, en razón al art.25 del Reglamento de Bruselas I (refundido) , que no permite limitar el "consentimiento" de los contratantes en usos comerciales ampliamente conocidos en el mercado; y en el ámbito extraeuropeo, su aplicación no aportaría ventaja alguna para el operador económico ya que le conduciría a un escenario procesal mucho más complejo y costoso.

Posteriormente, el Prof. AITOR ZURIMENDI ISLA, Titular de Derecho Mercantil UPV/EHU, ha analizado con autoridad la problemática de las novedades introducidas por los dos artículos 245 en relación con el 468 LNM para el arbitraje. Observa el autor que la LNM, por medio del primero ensaya, por su requisito de negociación individual y separada, una ruptura de las reglas generales de los títulos-valores en nuestro Derecho, ya que de acuerdo con las mismas jamás son inoponibles a terceros de buena fe circunstancias que realmente son válidas y que, además aparecen en el documento, cuyo contenido se entiende siempre oponible puesto que al adquirir el derecho con el documento ,el tercero conoce esos términos de la obligación que no puede ignorar ; y si no le satisface, no lo adquirirá. La justificación moralizante de evitar que el tercero tenga que litigar en un foro extranjero no puede alterar estas reglas generales, ni debe amparar el hecho de que el deudor-porteador quede obligado y de una forma más gravosa frente al tercero, imponiéndosele una negociación" individual y separada" que no le venga exigida con su contratante el Cargador conforme a la ley del contrato. Se crearía, así, un plus obligacional frente al tercero tenedor, una responsabilidad castigada con nulidad, que es difícil de justificar desde el punto de vista técnico-jurídico como del de política legislativa. Debe rechazarse una interpretación literal del art.251; además de por violentar sólidos principios imperantes en nuestro derecho de títulos-valores y de derecho de contratos, conduciría en la práctica a resultados diferentes para supuestos idénticos sujetos a la aplicación del derecho interno o del derecho comunitario o del derecho internacional. Y ello, además de generar inseguridad jurídica para los operarios del tráfico, atentaría contra el art.2.2 de la propia LNM: "para la interpretación de las normas de esta ley se atenderá a la regulación contenida en los tratados internacionales vigentes en España y la conveniencia de promover la uniformidad en la regulación de las materias objetos de la misma". Interpretar literalmente los arts.251 y 468 LNM llevaría a un resultado de aplicación no uniforme y opuesto al derecho comunitario e internacional.

JOSE M. ALCANTARA, Prof. de la Universidad Nacional de Panamá y de la Facultad de Derecho de La Habana (Cuba), destaca que la sanción de nulidad prevista para la cláusula arbitral por los arts.468 en relación con el 251 LNM es inaplicable a la práctica marítima misma, a la realidad del tráfico. En la operatividad del transporte de mercancías por mar el Porteador rara vez negocia las cláusulas del Conocimiento de Embarque, y menos aún la de

Arbitraje de forma separada del resto (aunque podría hacerlo) con el Cargador, que ni siquiera firma los C/E. Pero más lejos de la realidad esta la exigencia de negociación previa con el tercero tenedor del C/E por vía de endoso o de tenencia material del mismo (los C/E emitidos al portador), en los que en muchos casos el C/E incorpora una cláusula de la Póliza de Fletamento por Viaje en cuya redacción y negociación no puede intervenir el tercero tenedor del C/E (a menos que sea el mismo Fletador del buque). No es posible imaginar que, en el puerto de destino, el tenedor legítimo del C/E se oponga y y rechace la entrega porque la cláusula de arbitraje (que figura expresamente en un tráfico de Línea Regular, pero sólo por referencia en el tráfico de fletamento) no ha sido negociada individualmente con él y separadamente de las demás cláusulas por un Porteador marítimo que no le conocía ni podía conocerle; y ¿por qué sólo la de Arbitraje y no todas las demás que puedan ser desfavorables a sus intereses como, p.ej., la de responsabilidad del Porteador?. Y si fuera "nula "dicha cláusula para el tercero destinatario, también habría de serlo para los endosatarios anteriores y los que le precedieron en la cadena de transmisión del título negociable, afectando a las operaciones de compraventa realizadas sobre la mercancía. Es un cuadro surrealista, ajeno a la realidad marítima, que viene impedido por el art.3 del Código Civil español, que exige la interpretación "las normas en relación con el contexto, los antecedentes históricos y legislativos, y la realidad social del tiempo en que han de ser aplicadas". La innovación de la LNM es ajena al contexto y a la realidad socioeconómica del transporte marítimo, y no cuenta con antecedentes históricos ni legislativos relativos a una hipotética negociación de las condiciones del documento de transporte entre el Porteador (contractual) y el tercero que resulta finalmente poseedor legítimo del Conocimiento de Embarque.

Su mayor defensor es JULIO CARLOS FUENTES GÓMEZ, Administrador Civil del Estado y en la actualidad Subdirector General de la Marina Mercante, que equipara la "cláusula de jurisdicción" con la "cláusula de arbitraje", a pesar de que la primera remite a los tribunales ordinarios del país del propio Porteador mientras que la segunda remite a foros arbitrales internacionales neutrales y ajenos al domicilio del Porteador. También funda su criterio en la protección de los terceros perjudicados por una cláusula arbitral que figura en el contrato de seguro (de protección e indemnización, o P&I) a los efectos del ejercicio de la acción directa, pero la jurisprudencia comunitaria (en el asunto C-368/16 , caso Assens Havn, 2017; y en el asunto C-700/20, caso London Steam Ship Owners Mutual Insurance Association Limited contra el Reino de España) no puede extrapolarse fuera del ámbito del contrato de seguro, ni puede ser aplicable a los Conocimientos de Embarque. Tras estimar que "el resultado de este proceso (la admisión de las cláusulas por referencia) es la ausencia de negociación real sobre las cláusulas de jurisdicción, que son impuestas por los porteadores, mediante el empleo de sus propios formularios, a los cargadores y a los terceros, que se consideran la parte débil de este proceso. De este modo, cargadores y terceros han quedado en una inferioridad procesal al verse obligados a acudir a procedimientos arbitrales costosos y que se ventilan en países que les resultan extraños y lejanos", el citado autor señala que ha bastado con trasladar las normas incluidas en las Reglas de Hamburgo y de Rotterdam al Derecho español , que no son vigentes en España, pasando por alto que tanto el Convenio de Hamburgo de 1978 como el de Rotterdam de 2019 admiten como foro arbitral válido "cualquier lugar designado al efecto en la cláusula compromisoria o el compromiso de arbitraje", que ambas regulaciones ofrecen hasta cuatro opciones para que el reclamante elija el lugar de arbitraje, que el Convenio de Rotterdam convierte en opcional todo el Capítulo XV de Arbitraje y que la limitación de negociación individual está concebida para los "contratos de volumen" solamente y que excluye sus requisitos a los acuerdos de arbitraje incluidos en un contrato de transporte no-regular, es decir en los incorporados por referencia a las pólizas de fletamento.Para concluir que para garantizar la transparencia de estas cláusulas (de arbitraje) han de ser bien negociadas individualmente o al menos conocidas en cuanto a su existencia y efectos, por lo que el art.468 LNM no comporta la nulidad en todo caso de los convenios de arbitraje, más si se tiene en cuenta que muchos formularios se expresan en el sentido de recoger varias opciones de arbitraje (varios foros), lo que abre la puerta a que efectivamente las partes negocien qué alternativa prefieren, y que igual forma, las impugnaciones de la validez del laudo deberán verse caso por caso. La alternativa sobre el foro arbitral se lleva a cabo entre el Porteador y el Cargador, mediante tacha o inserción en el formulario de la póliza de fletamento, y para nada interviene en esa elección el tercero tenedor del C/E. Las impugnaciones a la validez del laudo están tasadas por el Convenio de New York 1958 y nuestra propia Ley de Arbitraje 60/2003, y no incluyen expresamente la nulidad prevista por el art.468 LNM.

El problema reside en que dicho art.468 LNM es una norma imperativa, aunque no puede prevalecer contra el Convenio de New York 1958, el Europeo de 1961, y el Derecho y Jurisprudencia comunitaria. Puede temerse, sin embargo, que sea planteada como excepción de "orden público" – lo que no parecería prosperable – ahora que el Reino Unido ha dejado de formar parte de la UE ,en virtud del Brexit, teniendo en cuenta que la mayor parte de los laudos arbitrales son emitidos en Londres.

-El Laudo arbitral extranjero. Reconocimiento y ejecución en España.

El Laudo arbitral extranjero, según la vigente Ley de Arbitraje 60/2003 con un criterio geográfico, es el "pronunciado fuera del territorio español". Por lo que todo laudo dictado por un tribunal sito en España será considerado como nacional español, aunque el arbitraje haya sido internacional en atención a uno de los elementos de extranjería señalados por la Ley de Arbitraje (art.46.1 de la Ley de Arbitraje siguiendo las pautas de los arts.20.1 y 31.3 de la Ley Modelo de UNCITRAL sobre arbitraje comercial internacional de 21 Junio 1985.

Respecto al laudo arbitral extranjero España ofrece dos ventajas:

a) a fin de reconocer y ejecutar en España el laudo arbitral extranjero será necesario tramitar y obtener su autorización u homologación conforme al procedimiento de *exequatur*, según lo previsto en el Convenio de New York y el art.46.2 Ley de Arbitraje.

b) dicho artículo de la Ley de Arbitraje ha integrado en nuestro ordenamiento jurídico el régimen del Convenio de New York con un carácter universal, situándose entre el grupo de países contratantes que han adoptado una postura abierta y progresista, según se ha explicado antes. La Convención de New York es aplicable en España, aunque la sentencia arbitral se haya dictado en el extranjero entre partes de la misma nacionalidad.

Con carácter universal, el sistema arbitral español añade las ventajas para el Derecho Marítimo, también, de que son reconocibles tanto el laudo final que decide la controversia como los laudos parciales, incluidas las resoluciones del tribunal arbitral sobre medidas cautelares (admitidas por el reglamento y la ley arbitral aplicables) que resuelven aspectos separables de la misma, siempre que todos estos laudos tengan fuerza de obligar. En el ámbito de la UE, la evolución favorable en apoyo de la adopción de medidas cautelares en un procedimiento arbitral quedó esclarecida por la Sentencia del TJUE, de 17 Noviembre 1998, en el asunto C-391/95," Van Uden Maritime/ Kommaditgesellchaft in Firma Deco-Line and others).

Asimismo, las transacciones arbitrales, que quedan fuera del Convenio de New York, pueden ser reconocibles cuando lo transado se incorpora al laudo arbitral adquiriendo la fuerza de éste. Es decir, el convenio amistoso se transforma en un laudo dictado sobre el fondo y procede ser reconocido y ejecutado en la forma prevista por el Convenio de New York, y en su concordancia por el art.36 de la Ley Arbitraje; si el laudo se limita a dar simple cuenta del acuerdo transaccional, entonces queda dicha transacción como un contrato civil, que permite entablar una acción declarativa ante los tribunales ordinarios competentes. Puede notarse la gran ventaja del arbitraje transfronterizo sobre las controversias llevadas a la jurisdicción ordinaria, teniendo en cuenta que una abrumadora cantidad de controversias marítimas se resuelven en sede extranjera.

-El Arbitraje de Salvamento marítimo.

En las operaciones de salvamento marítimo la solución arbitral para la determinación del premio que ha de pagarse al salvador, y la controversia resultante, fue desde antaño elegida internacionalmente con la sumisión al Comité del Lloyd´s, de Londres, mediante la firma del contrato de salvamento conocido como la "Lloyd´s Open Form". En 1989 el Convenio Internacional de Salvamento Marítimo, suscrito en Londres, refrendó esa solución con la recomendación de publicación abierta de los laudos arbitrales dictados en los arbitrajes de salvamento que tuviesen lugar en los países contratantes (art.27). Naturalmente en las sedes elegidas libremente por las partes (salvador y salvado/s).

La LNM14 española, según el aptdo. VIII de su Preámbulo, remite al Convenio Internacional sobre Salvamento Marítimo, de Londres, ya citado, de 28 Abril 1989, a fin de regular esa materia. Y sin poder evitar el principio del art.361.1 de que las partes interesadas podrán contratar las condiciones del salvamento libremente, sin más límite que su obligación inderogable de actuar con la diligencia necesaria para reducir o evitar al máximo los daños al medio ambiente, la regla española entronca adecuadamente con la solución arbitral prevista en los arts.2

y 27 del Convenio de Londres. De ahí que la gran mayoría de los arbitrajes de salvamento se lleven a Londres en virtud de la firma de los modelos de contratos LOF (Lloyd´s Open Form).

Sin embargo, la LNM14 sigue en su Preámbulo indicando que "señalar que la jurisdicción civil conocerá de las correspondientes reclamaciones salvo que las partes acuerden someterse a un sistema de arbitraje marítimo administrativo ante órganos especializados de la Armada, o cuando la intervención de tales órganos se haga necesaria por tratarse de salvamento de bienes abandonados en la mar y de propiedad desconocida."

La LNM abandona la remisión expresa a las reglas del Convenio, que son de aplicación directa por ser España parte del Convenio de Londres, para consagrar una intervención administrativa arbitral de la Armada española como alternativa a la competencia de la jurisdicción civil (tras la desmilitarización del Derecho Marítimo de Accidentes en la mar).Concretamente la LNM preceptúa que los órganos competentes que conocerán de las acciones relativas a los premios de salvamento y a las recompensas por remolques de bienes hallados en la mar son el Consejo de Arbitrajes Marítimos y los Auditores de Arbitrajes Marítimos (de nueva creación) cuya composición y demás requisitos de funcionamiento se establecerían reglamentariamente. Pudiendo los interesados acudir ante los citados órganos de la Armada o a la jurisdicción ordinaria, y en caso de falta de acuerdo, prevalecerá la jurisdicción civil ordinaria con arreglo al juicio declarativo ordinario o al juicio verbal, según la cuantía reclamada (Disposición Adicional 2ª de la LNM).

Los citados órganos administrativos no fueron aún desarrollados reglamentariamente ni constituidos, por lo que siguen desempañando sus funciones el Tribunal Marítimo Central y los Juzgados Marítimos Permanentes, ambos organismos administrativos de la Armada, de acuerdo con las reglas de procedimiento establecidas en el Titulo II de la Ley 60/1962 ,de 24

Diciembre, por la que se regulaban los auxilios, salvamentos, remolques, hallazgos y extracciones marítimas (BOE num,310, de 27 Diciembre 1962, las cuales fueron deslegalizadas y rebajadas al rango reglamentario, con predominio de la jurisdicción civil ordinaria (Disposición Transitoria 1ª y Disposición Derogatoria única ,aptdo. f) de la LNM.

Ha de unirse a la situación de provisionalidad jurídica sobre toda esta materia lo establecido en la Disposición Final 10 de la LNM, al disponer que, dentro de los 18 meses siguientes a su entrada en vigor , el gobierno de la nación había de modificar las disposiciones reglamentarias contenidas en el referido Titulo II de la Ley 60/1962, a fin de recomponer la actual estructura del Tribunal Marítimo Central, de los Juzgados Marítimos Permanentes y demás órganos allí previstos "adscribiéndolos orgánica y funcionalmente a la Administración Marítima". Lo que tampoco ha sucedido aún a pesar de haber expirado el plazo el 26 Diciembre 2015.

El arbitraje marítimo administrativo, creado nominalmente por la LNM, se encuentra inoperativo, por lo que continúa en funciones la jurisdicción administrativa marítima de la antigua Ley 60/1962, con carácter subsidiario a la jurisdicción civil ordinaria. Se comprende aún más que el arbitraje de salvamento marítimo continúe bajo el cuasi-monopolio internacional del Comité del Lloyd´s, de Londres. El Comité del Lloyd´s, en su modelo de contrato de salvamento marítimo, conocido por LOF (Lloyd´s Open Form LSAC, última version 2020) incluye una Cláusula de Arbitraje según el tenor y formato siguiente:

Cláusula 8. Procedimiento:

-el procedimiento se desarrollará de acuerdo con los términos del formulario LOF.

-tendrá lugar en Londres o en otra localidad que sea acordada por las partes, corriendo con los gastos (viaje y estancia) del Árbitro-

-dentro del plazo de 6 semanas, a contar de la fecha de nombramiento del Árbitro, tendrá lugar una “reunión preliminar” con las partes con el fin de acordar extremos como: los intereses de partes no personadas, la posible reducción del procedimiento y/o el desarrollo en base a documentos y breves alegaciones escritas, y los objetivos de rapidez y ahorro de gastos para llegar a una solución arbitral o a través de mediación.

- providencia de procedimiento (Order for Directions), que será dictada por el Árbitro a los efectos de fijar previamente la aportación de documentos y testimonios escritos, fecha para pruebas de valor (cantidades relativas al valor de los objetos salvados y de la inversión de los salvadores), fecha para determinación de cuestiones objeto de las alegaciones, plazos para posibles reuniones que sean necesarias, una fecha estimada para la vista y el tiempo de su duración (a menos que las partes no necesiten una vista) y otros asuntos que las partes estimen conveniente organizar de antemano.

-en cuanto a aportación documental, la misma quedará limitada a documentos del siguiente tipo : diarios de abordo y otros records técnicos mantenidos por la dotación y los peritos; cartográficos de trabajo, fotografías, videos o películas; informes actualizados contenidos en télex, facsímil, mensajes, copias impresas o correos electrónicos, junto con informes periciales; documentos relativos a gastos de bolsillo, valores salvados, valores de los equipos y elementos utilizados por los salvadores, y notas escritas de testigos relativas a los hechos y otros documentos privilegiados ex parte.

- pruebas: todas las opiniones de personal experto requerirán la autorización previa del tribunal, que será concedida siempre que el tribunal juzgue que tal opinión es necesaria; ninguna de las partes podrá designar más de un experto, salvo en circunstancias excepcionales; toda solicitud para prueba de expertos tendrá que ser formulada dentro de los 14 días siguientes a la finalización de la prueba documental.

-vista del arbitraje: no será aceptada fecha alguna que no permita al Árbitro considerar toda las pruebas, leer todos los escritos y documentos y tener tiempo suficiente para emitir su Laudo dentro de 1 mes desde la fecha de la vista; la fecha de la vista no se modificará a menos que las partes lo pidan dentro de los 14 días anteriormente mencionados o que el Árbitro lo juzgue necesario en atención a razones de justicia y contradicción de las partes, y a menos que las partes conjuntamente se opongan el Árbitro no llevará a cabo la vista si no fuere acordada o solicitada dentro de dicho plazo anterior.

-el Laudo: las decisiones arbitrales sobre premio del salvamento o sobre la "compensación especial "(art.14 Convenio Internacional sobre Salvamento Maritimo, Londres 1989) será cifradas en la moneda acordada por las partes en el LOF, o en su defecto en dólares americano; el Laudos arbitral será firme y definitivo para todas las partes representadas, salvo que sea apelado ; el Laudo incluirá una condena al pago de intereses sobre las cantidades adjudicadas, que siempre será de interés simple salvo el poder arbitral de conceder interés compuesto en circunstancias excepcionales, desde la fecha de terminación de los servicios hasta la fecha del Laudo.

-apelación contra el Laudo : cualquiera de las partes podrá entablar apelación , dando aviso por escrito a la otra parte dentro del plazo de 21 días desde la fecha en la que el Laudo fue publicado por el Comité del Lloyd´s; aceptada la apelación, el Comité pasará la apelación y el expediente a un Árbitro de su elección; la parte que no haya dado aviso de apelación podrá, no obstante, instar una apelación de oposición (cross-appeal) a la vista del contenido de la apelación de su contraparte dentro del plazo de 21 días desde que tuvo conocimiento de la misma; en todo caso las partes tendrán un plazo de 21 días para argumentar respecto a las mutuas apelaciones, salvo que el Árbitro acceda a prorrogar dicho plazo; si alguna de las partes, tras ver las argumentaciones, estimase que el Árbitro ha de considerar otras bases argumentales distintas o adicionales tendrá que indicarlo, con su justificación, al Árbitro en el plazo de 14 días; el Laudo de Apelación será dictado, normalmente, dentro del plazo de 1 mes contado desde la fecha de la citada última audiencia, y será publicado en Londres por el Comité.

Se trata de un procedimiento muy técnico, de alta garantía en razón a la experiencia del Comité del Lloyd´s y suficientemente expeditivo, cuya valoración internacional está reconocida. A pesar de lo recomendado por el art.26 del Convenio de 1989 respecto a publicación de los Laudos de Salvamento, el Comité del Lloyd´s no suele dar publicidad a sus fallos.

-El Arbitraje de Equidad, como especial alternativa para las controversias marítimas.

La vieja Ley de Arbitraje de 1953, de 22 de Diciembre, en su art.4 identificaba el "arbitraje de equidad" como aquel en el que los árbitros deberán fallar ***con sujeción a su saber y entender***, diferenciándolo de aquel otro en que deban fallar con arreglo a derecho. La jurisprudencia que siguió se encargó de adjetivar la exigencia del saber y entender como "leal", en un contexto al que prácticamente era ajena la nota de profesionalidad. Y de ella partió un sentido "equitativo", que era supuesto en todo el arte de juzgar, que suplantó al interés de las partes por someter su controversia a un profesional versado en la materia concreta.

La STS de 10 Marzo 1977 calificaba la tarea de los árbitros de equidad como una *misión que amigablemente se les confía,* y en la STS de 6 Mayo 1977 sostuvo que *la finalidad que el legislador buscó al crear o autorizar el arbitraje de equidad ...fue la de permitir y dirimir cuestiones que se susciten entre partes en un amplio margen, sin sujetarse a los términos rígidos del derecho , buscando la conciliación de aquellos, y apoyándose , por el contrario , de modo preferente en las normas morales o de conciencia.* En ese mismo rumbo, la STS 20 Febrero 1982 sostenía que al arbitraje *según leal saber* lo presidía *un móvil de paz y de equidad,* caracterizado por *su sencillez y confianza.* En la STS 20 Diciembre 1985 se señalaba que *el procedimiento en caso de equidad ....los árbitros, en la emisión del laudo ....no tienen precisión de acomodarse al rigor de reglas establecidas por la Ley, sino meramente su apreciación en equidad, que precisamente, por su carácter y naturaleza, tiende a eliminar el riguroso sometimiento a normas de derecho.* La STS 28 Noviembre 1988 declaraba que *en el arbitraje de equidad los árbitros han de resolver sólo según su leal "saber y entender",* siendo la esencia de ese juicio: personal, *subjetivo, de pleno arbitrio, sin más fundamento que ese leal saber y entender del árbitro.*

Esa jurisprudencia post-1953 desarrolló la idea de que la voluntad de las partes no residía en el mejor conocimiento profesional del árbitro sino en una aplicación flexible de las normas jurídicas, acotando o alejándolo de su *leal saber y entender.* En la STS 30 mayo 1987 se hace una interpretación genérica de sobre la naturaleza del arbitraje de equidad *en cuanto que vienen a afirmar que no se apliquen exclusivamente normas de derecho de forma rigurosa, como corresponde al concepto tradicional de equidad, superador y complementario del concepto de Ley.* De ese modo el TS dejó a este tipo de arbitraje en una posición escasamente diferenciada del arbitraje de derecho, pues *no aplicar exclusivamente normas de derecho de forma rigurosa* es algo a lo que el primer inciso del art.3.2 del Código Civil constriñe a los Tribunales (ponderación de la equidad en la aplicación de las normas) y a lo que, por deducción, también se hallan obligados los árbitros de derecho.

Durante el período 77-88 fueron numerosas las impugnaciones contra Laudos de Equidad que prosperaron en razón a la valoración que el TS hacía de la "equidad" exhibida por los árbitros en sus laudos.

El Arbitraje de Equidad se fue desplazando en favor del de Derecho no sólo por la equiparación del uso de la "equidad y la ponderación" en ambos tipos de arbitrajes sino, sobre todo, por la devaluación del propósito de obtener una resolución conforme al "leal saber y entender de los árbitros", aspecto éste de gran importancia para el Derecho Marítimo, ya que en nuestro país ha habido siempre profesionales muy cualificados para resolver controversias marítimas con fundamento en su larga experiencia en el comercio marítimo. En 1982, se fundó el Instituto Marítimo de Arbitraje y Contratación (IMARCO) y durante quince años fue capaz de dictar una docena de laudos de equidad.

La Ley 36/1988, en su art.4.2, estableció que *en el caso de que las partes no hayan optado expresamente por el arbitraje de derecho, los árbitros resolverán en equidad, salvo que hayan encomendado el arbitraje a una corporación o asociación, en cuyo caso se estará a lo que resulte de su reglamento.* De tal modo la Ley de 1988 dio carácter presunto y prioritario al arbitraje de Equidad.

Pero, de nuevo la ley vigente 60/2033 invirtió la situación en favor del arbitraje de derecho mediante un escueto tercer párrafo de su art.4 – regresando a la jurisprudencia de la Ley de 1953 – señalando que ***se entenderá que las partes optan por un arbitraje de derecho cuando nada digan en contrario***, por lo que las partes estarán obligadas a pactar expresamente su voluntad de utilizar el Arbitraje de Equidad. La justificación para la inversión de criterio reside, no sólo en el apoyo decidido al arbitraje institucional, sino destacadamente en la Ley Modelo de UNCITRAL y en el criterio de que *la preferencia por el arbitraje de derecho en defecto de acuerdo de las partes es la orientación más generalizada en el derecho comparado. Resulta, además, muy discutible* *que la voluntad de las partes de someterse a arbitraje, sin más especificaciones, pueda presumirse que incluya la de que la controversia sea resuelta en equidad y no sobre la base de los mismos criterios jurídicos que si hubiera de resolver un tribunal.* Asimismo, los laudos dictados en equidad habrán de estar siempre motivados, en virtud del art.37.4 de la vigente Ley 60/2003.

Esa evolución doctrinal desde 1953 posee un trasfondo residente en la limitación de la autonomía de la voluntad, que viene casi obligada por la existencia de normas imperativas, en tratados internacionales y en leyes nacionales, "leyes de policía" o normas de intervención, que son frecuentes en el sector marítimo y que no pueden ser ignoradas por los tribunales ordinarios, ni tampoco por los tribunales arbitrales, en este caso de un árbitro que haya de decidir "ex aequo et bono". Por tanto, un árbitro de equidad que pueda ser designado en el contexto de un Convenio Internacional, como es el Convenio de Arbitraje Comercial, de Ginebra 1961 (art.7.2: *"los árbitros intervendrán en calidad de amigables componedores siempre y cuando ésta sea la voluntad de las partes, y siempre y cuando se lo permita la ley aplicable al arbitraje"*, tal árbitro no podría evitar que el margen de discrecionalidad que le otorgan las partes no puede facultarle para ignorar aquellos mandatos imperativos contenidos en numerosas normativas del sector que todo árbitro, que sea experto "ex aequo et bono" habrá de conocer. Puede entenderse – como hacemos – que el contexto del Convenio de 1961 se refiere más a una *solicitud de mediación* que a una petición de *arbitraje de equidad.*

En todo caso y por las reservas relativas a normas imperativas, y a otras, se ha devaluado considerablemente el arbitraje de Equidad en la realidad de la conflictividad marítima, a pesar de que es una forma de resolución de conflictos que no exige la aplicación del Derecho, por voluntad de las partes, y que supone la confianza en el conocimiento profesional experto, lo que añade una ventaja para las controversias marítimas además de un ahorro de coste y tiempo. Y , a los efectos de las cláusulas de sumisión, ha tenido un resultado negativo porque ha sometido a los intereses españoles al ***derecho inglés***, en los arbitrajes internacionales cuando las mismas controversias podían haber sido resueltas por ingenieros navales, capitanes de la marina mercante (casos de abordaje) o por profesionales del fletamento, de prestigio internacional y español.

Con mayor criterio práctico la ley inglesa Arbitration Act 1996, hoy vigente, incluyó el arbitraje de equidad (mediante las *equity clauses*), en su art.46.1 (b), estableciendo que *el tribunal arbitral decidirá la controversia: a) de acuerdo con la ley pactada por las partes como aplicable al fondo del conflicto, o b) si las partes así lo acuerdan, se decidirá de conformidad con otras consideraciones que hayan acordado o sean determinadas por el tribunal.* En virtud de tal equiparación la ley inglesa, sin mayor retórica, da cabida a los arbitrajes de equidad (también llamados "ex aequo et bono") y a la "amigable composición", que puede ser comparada con la "conciliación arbitral". La mayor importancia reside en que, de acuerdo con la Arbitration Act 1996, un arbitraje de Equidad excluirá todo derecho de apelación ya que la controversia no es decidida conforme a derecho.

-Perspectiva arbitral comparada.

Son numerosas las razones que debemos destacar a la hora de recomendar el arbitraje como procedimiento para resolver los conflictos marítimos; tradicionalmente, se señala por la práctica totalidad de la doctrina que, por una parte, nos encontramos con una solución más pacífica y amigable que un procedimiento judicial ordinario, y por otra parte, sustituimos el procedimiento judicial por un procedimiento privado, alejado de los defectos del procedimiento ordinario, lentitud, formalismo y hasta a veces, incompetencia técnica de los que tienen que juzgar. Esas razones se acentúan en el interés del Derecho Marítimo.

Las señaladas ventajas pueden concentrarse, sin ánimo de ser exhaustivos y de forma enunciativa (sin orden de prelación), en las siguientes:

En primer lugar, la **especialización.** La libertad de elección de los árbitros permite indudablemente la posibilidad de nombramiento de dirimentes altamente cualificados en la materia sobre la que se pretende arbitrar.

En segundo lugar, la **rapidez**. Por las exigencias de seguridad jurídica y debido a la grave congestión que lamentablemente sufren la práctica totalidad de los órganos judiciales de los países desarrollados, los procesos judiciales ordinarios llevan aparejada una enorme lentitud en su resolución, de tal suerte que, cuando la resolución judicial definitiva se alcanza, en la mayoría de los casos, no resulta ya eficaz, y normalmente se desnaturaliza el objeto de la controversia entre las partes.

En tercer lugar, la **flexibilidad del procedimiento**. En efecto, como es de sobra conocido, son las partes las que deciden normalmente las normas por las que se ha de regir el procedimiento, señalando los plazos y duración del arbitraje (de acuerdo a sus necesidades e intereses), de tal suerte que el reglamento arbitral queda abierto a la autonomía de la voluntad de los arbitrados en el arbitraje-tipo "ad hoc", así como pueden escoger el reglamento arbitral diseñado por el centro de arbitraje administrado que mejor responda a sus necesidades.

En cuarto lugar, el **menor coste**. Como hemos señalado anteriormente, si tenemos en cuenta el tiempo ahorrado en el proceso, el arbitraje resulta normalmente más económico que el procedimiento judicial ordinario, al conseguirse una solución rápida de la controversia entre las partes. El plazo de duración del juicio arbitral está íntimamente relacionado con el factor coste.

Desde 2017 funciona un mecanismo de financiación de los costes del arbitraje, que facilita mucho la carga económica del usuario. Conocido como "Third-party arbitration funding", es un modelo inventado a partir de redes de financiación colectiva, mediante aportaciones económicas, conocidas como "crowdfunding", cuyo mayor exponente mundial es la plataforma Kickstarter. A través del "Third-party funding" una de las plataformas colectivas financian, a cambio de un precio o , frecuentemente, de un interés participativo en los resultados del arbitraje, el total o parte de los gastos legales de la parte interesada en el juicio arbitral; pero, como todo financiador, ellos escogen los abogados y controlan su trabajo, sin afrontar responsabilidad profesional alguna por su desempeño en el arbitraje. Han adquirido popularidad, y se consideran beneficiosas para el impulso de la solución arbitral.

En quinto lugar, la **confidencialidad.** La seguridad jurídica de los procedimientos judiciales exige que las actuaciones sean públicas. En este sentido, la privacidad del arbitraje supone una ventaja, al permitir que las disputas entre las partes no tengan que salir a la luz, solucionándose las controversias sin necesidad de que los datos, que deben quedar en la estricta confidencialidad de las partes, sean conocidos por terceros.

En sexto lugar, la posibilidad de **mantener y continuar relaciones comerciales**. Sabido es que el procedimiento judicial resulta necesariamente contradictorio, por lo que se corre el riesgo de dañar definitivamente las relaciones comerciales entre las partes implicadas, siendo así que, en algunos casos, esas partes en litigio lo único que pretenden es resolver algún punto en concreto que haya podido surgir en el contexto de sus relaciones comerciales, pero teniendo siempre presente su deseo de continuar con ellas en mutuo beneficio bajo contratos marítimos de largo plazo.

En séptimo lugar, **preferencia versátil del laudo arbitral sobre la decisión judicial**. Las razones que se apuntan a favor del laudo son múltiples: la posibilidad para las partes de elegir como ley aplicable al fondo del asunto aquella que resulte más apropiada por su relación con el negocio de que se trate; la posibilidad de que el laudo pueda tener carácter definitivo, si las partes acuerdan previamente la renuncia a la interposición de recursos contra el mismo; y, por último, la posibilidad de un reconocimiento de la resolución arbitral en otros Estados, y, consecuentemente, la de ejecución de sus efectos (eficacia extraterritorial) de manera más sencilla que en el supuesto de las resoluciones judiciales extranjeras. Así, en el comercio marítimo parece razonable que las partes que pretendan resolver sus conflictos de forma más rápida, eficaz y reservada, acudan a la institución arbitral.

La solución arbitral de las controversias surgidas en el ámbito del negocio marítimo no puede nunca suponer una fórmula de remedio ajena a los usos y costumbres del mercado marítimo ni, mucho menos, más onerosa económicamente y complicada que el mismo problema que se trata de resolver desde la perspectiva subjetiva de las partes involucradas. Se ha dicho, y con razón, que el arbitraje marítimo ha de ser siempre COMERCIAL, es decir, versado en la materia, rápido en la solución y rentable en el ejercicio.

Sin duda, la configuración internacional de los arbitrajes marítimos y la elección por el usuario pueden mejorarse mediante ciertos criterios incentivadores, recogiendo la experiencia como árbitro marítimo (particularmente, en Londres), me parece oportuno recomendar opciones que -a mi entender- conducirían a mejorar el "**cost effectiveness**" del arbitraje marítimo, como sigue:

1) Elegir un modelo de arbitraje institucional que permita una **duración breve del procedimiento arbitral**. En lo posible, no superior a seis meses (salvo prórrogas que devengan necesarias y sean pactadas por las partes). Un centro o asociación

arbitral que no garantice un control del tiempo del procedimiento, dejándolo en manos de los árbitros y de su agenda profesional, no me parece competitivo para las necesidades del mercado marítimo. El sistema de arbitraje "ad hoc" no permite el impulso y gestión del proceso necesarios a tal fin.

2) Elegir ***el arbitraje de equidad frente al de Derecho***. Con ello se faculta a los árbitros para que resuelvan la controversia conforme a su conocimiento y experiencia. No se precisan abogados, ni dictámenes legales, ni expertos en Derecho extranjero, ni se produce otra viabilidad de recurso contra el laudo arbitral más que en base a quebrantamiento de forma (abuso de poder del Tribunal Arbitral). El ahorro de gastos de letrados es importantísimo. Más aún lo es el aspecto de firmeza del laudo arbitral en cuanto al fondo. La Ley española de 1988 apostó, con enorme acierto, por el arbitraje de equidad frente al de Derecho, y ello benefició al negocio marítimo de forma indudable, pero la ley 60/2003 le dio la vuelta otorgando prioridad al de Derecho en casos de silencio de las partes en la cláusula arbitral. La Arbitration Act 1996 inglesa ha admitido las llamadas "equity clauses", o pactos sobre arbitraje de equidad, aunque con cierta reticencia legal y con un claro viso de excepcionalidad en la práctica del arbitraje marítimo inglés. Y es precisamente en Londres (cerca del 82% de los arbitrajes marítimos) donde las "equity clauses" más falta hacen con el fin de otorgar a los árbitros el mayor poder que necesitan: el de no someter su criterio obligadamente a una ley positiva, que casi invariablemente es la inglesa. Con ello evitaríamos los elevados costes de Solicitors, ayudantes de Solicitors, Counsel, junior Counsel y de legal expert witnesses, con las servidumbres de tiempo y complejidad que su intervención en el juicio arbitral supone. El arbitraje de equidad permite y concede, además, un mayor protagonismo a las partes y a sus asesores de plantilla.

3) Designación de un **árbitro único** (y no de tres o más). Siempre que sea posible, lo mejor es acordarlo así en la cláusula de arbitraje en el contrato. Los Tribunales arbitrales compuestos de tres o más no garantizan siempre la bondad de una decisión colegiada, sino que por el contrario conllevan avatares múltiples. Hay problemas de disponibilidad física de los árbitros, de formación de opinión, de reuniones y discusiones internas y, por supuesto, de votación del fallo y de redacción del laudo arbitral. Todo ello cuesta tiempo y dinero. Con Tribunales que prevén la designación o reserva de un tercer árbitro (por el viejo sistema del "umpire"), los costos adicionales se extienden a los honorarios del tercer árbitro en fases anteriores, o posteriores al momento de producirse el desacuerdo entre los dos árbitros nombrados cada uno por una parte y entre en funciones el tercero.

4) Si es posible, **fijar los honorarios de los árbitros** antes de su designación formal. En el modelo institucional, interesará elegir la institución administradora de arbitrajes que ofrezca unas tarifas de honorarios más razonable. En todo caso, siempre es más fácil resolver, o incluso negociar este aspecto, con una entidad dotada de un órgano administrativo y una lista permanente de árbitros que con cada árbitro bajo la fórmula "ad hoc".

5) Si resulta factible, pactar con el adversario autorizar al Tribunal Arbitral que decida la controversia **sobre documentos únicamente**, y con renuncia a otro tipo de pruebas (testigos, expertos, etc.). Este tipo de pacto tiene fuerte arraigo en la práctica inglesa, y supone un ahorro substancial para los contendientes de tiempo y de costo económico, obviándose a la vez todas las dilaciones y complicaciones que suponen el auxilio judicial en práctica de pruebas y las discusiones y resoluciones interinas sobre admisión de pruebas (susceptibles de recurso ante la jurisdicción ordinaria en algunos países).

6) Celebrar con el árbitro(s) una **reunión previa** a fin de establecer y organizar, en la forma más económica y conveniente, las fechas, notificaciones, remisión y copias de documentos, etc. sin olvidar que las partes pueden siempre actuar por sí mismas sin necesidad de letrados. Este acuerdo de procedimiento no es únicamente aconsejable para el modelo "ad hoc" (donde resulta imprescindible) sino también para un sistema de procedimiento-tipo como el institucional.

7) Elegir, en el caso de arbitraje institucional, aquella entidad administradora que pida previamente **provisiones de fondos** razonables para atender a los gastos del procedimiento. La tasa de administración inicial debe ser razonable y reducida. Hay entidades arbitrales, a nivel mundial, que piden depósitos de cantidad muy altos, que no resultan adecuados para el mercado marítimo.

8) **Evitar siempre foros arbitrales distantes de los domicilios de las partes**, con el fin de no incurrir más tarde en excesivos gastos de viajes, estancias y comunicaciones con el Tribunal y con los abogados (si intervienen). En general, todo contratante debe buscar un foro arbitral que no resulte extraño ni muy ajeno, por razón de geografía y cultura, a su propio entorno y al del contexto del negocio marítimo en el que surge la controversia. Si no es posible un acuerdo sobre foro con la otra parte, entonces valdrá la pena estudiar la posibilidad de movilidad del árbitro (mejor siempre, uno) a una localidad más cercana y equidistante. En este sentido, el movimiento ICMA (International Congress of Maritime Arbitrators) está trabajando intensamente en la promoción de intercambio efectivo de árbitros entre instituciones arbitrales situadas en países diferentes.

9) En los casos de práctica de pruebas testificales y periciales, tener en cuenta siempre en el momento de elegir árbitro(s) la posibilidad de que dicho árbitro(s) pueda por sus conoci-

mientos expertos actuar al mismo tiempo como **perito** en el procedimiento, facultándole para ello en su momento. Ello resulta factible sobre todo en los "arbitrajes de equidad", así en controversias relativas a explotación de buques (p.ej. reclamaciones de velocidad y consumo, demoras, off-hire, navegabilidad, etc.), a construcción naval, compraventa de buques, abordajes, salvamento y otras de importante contenido técnico y científico, por lo que es aconsejable escoger árbitros expertos y cualificados para pronunciarse sobre las materias de índole técnica que dividen a las partes. De tal forma que su preparación técnica y conocimientos prácticos no solo doten de confianza al proceso, sino que conduzcan a las partes a confiarles las tareas periciales mismas; es decir, logrando que el tribunal, a instancia de las partes, practique "ex oficio" la prueba pericial. Las ventajas son considerables porque, como ha demostrado la experiencia, los árbitros-peritos son capaces de orientar el sentido del Laudo "arbitrando" la prueba técnica y evitando la contradicción, y confrontación, de dos o más expertos traídos por cada parte a un coste elevado, sobre todo si la sede del arbitraje es lejana a sus lugares de residencia y si la práctica de la prueba dura varios días o semanas. Resulta conveniente acudir a la entidad administradora de arbitrajes que disponga de mejores, y más económicas, condiciones para practicar estas pruebas y sin necesidad de acudir al auxilio judicial, a menos que sea finalmente necesario.

10) Acordar en el convenio arbitral que la **parte perdedora correrá con las costas del arbitraje**, tal como viene previsto en el Art. 37.6 de la vigente Ley de Arbitraje española, previniendo que, a falta de acuerdo inicial, las costas serán adjudicadas por el tribunal arbitral, incluyendo los honorarios y gastos de los árbitros y, en su caso, los honorarios y gastos de los defensores o representantes de las partes, el coste de la institución administradora y los demás gastos causados en

el procedimiento arbitral. El principio de “costs to follow the event” ha tenido tradicionalmente éxito en el arbitraje inglés, pero en Londres se modificó atendiendo a las recomendaciones del Lord Chancellor (Lord Woolf) en el sentido de que esta regla tradicional y práctica debe ceder ante la discrecionalidad del Tribunal Arbitral para pronunciarse sobre las costas de forma más proporcionada y atendiendo siempre a la conducta de los litigantes en el juicio arbitral. El reparto de costas puede ser justo en principio, pero no responderá a la necesidad, latente en el comercio marítimo, de evitar arbitrajes y, una vez comenzado, defensas imposibles cuando las controversias y problemas deberían haberse resuelto amistosamente. Me parece muy adecuado la regla de incentivo prevista, como presunta, por el modelo de reglamento de la UNCITRAL estableciendo que la parte perdedora habrá de soportar las costas, salvo que el Tribunal considere más razonable y equitativo apartarse de la norma y hacer un reparto entre las partes en el caso concreto.

11) Elegir el modelo arbitral que permita una mayor actuación al árbitro para llevar a las partes a un **acuerdo amistoso o a mediar una solución** con ellas que ponga fin al juicio arbitral. Esta función conciliadora debería figurar incluso como requisito de procedimiento, con el fin de suplir la natural falta de voluntad de los interesados, voluntad que desaparece del todo cuando intervienen abogados cuya actuación lógicamente va presidida por el objetivo de ganar honorarios.

12) Por último, una iniciativa no vinculada al modelo “ad hoc” ni al “institucional” sino a la legislación arbitral imperante en el foro elegido. Las leyes arbitrales deben otorgar al Tribunal Arbitral una verdadera facultad para dictar **medidas cautelares y de aseguramiento sobre bienes** (p. ej., embargo preventivo de buques) propiedad de los litigantes para el buen fin de cumplimiento del laudo arbitral que en su día se dicte. Este poder arbitral, y no sólo para garantía de pago

de las costas procesales, existe en algunas jurisdicciones y es realmente un factor decisivo para acreedores de buena fe que se ven obligados a acudir al arbitraje para cobrar su deuda. La ley española 60/2003 concede al tribunal arbitral potestad para adoptar medidas cautelares, en su art.23, cuya ejecución coercitiva será tramitada con auxilio judicial (art.722 LEC 1/2000).

En suma, el sistema arbitral es por razón de su mayor aceptación internacional en el comercio, y aún más en los conflictos marítimos, la mejor opción de las analizadas para el usuario del mercado marítimo.

IX. La conciliación y la mediación en los litigios marítimos.

Los métodos de resolución de conflictos más puros son la conciliación y la mediación. En ambos está ausente la argumentación jurídica y la razón de la ley o de la equidad. Están introduciéndose lentamente, aunque con persuasión, en el ámbito del comercio marítimo.

Los términos "**conciliación**" y "**mediación**" son sinónimos, pero designan cosas diferentes, como veremos. El término "conciliación", equivalente a "avenencia" pertenece a nuestra tradición jurídica continental, estando presente en las jurisdicciones civil ordinaria y laboral como intento previo de avenencia que evite la iniciación del proceso. La confusión, no obstante, es frecuente e importante.

En la práctica internacional suele distinguirse entre una forma de avenencia clásica (conciliación de diferencias) y una forma más moderna de solución amistosa conducida que alude a las formas de mediación provenientes de los EE.UU. Las diferencias serían las siguientes:

-la conciliación encomienda su eficacia a la labor y prestigio de un avenidor o conciliador, por su ascendiente social, político, intelectual, etc. y por su experiencia en trabajar soluciones amigables. Las partes piden al conciliador que les asista en la búsqueda de un acuerdo, la solución conciliada, con la intervención de su autoridad y sano juicio, facilitándoles consejos y propuestas y, en último término, proponiéndoles una fórmula de arreglo o avenencia aceptable para las partes. Es decir, el conciliador "conduce de su mano" a las partes hacia la avenencia.

-la mediación es un proceso de avenencia en el que un mediador (o dos) apenas tiene poder de influencia, sino que debe trabajar en un acuerdo que las partes logren por si mismas y que surja de la propia labor mediadora a través de planteamientos y enfoques que les ayuden a encontrar un camino de solución. Es decir, el mediador ayuda a las partes a encontrar por sí mismas el arreglo sin proponer ni intervenir. Una fórmula híbrida es aquella en que, iniciada la mediación, en algún momento y de común acuerdo las partes solicitan al mediador labores de conciliación.

LA CONCILIACIÓN

a) por la vía judicial.

Esta fórmula, por paradójico que parezca, ha tenido y aún tiene un papel en la vía judicial. Los jueces y magistrados, bajo el marco del principio de legalidad contenido en la LEC y en la LPJ, han actuado en búsqueda de la avenencia entre las partes. En el Derecho comparado se observa una tendencia universal a confiar a los jueces funciones de avenencia, entendiendo que los jueces tienen la misión de facilitar y asistir a las partes en la búsqueda de un acuerdo que evite la continuidad del litigio a través de un procedimiento contencioso. El Derecho español ha regulado estas diversas formas de avenencia en juicio.

La forma más usada, desde la Ley de Enjuiciamiento de 1830, es la del intento de conciliación como requisito de acceso al proceso. El Acto de Conciliación era una actividad preprocesal, previo a la presentación de la demanda y facultativa para el actor y demandado, en la LEC 1881. Pretendía conceder a los futuros litigantes la oportunidad de solventar sus diferencias en presencia del Juez (en la actualidad, del Secretario Judicial). El Acto de Conciliación estuvo siempre desactivado de su objeto ni tuvo éxito en la práctica judicial, ya que las partes a través de sus representantes se limitaron tradicional y permanentemente a no aceptar la demanda ni transacción alguna mediante fórmulas estereotipadas como, p.ej., "no hay avenencia por las razones que opondré en su día"; incluso el Secretario Judicial daba por entendido que no había avenencia al comenzar el Acto. Desapareció con la nueva LEC 1/2000.

A partir de la nueva LEC la misión conciliadora del Juez no se extingue, sino que aparece destacadamente en la Audiencia previa al juicio(Capitulo II).El Secretario Judicial convoca a las partes a una audiencia previa (art.414.1) , en cuya convocatoria, si no se hubiera realizado antes, se informará a la partes de la posibilidad de acudir a una negociación para intentar solucionar el conflicto, incluido el recurso a una mediación, en cuyo caso éstas indicarán en la audiencia su decisión al respecto y las razones de la misma(par.2 del aptdo 1 de este artículo, sustituido por la disposición final 3.10 de Ley 5/2012 sobre Mediación). La audiencia se llevará a cabo para intentar un acuerdo o transacción de la partes que ponga fin al proceso; en atención al objeto del proceso, el tribunal podrá invitar a las partes a que intenten un acuerdo que ponga fin al mismo, en su caso a través de un procedimiento de mediación, instándolas a que asistan a una sesión informativa (par.3 y 4, del aptdo 1 sustituido por la misma disposición final 3.10 de la citada Ley de Mediación).Añadiremos que al efecto del intento de arreglo o transacción, cuando las partes no concurrieren personalmente sino a través de su procurador, habrán de otorgar a éste poder para renunciar, allanarse o transigir (art.414.2). Continúa el intento judicial por el arreglo amistoso en el art.415 (par.1 y 3, modificados por la disposición final 3.11 de la Ley de Mediación), de modo que "comparecidas las partes, el tribunal declarará abierto el acto y comprobará si subsiste el litigio entre ellas. Si manifestasen haber llegado a un acuerdo o se mostrasen dispuestos a concluirlo de inmediato, podrán desistir del proceso o solicitar del tribunal que homologue lo acordado. Las partes de común acuerdo podrán también solicitar la suspensión del proceso de conformidad con lo previsto en el art.19.4 para someterse a mediación o arbitraje. Si las partes no hubiesen llegado a un acuerdo o no se mostrasen dispuestas a concluirlo de inmediato, la audiencia continuará según lo previsto en los artículos siguientes. Cuando se hubiera suspendido el proceso para acudir a mediación, terminada la misma (sin éxito, debe entenderse), cualquiera de las partes podrá solicitar que se alce la suspensión y se señale fecha para la continuación de la audiencia".

b) por la vía arbitral.

La función conciliadora del Árbitro(s) no emana directamente de la ley, sino que es inherente al encargo de las partes y sólo puede concebirse como voluntad explícita de las mismas en el curso del juicio arbitral. Así, la Ley vigente de Arbitraje 60/2003, ha otorgado previsión a la actuación del árbitro como "amigable componedor", permitiéndole intervenir para lograr un acuerdo o facultándole para decidir en "equidad", es decir, conforme a su leal saber y entender, aunque las partes le señalen la aplicación de ciertas normas jurídicas (Exposición de Motivos VII). En el texto dispositivo (art.36.1) la ley arbitral contempla que las partes lleguen a un acuerdo que ponga fin total o parcialmente a la controversia, en cuyo caso el tribunal arbitral dará por terminadas las actuaciones con respecto a los puntos acordados y, si ambas partes lo solicitan y los árbitros no aprecian motivo para oponerse, harán constar ese acuerdo en forma de laudo arbitral en los términos convenidos por las partes. Esta norma permite el acuerdo transaccional dentro del arbitraje, como no podía ser de otra manera; pero lo más destacado es que autoriza al tribunal arbitral a convertir dicho acuerdo transaccional en un laudo a todos los efectos, es decir, de modo que el laudo arbitral no resulte de la decisión de los árbitros sino de la voluntad transaccional común de las partes. Esa posibilidad implica que las partes hayan alcanzado el arreglo amistoso de la controversia(s) sometida a arbitraje por sí mismas o de forma "extra arbiter decidendi". ¿Ha de deducirse que las partes puedan solicitar la intervención del tribunal arbitral como "amigable componedor" a fin de ayudarles a alcanzar el acuerdo?. Si así lo prevé la cláusula arbitral, sin duda. Si no estuviere previsto, tampoco vemos inconveniente alguno ya que las partes son los auténticos protagonistas soberanos del procedimiento arbitral, por lo que, si son capaces, según la norma expresa, de solicitar ambos que el acuerdo se eleve a la forma de laudo también podrán ser libres, siempre de mutuo acuerdo, para pedir que el árbitro(s) intervenga como conciliador, acordando una suspensión del procedimiento arbitral a fin de darle esa oportunidad. Este parecer tiene detractores que opinan que los árbitros estarían "contaminados", por haber conocido del asunto a través de las alegaciones y las pruebas, para poder actuar con neutralidad como conciliadores.

El modelo-tipo de la BIMCO para construcción buques nuevos, conocido como Standard Newbuilding Contract NEWBUILDCON, contiene una cláusula de arbitraje (la 42 -c , Arbitration and Mediation) que contempla que en los casos en que se haya comenzado un arbitraje una de las partes pueda, en cualquier momento, invitar a la otra por escrito a acordar una mediación; la parte que reciba la invitación por escrito tendrá 14 días para responder; si lo acepta, ambas partes tendrán un plazo de 14 días para convenir la designación de un Mediador concreto; si no hay acuerdo, a iniciativa de cualquiera de las partes el Tribunal Arbitral, o persona designada por el mismo, podrá nombrar el Mediador, cuya labor en lugar y conforme a un procedimiento determinado será convenida por las partes o, en su defecto, fijadas por el propio Mediador. Una vez emprendida la mediación, quedando el arbitraje en suspenso, ninguna información ni documentos intercambiados por las partes podrá ser revelada al Tribunal Arbitral. Las partes no perderán derecho alguno respecto a medidas cautelares; quedarán advertidas que la Mediación no interrumpirá plazo de prescripción alguno que haya recomenzado a correr al quedar el Arbitraje en suspenso; y los gastos de la Mediación serán soportados por las partes por mitades.

Dos aspectos interesantes a considerar son los siguientes:

- si la parte invitada a la Mediación no acepta, el Tribunal Arbitral podrá en su día tenerlo en cuenta a la hora de fijar las costas del Arbitraje. Esto incentiva la solución mediadora.
- por no prohibirlo expresamente la cláusula 42, las partes podrán siempre acordar que la figura del Mediador recaiga en uno de los árbitros que componen el Tribunal Arbitral, quien podrá rechazar la designación. En caso de aceptarla, no deberá entenderse que dicho Mediador estaría "contaminado" y que no sería imparcial por el hecho de haber formado parte del tribunal arbitral previamente ya que las mismas partes lo proponen mediante acuerdo; no obstante, deberá cesar automáticamente como árbitro, ya que no estará facultado para volver a integrar el tribunal arbitral, si la Mediación fracasa, en virtud del deber de confidencialidad absoluta a que la función mediadora le obliga, ya que de otro modo se produciría, efectivamente, una "contaminación de retorno", y en tal eventualidad un nuevo árbitro habría de ser nombrado. A fin de evitar esa consecuencia arbitral, el tenor de la Cláusula debería haberlo excluido especialmente, aunque pueda parecer que tal exclusión está implícita.

c) por acuerdo en el contrato.

Las cláusulas de conciliación son muy poco frecuentes en los contratos mercantiles, y prácticamente inexistentes en los marítimos. La UNCITRAL redactó un modelo de cláusula sumisoria, en el contexto de un reglamento, que fue aprobado por la Resolución 35/52 por la Asamblea General el 4 Diciembre 1980.

Por medio de la siguiente cláusula-tipo la UNCITRAL pretendió crear una patente internacional de referencia que motivase al mercado: "Cuando, surgida una controversia bajo o en relación con este contrato, las partes lograr un arreglo amistoso de la misma mediante conciliación, la conciliación tendrá lugar de conformidad con las Reglas de Conciliación de UNCITRAL que sean vigentes en tal momento".

Las Reglas de UNCITRAL se aplicarán, así, cuando lo hayan decidido las partes, las cuales pueden excluir o modificar alguna de ellas en cualquier momento(art.1.2), por lo que son reglas flexibles que actúan como patrón y no como modelo fijo.

El comienzo de la conciliación depende de la invitación hecha por una de ellas, y de la aceptación por la otra; si la invitación es rechazada, no puede haber conciliación, lo que puede ser entendido así si no responde a la invitación en el plazo de 30 días (art.2).

El conciliador (o conciliadores), al ser designado, solicita de cada parte una nota escrita descriptiva de la naturaleza general de la controversia y de los extremos en discusión entre las partes; seguidamente, puede pedirles una segunda nota explicativa de sus respectivas posturas y razones que las fundamentan, junto con las pruebas que cada parte desee facilitar al conciliador, quien podrá pedirles más información en cualquier momento del proceso (art.5).

El conciliador se conducirá, en su labor, conforme a los principios de objetividad, imparcialidad y justicia, teniendo en cuenta, entre otros factores, los usos y costumbres del concreto sector comercial y las circunstancias que condicionan la controversia, incluyendo toda práctica de negocios anteriormente usada entre las partes. (art.7.2).

El conciliador puede llevar a cabo su labor en la forma que estime más apropiada y conducente, teniendo en cuenta las circunstancias del caso, los deseos expresos de las partes, cualquier petición de vista oral, y la necesidad de lograr un acuerdo rápido (art.7.3).

El conciliador puede, en cualquier momento del proceso, hacer propuestas a las partes sobre cómo llegar a un acuerdo(art.7.4) y las partes podrán hacer sugerencias en tal sentido al conciliador (art.12).Puede tener reuniones y comunicaciones con las partes, juntas o por separado, en los lugares más convenientes consultados con las partes(art.9).El conciliador , normalmente, pasa a la otra parte toda información recibida de una de ellas, a menos que la misma le sea entregada sujeta a confidencialidad (art.10).Por tanto, la conciliación difiere de la mediación en tales iniciativas o intervenciones del conciliador.

Cuando el conciliador estime que hay sobre la mesa elementos suficientes para un arreglo transaccional que sería aceptable para las partes, entonces lo formula por escrito y somete un borrador a las partes para que hagan observaciones; tras recibir las mismas, puede reformularlo de nuevo. (art.13.1). Si se llega finalmente a un acuerdo, entonces lo redacta y las partes lo firman, emitiendo el acuerdo así firmado, con lo que finaliza la controversia y el proceso de conciliación (art.13.2).

El conciliador y las partes deben mantener en confidencialidad todos los asuntos desarrollados en el procedimiento, desde luego confidencial es también el contenido del acuerdo amistoso, salvo que deba ser revelado a los efectos hacerlo cumplir, o sea, de su ejecución(art.14).

La conciliación finaliza con el acuerdo amistoso, pero también si el conciliador y las partes llegan a acordar que no hacen falta más esfuerzos conciliatorios, o si las dos partes deciden ponerle fin, o incluso si una parte se retira del proceso informando a la otra parte y al conciliador (art.15). El proceso de conciliación es inocuo, en el sentido en que cualquiera de las partes puede apartarse del mismo sin que permanezca vinculante sobre las partes el pacto de sumisión inicial.

El aspecto, quizás, más importante del reglamento de UNCITRAL es el de la relación entre la conciliación y otros procedimientos de resolución de controversias. Según el Reglamento las partes se comprometen a no emprender ningún arbitraje ni procedimiento judicial en relación con la controversia que es el mismo objeto de la conciliación. Hay una excepción, consistente en que se vean obligadas a hacerlo para preservar sus derechos en el caso de que la conciliación fracase, p.ej., la interrupción de la prescripción de las acciones que en derecho les corresponda, la solicitud de medidas cautelares, la declaración de concurso de acreedores, et. La fragilidad de la conciliación era evidente. El conciliador y las partes convienen, al inicio, la incompatibilidad del conciliador para actuar como árbitro, representante o abogado de cualquiera de las partes en cualquier procedimiento arbitral o judicial que tenga como objeto la misma controversia que se ventila en la conciliación, así como que el conciliador no prestará testimonio en ninguno de tales procedimientos(art.19), lo que es plenamente lógico, aunque si el acuerdo amistoso alcanzado no se cumple y la parte perjudicada se ve obligada a acudir a la justicia ordinaria para ejecutar el mismo como si fuera un contrato, es decir, iniciando un juicio declarativo; carece de sentido de que no pueda aportar prueba de dicho acuerdo con el fin de iniciar un camino mucho más corto como sería el proceso monitorio. Aún más complicado es el compromiso (art.20) de no utilizar, en aras de la confidencialidad, pruebas (documentos, admisiones, opiniones, reconocimientos, propuestas y sugerencias) existentes en el expediente de conciliación en otros procedimientos arbitrales o judiciales, aunque el objeto litigioso sea distinto de la controversia sometida a conciliación; ese tipo de compromiso parece cercano a fracasar.

La razón última quizás se encuentre en que la conciliación es un recurso libre y pactado de buena fe y mientras su resultado (el acuerdo transaccional) no sea equivalente a un laudo o una sentencia, es decir, carezca del valor de cosa juzgada no será realista confiar en que la buena fe se mantendrá, mediante estos compromisos, una vez rotas las hostilidades mediante el incumplimiento voluntario del acuerdo alcanzado por el conciliador.

El reglamento de UNCITRAL fue aprobado en 1980.

En 2008 fue emitida la Directiva EU del Parlamento y del Consejo 2008/52/CE, de 21 Mayo 2008, sobre ciertos aspectos de la mediación en asunto civiles y mercantiles, por cuya virtud los acuerdos transaccionales vertidos en un documento firmado por el mediador y las partes adquiría plena fuerza de obligar y de ejecución. La Directiva EU no distinguía entre "conciliación y mediación" ya que, sobre el concepto, referido por **"mediación"** entendía **aquel medio de solución de controversias, cualquiera que sea su denominación, en que dos o más partes intentan voluntariamente alcanzar por sí mismas un acuerdo con la intervención de un mediador.**

Las consecuencias fueron importantes para la conciliación/mediación en el comercio marítimo como veremos a continuación.

LA MEDIACIÓN

Como concepto inclusivo de la Conciliación a partir de las Reglas de UNCITRAL 1980 y de la práctica internacional, la intervención de un Mediador para resolver los conflictos marítimos ha tomado cuerpo en el espacio europeo, al que pertenecemos, a partir de la citada Directiva 2008/52/CE y de su transposición a España mediante el Real-Decreto Ley 5/2012, de 5 Marzo, de mediación en asuntos civiles y mercantiles. Dicha normativa será aplicable a la mediación marítima, en virtud de lo previsto en el art.2 (1 y 2), en defecto de pacto expreso, cuando al menos una de las partes tenga su domicilio en España y la mediación tenga lugar en territorio español; por tanto, la normativa alcanza a los conflictos transfronterizos. Sin embargo, el comercio marítimo no es únicamente europeo sino internacional; puede pensarse que el pacto expreso a la normativa española sólo va a producirse en una mediación entre entidades nacionales, y que es altamente improbable que lo sea cuando intervenga una parte no española, en cuya relación tienen dominante referencia las Reglas de UNCITRAL 1980, en cuanto recogidas por la mayor parte de las instituciones mediadoras operantes en el ámbito internacional. Este factor de aplicación relativa tiene su importancia, y su ventaja, para el comercio marítimo según explicaremos más adelante.

¿Por qué la Mediación para los litigios marítimos?.

-Una mediación toma mucho menos tiempo que un arbitraje o que un procedimiento judicial, e implica costos considerablemente menores.

-El proceso de mediación permite a las partes llegar a soluciones que no hubieran podido lograrse a través de un procedimiento contencioso, como el arbitraje o el juicio ordinario, y que, por tanto, no hubieran podido pronunciarse en un laudo arbitral o en una sentencia judicial. Por ejemplo, es posible que las partes prefieran resolver una controversia contractual renegociando los términos del contrato. Mientras que en una mediación la renegociación de un contrato es posible, es muy poco probable hallar un fundamento jurídico que permita solicitar esta opción a un árbitro o a un juez.

-El mediador no está obligado a observar, los principios de igualdad, audiencia y contradicción en relación con las partes; sino que goza de una amplia maniobrabilidad para conducir el procedimiento a buen final.

-Contrariamente a los procedimientos contenciosos, que se concentran en los derechos legales de las partes, la mediación les ayuda a tener en cuenta también los intereses comerciales y de otro orden, tan presentes y contingentes en el tráfico marítimo. Esta es una característica diferencial muy importante, porque el proceso de mediación puede ayudar a las partes a comprender mejor sus necesidades e intereses recíprocos para, de este modo, buscar una solución que satisfaga tales intereses y necesidades en la medida de lo posible y en el menor lapso de tiempo.

-La mediación, en el negocio marítimo, puede ser una herramienta particularmente útil cuando las partes enfrentadas mantienen relaciones regulares (p.ej., en los casos de una *joint venture* de servicios logísticos o de un contrato de suministro a largo plazo, o desde luego de un contrato de fletamento por tiempo). En ese tipo de relaciones, la mediación puede ser menos perjudicial que un procedimiento arbitral o judicial.

¿Cómo se desarrolla la mediación?

-La mayoría de las mediaciones se basan en la celebración de una o varias sesiones con la participación de todas las partes, sus asesores (en su caso) y el mediador. El número de sesiones, al igual que la duración y el objeto de cada una de ellas pueden adaptarse a las necesidades del caso y al enfoque favorecido por el mediador y las partes. Incluso en los casos de gran magnitud, es posible que se organice una sola sesión de mediación que, p.ej., dure un día entero.

-Durante las sesiones de mediación, el mediador podrá reunirse conjuntamente con todas las partes (reuniones conjuntas) o con una o más partes sin la presencia de las otras partes (reuniones privadas). La proporción de reuniones conjuntas y privadas dependerá de las circunstancias del caso y del enfoque favorecido por el mediador, compartido por las partes y sus asesores.

-Comúnmente, las discusiones o reuniones privadas entre el mediador y una parte son confidenciales. El mediador se compromete a no divulgar a ninguna otra parte cualquier información nueva que se haya discutido en el transcurso de dichas reuniones sin autorización expresa. Sin embargo, toda parte podrá solicitar específicamente al mediador que transmita a la otra que información nueva, y el mediador podrá solicitar autorización para divulgar aquella información que, en su opinión, puede ayudar a las partes a resolver la controversia.

-El mediador se esforzará en crear un ambiente propicio en todas las reuniones para que las negociaciones sean constructivas, si bien la finalidad de cada reunión puede variar. Las partes y/o sus asesores podrán dedicar algunas reuniones para hacer presentaciones entre ellas. Otras reuniones podrán ser utilizadas por el mediador para estudiar los antecedentes de la controversia, definir los intereses y las necesidades de cada una de las partes para alcanzar un beneficio mutuo y valorar soluciones alternativas para llegar a un acuerdo. En una etapa más avanzada del proceso, las reuniones podrán destinarse a la negociación, mediante un intercambio de ofertas y contraofertas de manera directa o a través del mediador. Si las partes llegan a un acuerdo, las reuniones podrán utilizarse para establecer los términos de dicho acuerdo y incorporarlos a forma escrita.

-En algunos casos, puede resultar oportuno dejar pasar algunos días o algunas semanas entre las diferentes sesiones de mediación. Puede ser útil que las partes se reúnan primero para discutir y hacer presentaciones entre ellas sobre la controversia y, en una fecha ulterior, para negociar la solución. Estas pausas o intervalos entres sesiones pueden ser beneficiosos para la maduración de acuerdos..

-En otras circunstancias, puede ser apropiado celebrar una sola sesión durante dos o más días consecutivos. Este puede ser el caso cuando la controversia involucra a varias partes y el mediador necesita más tiempo para reunirse individualmente con todas.

-En cada caso, las partes, sus asesores y el mediador deben considerar qué tipo de sesiones de mediación pueden ser más oportunas para lograr una solución exitosa y constructiva de la controversia.

-Si no se consigue alcanzar un acuerdo al finalizar la sesión o las sesiones de mediación, el mediador, con el acuerdo de las partes, podrá seguir trabajando con ellas durante los días y las semanas siguientes para ayudarlas a continuar las negociaciones. Esta ayuda adicional puede prestarse en la manera que resulte más práctica y conveniente, p.ej., mediante comunicaciones telefónicas, correos electrónicos, videoconferencias o reuniones.

La **mediación marítima** surge y crece a partir de dos circunstancias preponderantes, a saber:

1. La validez del acuerdo de solución (mediation agreement) con fuerza vinculante y ejecutoria, equivalente a la de un laudo arbitral o una sentencia ordinaria. Consagrada por la Directiva UE 2008/52/CE e instaurada progresivamente en la mayoría de las legislaciones nacionales, sean Estados miembros de la Unión Europea o no.

2. El descontento del mercado marítimo ante el elevado coste y dilación de los juicios arbitrales en asuntos marítimos, que en su mayor parte tienen lugar en Londres.

En razón a tal contexto, relativamente reciente, puede hablarse de la mediación marítima como un posible competidor del arbitraje marítimo.

A nivel internacional la mediación marítima se ha desarrollado y practicado por las siguientes organizaciones más destacadas:

-el CEDR (Centre for Efective Dispute Resolution), Londres. En 2002 contaba con 10 Mediadores Marítimos. Es una organización independiente no lucrativa sostenida por empresas multinacionales y agrupaciones de profesionales libres. Integra una lista específica de mediadores marítimos. Facilitan servicios de mediación y al mismo tiempo colaboran estrechamente con los Clubs de P&I y la industria marítima a los efectos de instruirlos en el conocimiento y conveniencia del uso de la mediación. Su objetivo es fomentar y desarrollar la mediación, así como otros métodos de resolución de controversias de forma rentable para los sectores comerciales públicos y privados.

-el MSMS (Maritime Solicitors Mediation Services), de Londres. Fue constituido por 19 bufetes maritimistas ingleses, que fundaron el MSMS con el principal objetivo de promover el uso de la mediación en los sectores del transporte marítimo y de los seguros marítimos con el fin de que las partes en conflicto logren soluciones eficaces y de bajo coste.

-la BIMCO, en Copenhague. La Cámara Internacional de Navieros utiliza documentación estándar tipo ADR (Alternative Dispute Resolutions) en el sector de la industria marítima y dispone de una cláusula de Arbitraje-Mediación, de interesante contenido e influencia.

-la LMAA (London Maritime Arbitrators Association), que dispone de un reglamento de mediación marítima.

-la SMA, de New York (Society of Maritime Arbitrators). Cuenta con mediadores marítimos y dispone de un reglamento de mediación marítima.

-la Chambre Arbitrale Maritime, Paris, centro de arbitraje marítimo.

-la Hong-Kong Maritime Law Association (HKMLA). Fundada en 1978. Ofrece servicios de arbitraje y mediación.

-el IMCAM Panel, de Londres (International Maritime Conciliation and Mediation Panel). Constituido en 2006, con una lista de 40 mediadores marítimos de renombre internacional. Es la única organización mediadora marítima transfronteriza. La iniciativa fue emprendida en Septiembre 2005 por un grupo de acreditados expertos en litigios marítimos, cuyo vínculo común era una abundante experiencia (como abogados, jueces, árbitros, profesionales técnicos navales, ajustadores y asesores de seguros y de empresas de navegación) que les había llevado a la conclusión de que la resolución de los litigios marítimos por medios litigiosos y complejos no constituía un objeto práctico eficaz en términos de coste y tiempo. El Panel fue fundado en Londres el 13 Octubre 2006, siendo elegido el autor de esta obra como su primer Presidente. En el IMCAM Panel se integraron mediadores procedentes de 26 países y 5 continentes. Entre ellos, Jonathan Lux, en la actualidad mediador de primera fila en Londres a través de su gabinete “Lux Mediation”. La labor del IMCAM Panel se desarrolla por medio de un reglamento inspirado en las mencionadas Reglas de la UNCITRAL para Conciliación y mediación Internacional 1980.

La cláusula-tipo del IMCAM Panel para Conciliación/Mediación indica lo siguiente:

> "En el caso de que una o más controversias surgidas de o en relación con este contrato hayan de ser resueltas por deseo de las partes mediante un acuerdo transaccional obtenido a través de conciliación/mediación, a pesar de la existencia de una cláusula de arbitraje/jurisdicción vinculante en el contrato, la controversia(s) serán sometidas previamente a uno de los conciliadores/mediadores escogidos de la lista permanente del IMCAM Panel, sin por tal sumisión previa renunciar a la cláusula de arbitraje/jurisdicción del contrato. El mediador actuará de conformidad con las Reglas del IMCAM Panel para Conciliación/Mediación Marítimas y ejercerá su labor durante un plazo de TRES MESES, prorrogable, a cuyo término el proceso de Conciliación/Mediación quedará finalizado si las partes no llegaron a alcanzar un acuerdo amistoso."

Las Reglas más sobresalientes del Imcam Panel, único modelo marítimo existente en 2006 a nivel mundial, son las siguientes:

-se aplicarán en virtud de convenio entre las partes, teniendo en cuenta que cederán ante toda norma jurídica de carácter imperativo (art.1).

-el lugar para las sesiones será determinado por el conciliador/mediador, tras consultar a las partes, en ausencia de pacto expreso previo (art.4).

-el procedimiento comienza en el momento en que una parte acepta la propuesta de conciliación o mediación que le hace la otra; si lo hace verbalmente, debe confirmarlo por escrito (art.6.2).

-el número de conciliadores/mediadores es convenido por las partes, en su defecto será designado uno solo. Si las partes designaran a dos, ambos actuarán conjuntamente(art.7).

-las alegaciones consistirán en una breve descripción por escrito de la naturaleza de la controversia y de los extremos de desacuerdo. Ambas partes lo harán separadamente y lo remitirán al conciliador/mediador, con copia a la otra parte. En cualquier momento del proceso el conciliador/ mediador puede solicitar información adicional de cualquiera de las partes como estime oportuno (art.10).

-el papel del conciliador/mediador consistirá en ayudar a las partes, de forma independiente e imparcial, a llegar a una solución amistosa del litigio. A tal fin se guiará por los principios de neutralidad, honestidad y justicia y tendrá en cuenta, entre otras cosas, los derechos y obligaciones de las partes, los usos comerciales del negocio de que se trate y las circunstancias que conforman los hechos incluyendo anteriores prácticas comerciales utilizadas por las partes. El conciliador/mediador dirigirá las sesiones y el proceso en la forma que estime más apropiada, ponderando las circunstancias del caso, la voluntad de las partes y la necesidad de una rápida conclusión del litigio. En cualquier momento podrá dar consejos y hacer recomendaciones a las partes a los fines de alcanzar un consenso, las cuales no exigirán forma escrita ni razonada. Si las partes así lo acuerdan, un mediador podrá formular a las partes propuestas o sugerencias concretas para finalizar el litigio en un momento oportuno para tal objetivo. (art.12). No obstante, cada parte podrá someter al conciliador/mediador propuestas de solución, que no tendrán valor vinculante a menos que sean expresamente aceptadas por la otra parte (art.16).

-la información que reciba el conciliador/mediador de una de las partes es secreta y no la trasladará a la otra a menos que sea autorizado expresamente por la parte facilitadora de la información. Las partes, entre sí, serán responsables de intercambiar toda información relativa a los hechos (art.14).

-respecto al **acuerdo de solución,** el conciliador/mediador tendrá especial atención al momento en que, a su juicio, existan elementos indicativos o se den las circunstancias para un acuerdo amistoso, en cuyo caso podrá formular a las partes una propuesta con sus términos y condiciones, pidiendo a las mismas sus comentarios u observaciones. Una vez recibidas, el conciliador/mediador podrá reformular la propuesta recogiendo tales observaciones. Si hay consenso y se llega a un acuerdo definitivo, las partes lo pondrán por escrito y lo suscribirán, o pedirán al conciliador/mediador que lo redacte por ellos. Con la firma del acuerdo se pondrá punto final al proceso, quedando las partes obligadas a cumplirlo. El conciliador/mediador podrá firmar con ellos para dar fe de tal acuerdo o podrá firmar como testigo del mismo (art.17). Todo el proceso es confidencial incluido el contenido del acuerdo de solución, que no obstante podrá ser desvelado si así lo exigiera el trámite de reconocimiento o de ejecución(art.18).

-en cuanto a otros procedimientos arbitrales o judiciales sobre la misma controversia(s), las partes se comprometen a no comenzar, durante el período de conciliación/mediación, ningún arbitraje ni juicio ordinario en relación con el litigio que es objeto de la conciliación/mediación, a menos que ello sea necesario -a criterio de la parte- para proteger sus derechos relativos al plazo de prescripción de las acciones nacidas del litigio, en cuyo caso y momento la conciliación/mediación quedará en suspenso, pero no finalizada ya que las partes pueden acordar su restablecimiento y continuación en todo momento después de la actuación arbitral o judicial mencionada(art.20). Cuando la mediación tiene lugar durante el procedimiento arbitral, puede ser conveniente suspender este último para dar tiempo a la celebración de la mediación (se llama "ventana de la mediación"). Esta suspensión permite que las partes se concentren en la mediación sin tener que estar pendientes de cumplir las formalidades del arbitraje y de incurrir en los costos que conllevan estas formalidades cuando el acuerdo de solución es posiblemente inminente. En otros casos, las partes pueden preferir que la mediación se desarrolle sin necesidad de suspender el arbitraje, pero no es recomendable en el contexto marítimo, por ser reacio a pérdidas de tiempo y costos innecesarios.

Las partes expresamente se comprometen a no usar para fines probatorios en un arbitraje o en juicio ordinario, aunque tales no guarden relación con el objeto del proceso de conciliación/mediación, lo siguiente: a)opiniones expresadas o propuestas hechas por la otra parte respecto a un posible arreglo amistoso; b) admisiones o aceptaciones realizadas por la otra parte en el curso de las sesiones de conciliación/mediación; c) propuestas formuladas por el conciliador/mediador, y d) el hecho de que la otra parte haya podido indicar su voluntad de aceptar una propuesta de solución planteada por el conciliador/mediador (art.23).

-en materia de costas, las mismas serán convenidas por las partes antes de comenzar el procedimiento, aunque puedan ser ajustadas durante el trámite hasta su final. Solamente comprenderán los honorarios razonables del conciliador/ mediador, sus gastos de desplazamiento y estancia (consentidos por las partes), los honorarios y gastos de cualquier experto o perito consultado por el conciliador/mediador con el permiso de las partes, los honorarios y gastos del secretariado, todos los cuales serán compartidos por igual por las partes y soportados solidariamente, quedando entendido que cualesquiera otros costes incurridos por las partes a su conveniencia y para su uso serán soportados por la parte que los haya incurrido(art.21).

-La mediación marítima ya está introducida en el mercado desde hace años. Esa penetración obedece, en particular, al estado comparativo con el arbitraje. ***Los ADR no deben ser valorados como un remedio o solución contra las dificultades que***

surgen en los tribunales ordinarios, sino como un método consensuado para lograr la armonía social, en muchos casos, más indicado que el recurso al juicio ordinario o al arbitraje (Green Paper, Londres, 1996).

Ante todo, las partes contendientes deben pensar, cuidadosamente, si sus diferencias son aptas para una mediación y si el momento es oportuno. Antes de embarcarse en un proceso mediador las partes pueden necesitar completar su información de mercado y de contingencias a fin de evitar pérdida de tiempo, costes y fracaso si van a la mediación ciegamente por consejo amigo, como suele suceder. De ahí que sea recomendable a las partes solicitar ayuda y recomendaciones sobre su caso de forma que puedan decidir si acudir a la mediación o, p.ej., a la negociación pura y simple. La mediación puede ser muy apropiada en litigios de gran complejidad, cuya resolución por medio de arbitraje o pleito ordinario conlleve grandes riesgos de costes, dilación y, sobre todo, incertidumbre sobre el resultado final para una o para las dos o más partes. Debe quedar claro que la mediación no sustituirá aquel arbitraje que ofrece bajos costes (desgraciadamente, los menos) ni otros métodos que deciden ciertas cuestiones técnicamente delimitables (como, p.ej. la "adjudicación" en contratos de construcción naval).

En muchos contratos marítimos puede utilizarse la mediación/conciliación de forma previa o integrada con el arbitraje. En algunas cláusulas de mediación está prevista la integración con el arbitraje. P.ej., nada impide a las partes suspender un arbitraje y abrir un proceso de mediación que, en caso de tener éxito, ponga fin al encargo arbitral; los árbitros marítimos, en general, vemos con buenos ojos que las partes exploren soluciones amistosas o que, incluso, soliciten la ayuda conciliadora del árbitro con sus pensión de las actuaciones arbitrales, ya que en caso de alcanzar un acuerdo transaccional las partes pueden solicitar al árbitro que dicte tal acuerdo en forma de laudo arbitral(naturalmente, ya no tan necesario en virtud de la fuerza vinculante del acuerdo de mediación a partir de la precitada Directiva Europea).

Puesto que la mediación puede surgir de pacto previo al efecto o no, ya que está siempre disponible con flexibilidad frente a otro acuerdo vinculantes de resolución de litigios, ofrece una viabilidad muy interesante en los casos de accidentes marítimos en los que la responsabilidad surge extracontractualmente entre los buques afectados y, de forma cruzada ex contractu entre los cargamentos que portean. Asimismo, los accidentes marítimos suelen concernir a partes diversas y ser atraídos competencialmente en diferentes jurisdicciones. Tal escenario de gran complejidad litigiosa (sin olvidar los Convenios internacionales de 1910 sobre responsabilidad civil y penal en materia de abordaje), puede ser superado, con un ahorro de costes muy elevado, mediante una sencilla mesa de mediación/conciliación con el objetivo de obtener una solución global para todas las partes involucradas. La lógica es tan meridiana que, sin dejar de lado los costes y gastos de todo tipo, la mediación ayudaría a los interesados a superar bloqueos legales, dilaciones prolongadas, y concentrar sus esfuerzos en la solución y reparación de los daños personales y comerciales. Un caso como el del **"Prestige"** ha cumplido ya 22 años de litigiosidad y su final está aún por ver. Otro comparable va a serlo el del **"Ever Given"**, en el Canal de Suez.

Se ha considerado, en jurisdicciones varias (como la española en la vieja LEC 1881) la "conciliación obligatoria". En los tiempos actuales, es una opción a desdeñar por cuanto la única mediación que puede y suele triunfar es aquella a la que las partes acuden voluntariamente; es decir, si las partes no tienen intención de transar un litigio, entonces el proceso mediador es inútil. Pero, sin embargo, defenderemos que exista una incentivación en favor de la mediación, p.ej., la contendida en la Mediation Clause de la BIMCO: " if the other party does not agree to mediate , that fact may be brought to the attention of the (arbitral)

Tribunal and may be taken into account by the Tribunal when allocating the costs of the arbitration as between the parties".

En los casos siguientes la mediación **no** sería el método más aconsejable:

Cuando el contrario es mal pagador y es conocida su preferencia por dilatar los procedimientos.

Cuando el contrario está a punto de entrar en concurso de acreedores, o de llegar a ser insolvente.

Cuando una o las dos partes necesitan un "precedente legal", es decir, una respuesta jurídica.

Cuando resulta necesario adoptar, incluso urgentemente, medidas cautelares a fin de proteger activos o evitar la desaparición de pruebas.

Desde la perspectiva de la mediación marítima la cuestión más interesante no es otra que su **estudio comparado con el arbitraje marítimo**:

-Ventajas:

1) Rapidez: normalmente un mínimo de siete días y un máximo de tres semanas Si se produce el acuerdo antes, se ahorran honorarios del mediador y gastos de gestionar el proceso.

2) Ausencia de dilaciones: la mediación puede desarrollarse y continuarse en forma paralela a un arbitraje o un pleito, en condiciones de confidencialidad y de "sin prejuzgar". Ninguna de las partes puede utilizar la mediación como táctica dilatoria.

3) Económica: el ahorro en gastos legales es considerable. El coste de la mediación se calcula en base a honorarios (del mediador) por 1 día, cuya tarifa puede oscilar entre 2.500 y 3000 dólares americanos. Los honorarios y gastos corren a partes iguales de las partes. El trabajo documental suele durar un día.

4) Flexibilidad: las partes pueden responder y cambiar su respuesta después. Pueden aplazar las sesiones de mediación a días posteriores, y pueden en todo momento suspender el proceso de mediación.

5) Soluciones flexibles: la mediación apunta a cuestiones legales y necesidades comerciales de ambas partes, de forma que con ayuda del mediador/conciliador se logre llegar a resultados prácticos allí donde árbitros y jueces no pueden conseguirlo. (p.ej., soluciones crematísticas tales como futuras operaciones de negocios entre las partes). El mediador no tiene necesidad de descifrar cuestiones jurídicas ni de elaborar motivos para el acuerdo transaccional final, que será el que deseen las partes suscribir.

6) Futuras relaciones de negocios: la mediación preserva, repara, reconstruye y crea nuevas oportunidades de relación comercial y de reputación de mercado.

7) No actitud de reto: ninguna de las partes se plantea vencer o convencer a la otra, sino llegar a una solución amistosa; sin perdedor ni ganador.

8) Actuaciones individuales: el proceso de mediación permite que intervengan y actúen las personas que conocen el asunto por si mismos; abre conversaciones entre ellos y a través del mediador.

9) Intervención de una persona neutral: el mediador/conciliador ayuda a las partes a superar puntos muertos, bloqueos emocionales, y les da oportunidades para reexaminar sus respectivas posiciones. El mediador no indicará nunca quien lleva razón o no; lo único y máximo que puede hacer es vislumbrar y abrir caminos para una solución amistosa.

10) Comunicaciones: las partes pueden comunicarse con el mediador, quien les ayudará a clarificar el caso de cada uno frente a su oponente. El mediador habla y escucha a ambas

partes confidencialmente, lo que le concede una perspectiva única de arreglo.

11) Confidencialidad: las discusiones e intercambios por escrito no pueden ser revelados, así las partes pueden hablar sin temor a consecuencias adversas.

12) Control: las partes poseen el control del proceso. Son ellas las que hacen la decisión, con ayuda conciliatoria si lo necesitan, que constituirá la solución transaccional. Su control es ilimitado, y no están sometidas a responsabilidad (a diferencia de una institución arbitral o de un juez).

13) Sin abogados: los letrados, de empresa o exteriores, no intervienen.

14) No es vinculante hasta que se haya alcanzado una solución, que será suscrita con el mediador/conciliador por las mismas partes.

15) Adaptable a controversias multiparte: la mediación sirve particularmente para dar cabida a todos los interesados en el mismo conflicto de forma que se alcance una solución válida y eficaz para todas las diferencias, sean o no de las mismas partes o de otras afectadas por el mismo conflicto.

16) Preparación profesional: en mediaciones el mediador ha de hacer uso, con frecuencia, de técnicas psicológicas y de habilidades de convencimiento que no son comunes. De ahí que sea conveniente acudir a un mediador/conciliador capacitado y, deseablemente, profesional.

-Desventajas:

1) Jurisdicción: el comienzo de una mediación no equivale al inicio de un procedimiento judicial o arbitral, y por tanto no requiere competencia territorial.

2) No interrumpe ni protege plazos de prescripción: salvo que las partes acuerden suspender un procedimiento ya en curso.
3) El proceso de mediación no permite la publicidad de información alguna, que pueda ser utilizada en otros foros.
4) el mediador no dicta resolución alguna, que pueda servir de precedente o de guía legal para las partes en el futuro.

El Mediador y sus capacidades

Para una mediación marítima es demasiado importante escoger un mediador que dé el perfil adecuado. Porque sus capacidades deben estar en consonancia con el medio comercial específico.

A tales efectos podemos enfocar su idoneidad atendiendo a su capacidad "evaluativa" y "facultativa".

En virtud de la primera el mediador observará y valorará las posturas de ambas partes; compartirá o no sus puntos de vista; les proveerá el análisis que estime más correcto; incluso les sugerirá parámetros de transacción, intentando en todo momento acercar a las partes. En esa labor, tendrá especial importancia que les plantee los costes que las alternativas judicial y arbitral podrían devengar. A menudo, jueces retirados o ex árbitros pueden ofrecer buen criterio evaluativo, que será necesario cuando los abogados de las empresas contenientes encuentran dificultades para valorar las reclamaciones y evaluar sus posibilidades de éxito en juicio o en arbitraje. Asimismo, las partes no se orientan bien en los casos de reclamaciones y reconvenciones, en los que cada una entra en la mentalidad de que difícilmente va a la librarse de pagar al contrario alguna suma de dinero. Por todo ello, las partes, una u otra, suelen ser poco realistas en las expectativas transaccionales, por lo que un mediador de experiencia y con visión global será capaz de reunir a las partes en torno a una solución.

La capacidad "facultativa" del mediador le llevará a poner el punto de mira en los intereses comerciales que aconsejarían un arreglo amistoso, informándose de las precisas situaciones y debilidades de cada parte, de forma que les transmita un impulso participativo, con el contrario, hacia la vía transaccional.

El mediador idóneo ha de ser "evaluativo" y "facultativo", pero hace falta otros méritos, a saber:

-debe poseer un conocimiento suficiente del comercio marítimo

-entender las reglas del mercado.

-conocer y comprender los remedios procesales cautelares (embargos preventivos de buques, inmovilización de mercancías y de pagos de fletes).

-saber inglés y dominar el vocabulario marítimo.

-estar familiarizado con las empresas marítimas.

-conocer los entresijos de la navegación y del transporte de mercancías por mar.

Las partes no han de educar al mediador marítimo, sino saber elegirlo.

Para tener éxito en la elección será necesario tener en cuenta aspectos como los siguientes.

a) si la controversia o reclamación va a caer, últimamente, en manos de un juez (y, en su cado, de un jurado). P.ej., en los casos de daños y lesiones personales que son objeto de reclamaciones de pasajeros contra las navieras cruceristas, resulta casi inevitable no acabar en juicio porque las partes han de consultar a sus aseguradores respectivos. Un mediador debe saber moverse en ese trasfondo, y buscar llegar a soluciones tipo modelo o tipo baremo indemnizatorio que permitan ofrecer un objetivo amistoso global y no deje pleitos pendientes.

b) cuando el caso sea complejo, tanto sustantiva como procesalmente, debiendo afrontar cuestiones como insolvencia de navieros, vertidos contaminantes, fondos de limitación de responsabilidad, maniobras náuticas y abordajes de grandes dimensiones, transporte multimodal de mercancías, etc. El mediador debe ser un jurista o tener experiencia práctica como abogado ejerciente en tales casos.

c) el mediador ha de poseer experiencia práctica acumulada en el foro en el que la controversia será resuelta si fracasa su mediación.

d) en los demás casos de naturaleza comercial y en los que las partes estén o hayan estado relacionadas mutuamente por una larga o provechosa experiencia comercial, mejor y más deseablemente que la misma continúe, el mediador no necesita ser un experto legal.

-sobre todo, la más importante de sus habilidades es que sea un buen **"comunicador"**, y que evitando personalizar las discusiones haga siempre ver a las partes que es neutral, independiente, equilibrado, distante de las caracterologías de las partes, digno de confianza y a lo largo del proceso de mediación exhiba una seguridad de progreso que contagie a las partes, para quienes siempre es más sencillo romper y abandonar la mediación que encaminar un acuerdo transaccional.

En el Derecho español

La Ley 11/2011, que reformaba la Ley de Arbitraje 60/2003, añadió un nuevo apartado 4 al art.17 con la siguiente redacción "salvo acuerdo en contrario de las partes, el árbitro no podrá haber intervenido como mediador en el mismo conflicto entre éstas"; contemplando así la "mediación" como una resolución de conflictos, aunque desde luego sin efectos ejecutorios ya que el mismo conflicto continuaría por medio de arbitraje.

En virtud de la Ley 5/2012, de 6 de Julio, de "mediación en asuntos civiles y mercantiles", las empresas y particulares encontraron una nueva alternativa a los tribunales, y a los arbitrajes, a los que antes acudían para evitar la jurisdicción ordinaria. La mayor aportación de la Ley de 2012 es que otorga al acuerdo de mediación, que es el objetivo de esta fórmula alternativa, una solución legal para darle ejecutividad; ya que hasta entonces su cumplimiento quedaba a la voluntad de las partes, y su valor era el de un mero contrato si una de ellas no lo respetaba voluntariamente. Ese vacío de ejecutividad, o cumplimiento forzoso separaba a la mediación del arbitraje y del pleito ordinario, cuyas resoluciones son ejecutables.

La Ley de Navegación Marítima 14/2014 no contempla la mediación marítima. En su art.468 regula las cláusulas de jurisdicción y arbitraje, sin hacer mención alguna de la mediación. La ausencia de mención es explicable ya que en los años de gestación de la LNM esa misma falta de consideración existía en la esfera internacional marítima ya que aún no se había suscrito el Convenio de Singapur, de 2019, al que seguidamente nos referiremos. Sí puede causarnos, sin embargo, cierta extrañeza que, con motivo de la reforma de la LNM, concretada en un proyecto en 2021, en conjunto con la Ley de Puertos y de la Marina Mercante, por el Ministerio de Transportes, y estando ya en vigor internacional el Convenio de Singapur, no se haya estimado conveniente introducirla en dicha reforma, para ser precedida de la ratificación española del Convenio de Singapur.

La eficacia transfronteriza de la mediación marítima.

El Convenio de las NN.UU. relativo a Acuerdos Internacionales de Resolución de Controversias mediante Mediación, la **Convención de Singapur sobre Mediación**, fue aprobada por la Asamblea General de las NN.UU. en Diciembre 2018 y suscrita en Singapur el 7 Agosto 2019 quedando abierta para firma. En sólo 3 años ha sido suscrita por 55 países, entre ellos China, India y los EE.UU., y 8 Estados parte (Arabia Saudita, Bielorrusia, Ecuador, Fiji, Honduras, Qatar, Singapur y Turquía) y exigiendo para su entrada en vigor 6 meses después de su ratificación por sólo tres Estados contratantes, su vigencia internacional se produjo el 12 Diciembre 2020. Este importante Convenio Internacional impulsará las transacciones transfronterizas en cuanto responde a una necesidad hasta la presente reservada para el Arbitraje internacional. Efectivamente, en la actualidad no existe un régimen internacional, salvo en la UE, que permita el reconocimiento y ejecución de los Acuerdos de Mediación de país a país, por lo que tales compromisos resolutivos de controversias son equiparables a una obligación contractual cuyo cumplimiento ha de ser exigido y promovido ante los tribunales del país donde reside el incumplidor a través de un procedimiento ordinario, salvo que la legislación nacional del país de ejecución lo permita. La excepción reside en los casos en que la Mediación es elegida dentro de un proceso arbitral y es recogida en forma de Laudo Arbitral (como prevé el formulario de construcción naval NEWBUILDCON) o bien resulta de un pleito ordinario en cuyo caso el acuerdo conciliado es trasladado a la sentencia judicial.

El Convenio de Singapur viene en el tiempo, aunque 61 años después, a completar un cuadro de solución internacional extrajudicial alternativa que ya fue iniciado por el Convenio de New York de 1958 relativo a homologación y ejecución de sentencias arbitrales extranjeras (y su consecuente Convenio Europeo de Ginebra 1961), por lo que la influencia y modelación del Convenio de New York 1958 en el de Singapur es patente y fácilmente advertible, teniendo además la ventaja de que, a diferencia del de New York 1958, no exige reciprocidad.

El Convenio de Singapur se aplicará a las controversias internacionales comerciales que hayan sido resueltas por vía de Mediación cuando:

-al menos dos partes (admite la Mediación multiparte) tengan sus oficinas comerciales en diferentes Estados; o

-el Estado común de domicilio comercial de las partes es distinto del Estado en el que la mayor parte de las obligaciones objeto del Acuerdo de Mediación habían de cumplirse o bien del Estado con el que el objeto material del Acuerdo de Mediación guarda mayor conexión.

No será aplicable a los acuerdos aprobados por un Tribunal ordinario, ni a los acuerdos incluidos en una Sentencia judicial ni a los acuerdos que son recogidos y devienen ejecutables como parte de un laudo arbitral, que ya lo son en la actualidad. Por razón de la materia tampoco será aplicable a controversias de Derecho de Familia, Derecho de Sucesiones, Derecho Laboral ni Derecho de los Consumidores. Por tanto, lo será plenamente para los Acuerdos alcanzados por Mediadores en el contexto del DERECHO MARITIMO.

En semejanza al Convenio de New York 1958 el de Singapur establece tasadas restricciones o limitaciones para el reconocimiento y ejecución de los Acuerdos de Mediación suscritos en otro país en su Art.5(1), a saber:

-si una de las partes del Acuerdo de Mediación sufría algún grado de incapacitación.

-si el Acuerdo era nulo y sin efecto, inoperante o inejecutable de acuerdo con la ley aplicable (al contrato del que proceda ya que el Mediador no aplica ley alguna).

-si el Acuerdo no es vinculante o definitivo según sus propios términos, o fue modificado posteriormente, o las obligaciones acordadas quedaron ya cumplidas o no estuvieron claras y delimitadas o, desde luego, si su reconocimiento fuese contrario a las condiciones del mismo Acuerdo (esta condición puede parecer confusa o inconcreta, pero es frecuente que en los Acuerdos de Mediación se establezcan obligaciones y compensaciones comerciales que tienen desarrollo posterior y que pueden ser susceptibles de arbitraria satisfacción por alguna de las partes).

-sí tuvo lugar una seria infracción por el Mediador de los estándares aplicables al Mediador o a la Mediación que garantizaban la elección por las partes de la Mediación (esta es una condición etérea porque tales estándares no están contenidos en régimen internacional alguno, de ahí que por esta vía se fomente la constitución de Centros de Mediación o verdaderas instituciones que tengan establecidas reglas éticas para sus Mediadores).

-si se produjo una falta del Mediador al no revelar a las partes circunstancias generadoras de dudas justificadas sobre su imparcialidad o independencia y tal hecho tuvo impacto material o influencia indebida contra la parte perjudicada que, de otro modo, no habría aceptado la Mediación(esta condición de "confianza presumible" en realidad esconde un derecho a recusación – ya existente en el Arbitraje – que debería ser ejercitado antes de acudir al reconocimiento transfronterizo del Acuerdo de Mediación).

Y por el Art.5(2):

-si el reconocimiento resultase contrario al Orden Público (del país de ejecución);

-o si el objeto de la controversia no es susceptible de solución mediadora de acuerdo con la ley del lugar donde se solicita el reconocimiento y ejecución (lo que puede ser negativo ya que en dicho país la ley nacional sea muy restrictiva no obstante haber suscrito el Convenio de Singapur).

Son líneas denegatorias de la misma eficacia del Convenio que no pueden ocultar su perfil conservador, pero hay que tener en cuenta que la Mediación ha vivido en un limbo de voluntariedad y honor (esto último en países como Japón) y que su incorporación internacional – no regional – al régimen de ADR no puede ser tan rápida como deseable y aceptar, en consecuencia, que este paso es importante y muy positivo.

La pronta ratificación española del Convenio es, ciertamente, deseable. Para el Prof. Pulido Begines, el concepto de mediación que introduce el Convenio es más amplio y flexible que el que alberga la Ley 5/2012, ya que en el art.3 del Convenio menciona que hay que entender por "mediación" *cualquiera sea la expresión utilizada o la razón por la que se haya entablado un procedimiento mediante el cual las partes traten de llegar a un arreglo amistoso de su controversia con la asistencia de uno o más terceros (el mediador) que carezcan de autoridad para imponerles una solución.* Es esta una configuración que abarca todos los mecanismos posibles de solución con ayuda de persona ajena a las partes, debiéndose destacar la condición de que carezca de poder de obligar sobre ellas.

Será oportuno añadir aquí que en 2006 fue fundado en Londres el **International Maritime for Conciliation and Mediation Panel (IMCAM Panel)** con sede en Londres. El carácter voluntario y de honorable cumplimiento lo hicieron prematuro en su día quedando sometido a la espera de una regulación internacional vinculante y habilitadora del reconocimiento y ejecución transfronteriza de los "acuerdos de mediación", que hoy ya está disponible por la legislación internacional.

La cláusula BIMCO.

Con el Convenio de Singapur 2019 en vigor, el modelo ofrecido por la BIMCO mediante la "Dispute Resolution Clause/ Law and Arbitration Clause", de 2020, obtendrá mejor recorrido y mayor interés si los países que cuentan con importantes flotas mercantes (en los que residen los grandes navieros y armadores de buques), es decir, los "países marítimos", ratifican dicho Convenio, que es aplicable a la mediación marítima.

La llamada "BIMCO Law and Arbitration Clause 2020" remite al arbitraje, como solución de toda controversia surgida del y en el contexto de un contrato, de forma exclusiva, con aplicación del Derecho inglés. Se trata de una sumisión al foro de Londres, que las partes pueden cambiar de mutuo acuerdo, confeccionada en notoria colaboración con la London Maritime Arbitration Association (LMAA), en el destacado aspecto de las reglas del procedimiento arbitral, que serán las de la LMAA (LMAA Terms) que estén en vigor en el momento de iniciarse el arbitraje. Y en virtud de una condición complementaria, la "BIMCO Mediation Clause 2020", puede conducir a la mediación desde el arbitraje, convirtiéndose en una posibilidad abierta. Efectivamente, las partes podrán, de mutuo acuerdo, solicitar la mediación en cualquier momento para todos los extremos de controversia sometidos al tribunal arbitral o solamente para parte de ellos. A tal fin, se tendrán en cuenta las siguientes reglas, especificadas en el tenor de la cláusula:

a)-cualquiera de las partes puede optar por someter los puntos de controversia, o parte de los mismos, a mediación haciendo llegar a la otra una notificación por escrito al efecto (la "mediation notice").

b)- la parte que reciba la notificación tendrá 14 días para mostrar su acuerdo a la mediación, en cuyo caso las partes habrán de acordar el nombramiento de un determinado Mediador dentro de otro plazo de 14 días; si no logran acordar la identidad del Mediador, éste será designado por el Tribunal arbitral o por la persona (física o jurídica) en la que el Tribunal arbitral delegue a tal único efecto. Las partes, asimismo, habrán de convenir el lugar de celebración de la mediación y el procedimiento a seguirse; si no logran un acuerdo, entonces será el Mediador (nombrado por acuerdo o designado por el Tribunal) quien decida el lugar y las reglas de procedimiento.

c)- si la contraparte, que reciba la notificación no acepta la mediación, esa negativa podrá ser tenida en cuenta por el Tribunal a la hora de pronunciarse sobre las costas del arbitraje.

d)- una vez comenzada la mediación, las partes tendrán la misma libertad (que en el arbitraje) para solicitar medidas cautelares o emprender las acciones necesarias para el aseguramiento de sus intereses.

e)- cualquiera de las partes puede informar al tribunal arbitral que han llegado a un acuerdo de mediación, en cuyo caso el tribunal podrá tener en cuenta el calendario de desarrollo del proceso de mediación a los efectos del procedimiento arbitral, que no queda automáticamente suspendido por la celebración de la mediación.

f)- salvo pacto en contrario o específico en las reglas de mediación pactadas, cada parte correrá con sus propias costas en la mediación y las del Mediador (honorarios y gastos) serán soportados por mitades entre las partes.

g)- el procedimiento de mediación será conducido sin prejuzgar los derechos de las partes y de forma confidencial. Ninguna información ni documentos aportados o dados a conocer durante el proceso de mediación podrá ser utilizado o revelado en otro foro, a menos que así lo permita la ley y el procedimiento que rijan el arbitraje.

De esta fórmula mediadora de la BIMCO y de su contenido se deducen las siguientes notas:

1. Hay una preferencia por el arbitraje, respecto al cual la mediación es únicamente una posibilidad, cuya materialización depende de un completo acuerdo entre las partes, de tal exigencia que la salida mediadora será remota.
2. Es así que el arbitraje pactado expresamente en la cláusula compone un marco jurídico del que las partes no

prescindirán en los supuestos de falta de acuerdo sobre la mediación y sobre cada extremo de ella. No entendemos que sea "una ventana" abierta dentro del arbitraje, sino una verdadera alternativa que, de existir previamente o con anterioridad al nacimiento de la controversia, habría hecho inútil el compromiso arbitral. Ciertamente, si la otra parte no acepta la invitación para mediar, el arbitraje continuará su curso, aunque tal negativa podrá influir en la decisión del tribunal sobre costas, lo que es un incentivo, pero no afectará al sentido del laudo arbitral. De tal forma, la invitación de mediar es una propuesta "sobrevenida", no derivada ni resultante de un pacto previo de mediación contenido en el cuerpo del contrato, cuya formalización pueda obtenerse por vía forzosa, a diferencia del arbitraje.

3. El procedimiento arbitral continuará su curso igualmente y no se interrumpirá durante la mediación, aunque el tribunal arbitral tiene la facultad discrecional (entendida, siempre, como ejercida razonablemente) de organizar el procedimiento arbitral sin interferir el proceso de mediación y sujeto al resultado del mismo, por imperio de respeto a la voluntad de las partes. Pero es un caso de paralelismo teórico que los términos de la cláusula de BIMCO no resuelven adecuadamente, precisamente por dominar el arbitraje tanto el marco como el desarrollo procesal.

4. La mediación tiene lugar "sin prejuzgar", es decir, que el inicio de la mediación no constituye per se una opción real de solución de la controversia, o parte de ella, sino que las partes podrán mantener viva, simultáneamente, la opción arbitral predeterminada en el contrato (el derecho al arbitraje).

5. La designación del Mediador será llevada a cabo por el tribunal arbitral, a falta de acuerdo, sin ningún plazo previsto. La cláusula señala que se hará "con prontitud" (promptly), lo

que no ofrece garantía procesal suficiente para la parte interesada o proponente de la mediación. Por lo que la actuación del tribunal arbitral respecto a la salida mediadora es, más bien, un elemento para un Código de Conducta, que corresponderá al vigente en la sede elegida para el arbitraje.

La fórmula de BIMCO es, sin duda, flexible y constituyó un primer paso importante para la industria marítima. Debemos entender que la cláusula de BIMCO contempla un Mediador, cuya elección o designación no puede recaer en uno de los árbitros que forman el tribunal arbitral, por razón de que tal tribunal puede estar constituido por un árbitro único y porque el procedimiento arbitral, y por ende la composición del tribunal arbitral, no cesa ni se interrumpe durante la celebración de la mediación.

Con todo, la cláusula "Law and Arbitration 2020" ha de ser valorada positivamente en su contexto de producción naviera y en fechas en las que el Convenio de Singapur no había podido generar los frutos que se esperan para el comercio marítimo.

X. Otros métodos alternativos: Expertos arbitradores, el Dictamen vinculante y la Negociación.

Entre las más antiguas formas de avenencia o ADR se encuentra la del juicio de los peritos, evaluadores o expertos. Fueron siempre fórmulas técnicas muy utilizadas en la práctica, tanto como ignoradas por la doctrina.

Se acude a ellas cuando la controversia entre las partes es, predominantemente o por el momento, de carácter técnico o fáctico o contable, pero no jurídico. Ejemplos frecuentes son: fijar un precio, medir una obra, elegir un material de condiciones acordes, calcular una pérdida o un beneficio, determinar la calidad de un bien o el rendimiento de una instalación, determinar si se cumplen las especificaciones técnicas pactadas, cumplimientos de fases de construcción, conflictos de calidad entre los representantes de los intereses presentes en la obra. Todos estos ejemplos son propios del comercio y la industria marítima; pero no hay que confundirlos con los informes o estudios expertos que las partes encargan ad hoc a gabinetes técnicos o a profesionales navales, ya que los segundos no tienen función dirimente.

Pueden ser personas físicas o jurídicas (consultorías, auditorías, ingenierías). Cuando lo hace un colegio o consejo de peritos pueden llamarse "Dispute Resolution Boards "y "Adjudication Boards".

Es patente que la esfera doméstica no está al día, ni es coincidente con el marco internacional. En España, algunos preceptos de nuestro ordenamiento se refieren a la posibilidad de pedir la ayuda de un tercero o llamar en su auxilio a arbitradores; a peritos evaluadores (art.1447, 1690, 1598 del Código Civil; arts. 363 y 402 del Código de Comercio). Y en la práctica internacional, dentro y fuera de España, opera una tradición de dirimencia técnica mediante la intervención de expertos; las partes se ponen de acuerdo en el contrato al efecto, muchas veces antes de que surja la controversia, y su valor no puede ser más que el contractual, en el marco de la libertad de pactos que concede a las partes plena autonomía para acudir a un tercero experto a fin de que les ayude a resolver la discrepancia. Cuando la intervención de tercero experto está prevista y regulada por la Ley, se llevará a cabo con pleno efecto; por el contrario, cuando surge de pacto privado su cumplimiento dependerá de la suerte misma del contrato matriz.

El juicio de peritos

El juicio técnico dirimente de los peritos existe casi en la totalidad de los países. Proceden originariamente del Derecho Común de la Edad Media, en cuyo tiempo la pericia o arbitramento no era diferenciada del arbitraje, ya que ambos se practicaban en los gremios de fabricantes y comerciantes. Esa tendencia indistinta fue continuada en los países anglosajones, del Common Law, en los que los peritos cumplen funciones procesales y se les considera como modelos informales de arbitraje, revestidos de la misma naturaleza y valor dirimente en cuanto a su aceptación e irrevocabilidad. El perito en tanto que técnico experto tiene capacidades dirimentes en múltiples escenarios, entre ellos -y como hemos referido antes (ventajas del Arbitraje, ut supra)- el Arbitro puede actuar como perito, si lo autorizan las partes.

En el Derecho Marítimo el modelo más conocido es el de la ***Adjudication***, usado en los contratos de larga duración (construcción naval, construcción de instalaciones portuarias y de sistemas de carga/descarga a boya), siempre de acuerdo con la voluntad de las partes. Es un procedimiento pensado para la fijación de hechos y nuevas circunstancias en el desarrollo de la ejecución de una obra, p.ej., contratos de construcción naval, de terminales portuarias, de obras de infraestructura navegable (el más característico el de expansión de un canal o de una vía fluvial). Se encuentra a medio camino entre los ADR más tradicionales y el arbitraje o el proceso judicial. Esta ubicación se debe a que el tercero, el *adjudicator*, es el que toma una decisión vinculante para las partes. Los contratantes designan uno o más expertos al comienzo de la obra para que desempeñen su función durante toda la duración del proyecto, resolviendo las diferencias de carácter técnico que vayan surgiendo. Su esencia es libre y privada, y su opinión o pronunciamiento suele ser decisivo, pero es de naturaleza contractual, provisional y no vinculante ni definitivo, de modo que las partes podrán acudir, con posterioridad a un arbitraje o proceso judicial. El tercero, experto en la materia, resolverá el conflicto una vez escuchadas las partes enfrentadas, aunque también podrá investigar e indagar en aquellos aspectos que estime necesarios. Sus dictámenes técnicos son breves, confidenciales y prácticos; las partes controlan el procedimiento, pero no intervienen; la forma de trabajar es flexible y el coste muy moderado. Los Tribunales suelen reconocer la validez de este modelo, pero sin dejar de tener en cuenta que un experto dirimente no es un árbitro, sino un tercero independiente que ayuda a las partes al proceso técnico de ejecución de la obra.

Dentro del comercio internacional, es en los contratos de construcción donde la *adjudicación* se utiliza con alguna frecuencia. Esto es así, especialmente en el Reino Unido, debido a la regulación existente. Dicha ordenación se compone por la *Housing Grants, Construction and Regeneration Act 1996* y el *Scheme for Construction Contracts 1998,* según cuya normativa las partes pueden elaborar su propio procedimiento de "adjudicación" con las directrices recogidas en la Sección 108 de la primera citada Ley. Si no cumplieran tal disposición o el contrato guarda silencio se aplicará el segundo régimen del *Scheme*. Con esa regulación presente numerosas instituciones han lanzado procedimientos de adjudicación en el Reino Unido. Sin embargo, su uso en la esfera marítima se produce ocasionalmente y siempre a través de modelos dirimentes que son comunes a las grandes obras de infraestructuras.

Las ***Dispute Resolution Board*** es un método tradicional utilizado en la industria de la construcción, aunque siempre ha encomendado al arbitraje la resolución final de controversias, especialmente cuando el proyecto ha de realizarse en un país extranjero. Los "Dispute Boards" se diferencian del "adjudication" en que operan con menos flexibilidad y control de las partes en un contrato. Son, asimismo, el resultado de pactos empresariales, pero también de la experimentación en el desenvolvimiento de los proyectos de infraestructuras. Los DB pueden estar compuestos de dos, tres o de cinco miembros y sus diversos tipos de resoluciones pueden tener diversos efectos jurídicos. Sus evaluaciones y decisiones se producen con rapidez, aunque de forma sumaria o provisional. Su misión radica en gestionar las posibles desavenencias técnicas, con cualificación y experiencia, que surjan en la ejecución de los grandes proyectos (para lo que reciben de antemano la confianza de los financiadores de los mismos). Sus características básicas son: se constituyen antes de que surja controversia alguna; nacen y trabajan como parte del proyecto; previenen y aconsejan a fin de que se eviten las desavenencias; y, de surgir, resuelven de forma rápida. Los DB pueden ser ad-hoc o institucionales, según sean creados mediante pacto de los contratantes o constituyan un órgano de entidades administradoras de resolución de conflictos. Están previstos para no llegar al litigio o al arbitraje, y a tal efecto en las condiciones que sirven de base a un proyecto se marcan las competencias del DB y la obligación de las partes de acudir al mismo; se suelen formar en la fase de planificación, antes de que comiencen los trabajos a pie de obra. La designación de sus miembros puede ser efectuada por las partes o por la institución administradora que facilita el DB, a la que las partes han remitido por mutuo acuerdo previamente. Los miembros de un DB pueden ser recusados, retirados o nombrados por un período de tiempo determinado. Deben ser plenamente independientes de las partes, y de hecho suelen firmar un contrato funcional con cada una de las partes (llamado "Dispute Board Member Agreement").

Se exige de ellos una alta capacitación técnica, gestora, administradora del procedimiento y una talla jurídica necesaria para poder analizar las raíces y características de las discrepancias, todo lo que en suma les habilitará para resolverlas. El Presidente de un DB suele ser un Abogado con experiencia en la construcción y ejecución de grandes obras de infraestructura. El supuesto más conocido de los últimos años fue el del DB del Canal de Panamá, que resolvió una decena de discrepancias, de las cuales cinco principales fueron, después, sometidas a Arbitraje en Miami.

Los DB no son una forma de solución de problemas propia de proyectos de gran envergadura. La mayoría de las veces funcionan como un intento previo (semejante a la negociación, la mediación o la opinión de experto técnico) antes de ir al arbitraje o al litigio, por lo que constituyen un mecanismo alternativo que depende siempre de la conformidad de las partes con sus decisiones.

Los Mini-trials en las empresas

El mini-juicio (llamado en inglés "mini-trial"), a pesar de su nombre, no implica ningún proceso ante un juez o tribunal. Consiste en una forma mixta de avenencia en la que intervienen elementos propios de una negociación combinados con otros propios de un litigio. Se organiza en las empresas con el fin de llegar a un acuerdo sobre una cuestión controvertida. Antes de que el *mini-trial* comience, las partes deben configurarlo. Pero su configuración puede ser compleja: puede constituirse un tribunal compuesto por un tercero neutral asesor y un ejecutivo de cada parte en conflicto; también, sin tercero, se reúnen los abogados de cada empresa en presencia de sus respectivos ejecutivos, es decir, las propias partes. Los pasos o medios discurren a través de la presentación de información, contradicción fáctica, argumentación fáctica y jurídica que formula por turnos, o de forma cruzada, cada parte, utilizando un estilo litigioso no proclive a hacerse mutuamente concesiones, hasta que los ejecutivos presentes reciben todos los elementos que les sirven para alcanzar una solución y quedan informados suficientemente sobre el tenor de acuerdo que pueden ensayar y materializar. Los directivos que protagonizan el mini-trial no deben haber estado involucrados en las discusiones y correspondencia previa entre las empresas enfrentadas; deben tener absoluto poder de decisión para negociar un acuerdo; deben estar preparados para retirar su atención de los asuntos ordinarios en tanto dure el mini-trial (de dos a cinco días usualmente), y sobre todo deben tener capacidad ejecutiva para valorar los aspectos técnicos, fácticos, jurídicos y comerciales del conflicto y de su entorno en el momento del mercado.

El éxito de este método se encuentra en forzar a las partes a confrontar el caso, comprobando así sus puntos fuertes, pero también, especialmente, los débiles. Además, en la segunda fase, los ejecutivos o sus comisionados que representan a cada una de las partes están aislados de las mismas, basándose tan sólo en las informaciones expuestas con anterioridad, sin ningún tipo de asistencia letrada. Esta coyuntura, especialmente la ausencia de abogados, beneficia al procedimiento negociador. Sin embargo, la efectividad de los mini-trials se encuentra, en parte, subordinada al ámbito en el cual se desarrolla, porque su configuración se ha basado exclusivamente en el proceso judicial del *common law*, destacando la oralidad y el control del proceso por las partes, no por juez alguno. No encaja bien en los sistemas de *civil law*, que se significan por ser escritos y porque el órgano jurisdiccional retiene el mayor protagonismo.

El mini-trial es antiguo como simulación de un juicio, fue poco utilizado menos en Estados Unidos y en el Reino Unido (en una versión netamente negociadora en este último), sobre todo para controversias internacionales o multinacionales, de forma complementaria a otros métodos ADR y no competidora; despertó mucha expectación, pero fue decayendo por razón de asemejarse mucho al sistema "adversarial" (contradictorio) puro propio de los países anglosajones. Una referencia interesante son las Reglas Mini-Trial, editadas por la Cámara de Comercio de Zurich. Este método no se usa, prácticamente, en Derecho Marítimo, aunque sería interesante hacerlo o configurar una adaptación al contexto comercial marítimo.

El Dictamen jurídico vinculante y la Expert Determination.

El primero no es un modo ADR, sino un tradicional recurso a la opinión de un "entendido" en la materia, que hay que diferenciar de la ayuda de los conciliadores ("amiable compositeurs") y del arbitraje de equidad ("ex aequo et bono"). Las partes acuerdan, en esta modalidad, someterse de forma vinculante y final al dictamen de un jurista reconocido y neutral, cuya opinión les será revelada por escrito después del estudio de los hechos y de recibir toda la documentación e información que necesite. No se registra un procedimiento formal, sino una designación formal de encargo precedida de un acuerdo privado entre las partes sobre dicha sumisión y todos sus detalles formales, incluida la confidencialidad. El dictamen jurídico, con frecuencia de un catedrático de universidad, no crea efectos fuera del ámbito de las partes solicitantes, ni constituye precedente alguno para el futuro ni para terceros.

El método conocido como "Expert Determination" tiene caracteres comunes con el Dictamen Jurídico, pero se utiliza para cuestiones de naturaleza técnica o de carácter comercial. En el ámbito marítimo es conocida la labor de este tipo que lleva a cabo el Institute of Chartered Arbitrators, de Londres. Pero es necesario redactar muy cuidadosamente la cláusula de sumisión, a fin de que especifique los extremos que las partes desean referir a "expert determination", ya que en caso contrario podrá quedar algún extremo de controversia no precisado que pueda ser referido a Arbitraje.

La Negociación

Las partes contendientes siempre pudieron en el pasado y siempre podrán negociar una solución de forma no asistida, es decir, directamente entre ellas. Cuando la misma es asistida por un tercero estaremos ante la Mediación. Por tanto, la negociación tiene carácter genérico y es inherente a todos los mecanismos de solución, ya que ninguno puede excluirla, ni siquiera el procedimiento judicial. Al final de toda negociación hay una acuerdo o transacción, o el conflicto continúa y en cualquier momento puede sobrevenir la transacción o la decisión de un tercero dirimente, sea juez, árbitro o dictaminador. Aunque la negociación residió siempre en una actitud compartida con el oponente, en los tiempos modernos se erigió a partir de un "pacto de negociar", para el que se fija un plazo y se conviene la abstención o, en su caso, la paralización de otra vía litigiosa o dirimente, es decir, se acuerda la obligación de ambas partes de abstenerse de toda conducta que dificulte o haga imposible la negociación, así como la de entregarse a realizar todas las actuaciones que encaminen a ella con miras a una solución.

El "pacto de negociar" implica abrir vías para los límites legales, es decir, otorgar según sea el caso las prórrogas necesarias de los plazos de prescripción de las acciones derivadas de los supuestos incumplimientos alegados por una parte contra la otra. No obstante, ese pacto carece de eficacia procesal como tal, aunque los jueces y árbitros tengan siempre presente una sujeción a la negociación universal en la especie humana, que les permite habilitar salidas negociadoras mediante oportunidades procesales de conciliación. Surge el verdadero problema cuando, habiendo cerrado un convenio de negociación, una parte lo incumple o no lo respeta y acude a la vía correspondiente: judicial o arbitral; en cuyo caso no es posible oponer la "declinatoria de negociación" aunque se haya roto un compromiso en firme. Pero, sin duda alguna, el convenio de negociación previa al litigio o al arbitraje (p.ej., las partes intentarán un acuerdo durante 30 días con carácter previo) sí goza de validez plena. Estaremos, entonces y en caso de incumplimiento, de una "excepción dilatoria" o temporal que debería impedir a la demanda seguir adelante. La Ley Procesal Civil 1/2000 no lo comprende en su tenor expresamente, la Ley de Mediación 2012 tampoco menciona la negociación dentro de su amplio contenido. Con todo, hemos de advocar por la eficacia procesal de un convenio de negociación, cuya existencia sea demostrable, a fin de no permita admitir la demanda o detener un proceso si hubiese sido incumplido por el actor. Desde luego, es habitual que los contendientes soliciten una suspensión temporal de un arbitraje, o incluso de un procedimiento ordinario, con el fin de negociar entre ellos, o con asistencia de un tercero, una solución negociada para sus diferencias.

Early Neutral Evaluation (ENE)

En realidad, no se trata de un método de resolución de conflictos marítimos, sino de evitarlos o, en su caso, de elegir el más conveniente si no existe pacto alguno previo vinculante. En términos generales, estamos ante un servicio de asesoramiento. Pero, en Estados Unidos opera como un procedimiento particular, por medio del cual un miembro del tribunal ordinario u otra persona designada por el propio tribunal, que es escogido por sus conocimientos expertos sobre la materia, estudia el planteamiento del litigio y emite, seguidamente, una opinión no vinculante sobre el más probable resultado de la contienda. Se usa cuando el tribunal estima que es necesaria una "evaluación neutral" de un conflicto que requiere análisis de cuestiones de hecho y de derecho. Lo usual es que el evaluador neutral emita un informe escrito que será puesto en consideración en el momento de la vista del caso o de audiencia a las partes. No es semejante a un "conciliador", sino que por su juicio neutral experto ayudará a las partes, con autoridad de conocimiento y exactitud de experiencia, para decidir sobre la conveniencia de seguir con el litigio o llegar a un acuerdo amistoso, en el que el tribunal tendrá siempre interés preferente; destacando su aportación en la fase del "discovery" ya que puede convertirse en enormemente compleja si no hay alguien experto que asesore sobre la documentación de interés para el caso y la que no lo tiene.

Esta "evaluación neutral", de hecho, forma parte natural del proceso judicial estadounidense, como una oportunidad procesal que evita peritos, pruebas, etc., pero que si las partes no la aceptan o no actúan según lo que recomienda el evaluador neutral, el pleito sigue su curso adelante mediante sus fases contradictorias y probatorias.

Conclusiones finales

A través de las anteriores páginas se ha buscado obtener una respuesta a cuál método de resolución, de los existentes y probados, puede ser el más adecuado y conveniente por todo concepto para las controversias y reclamaciones de Derecho Marítimo.

Con el fin de mejor ilustrar las deducciones de nuestro estudio, a modo de síntesis se expondrá un cuadro comparativo entre los cuatro que estimamos principales y que, de hecho, se practican en la realidad de los litigios marítimos y marítimo-terrestres:

JUICIO ORDINARIO	ARBITRAJE	CONCILIACION MEDIACION	ADJUDICACION
Estricto e imperativo	Privado y obligatorio en parte	Privado y libre	Privado y libre
Contradictorio	Contradictorio	No contradictorio	No contradictorio
Fallo vinculante	Laudo vinculante	Arreglo no vinculante	Informe no vinculante
Ejecutorio	Ejecutorio	Ejecutable en España, en la UE y otros países; en otros equivale a una obligación contractual solamente.	No ejecutorio
Apelaciones y recursos	Laudo firme, pero impugnable.	No firme ni definitivo, salvo en países en los que es ejecutorio.	No firme ni definitivo
Lentitud procesal	Lento pero sujeto a plazos.	Breve	Muy breve
Una o muchas reclamaciones	Una controversia (acumulación difícil)	Una o muchas reclamaciones	Todas las diferencias que surjan durante el periodo de ejecución del contrato
Público	Confidencial	Confidencial	Confidencial
Poco conocimiento experto	Experto en la materia de la controversia	No se necesita conocimiento experto	Alta pericia técnica

Las partes no conducen el proceso	Las partes tienen el control, pero no el impulso ni desarrollo	Control e impulso de las partes	Control de parte, pero no intervención.
Procedimiento preestablecido	Administración del procedimiento (ad hoc)	Plena administración del proceso	Dirección plena
No-flexibilidad	Flexibilidad parcial (institucional/ad hoc)	Mucha flexibilidad	Flexibilidad
Solución no-práctica	Finalidad práctica	Muy práctica y comercial	Totalmente práctica
Coste alto	Costes muy elevados	Económico	Bajo coste prefijado
Ruptura de relaciones comerciales	Perjudicial para negocios	Comercial	Muy comercial

No se incluyen, en el cuadro comparativo, el Dictamen, sea técnico por peritos o legal por medio de un jurisconsulto, ni la Negociación guiada, por cuanto ambos carecen de unas características determinadas y suelen acordarse y articularse entre las partes en cada caso.

A través de diez métodos, con los procedimientos en que se subdivide la jurisdicción voluntaria marítima (antes "en negocios de comercio"), hemos trazado la perspectiva por la que se comporta el Derecho Marítimo a los efectos de solucionar conflictos y resolver controversias. Por razón del detalle de los diferentes trámites, a los que habría que sumar los específicos reglamentos de los centros de arbitraje administrado y de los centros de conciliación/ mediación organizada, podrá el lector hacerse una idea ciertamente compleja, si no abigarrada y confusa, del conjunto procedimental disponible para la resolución de las reclamaciones marítimas, surgidas de contrato o de accidentes de la navegación. Y con ello quizás podría pensarse si existe un DERECHO PROCESAL MARITIMO, de formulación unitaria pero de ingredientes diversos según los supuestos fácticos, o más bien un dibujo de LITIGIOS MARITIMOS, de larga enumeración, a los que pueden aplicarse una corta variedad de patrones de resolución : contenciosa, de jurisdicción voluntaria (que puede convertirse en contenciosa, en algunos casos) , arbitral y de amigable composición, que , sin embargo, admiten multitud de variantes y de intercambios en virtud del principio de libertad de pactos de las partes en los contratos marítimos, y del principio lex loci regit actum en los de culpa extracontractual (a cuyo respecto sólo existe consenso internacional en materia de abordajes). En este trabajo hemos preferido adoptar el segundo planteamiento con el fin de poder encontrar un sendero procesal que sea el más acorde con la naturaleza del negocio marítimo y, por ende, el más práctico por sus ventajas de sencillez, tiempo y coste.

De ese análisis comparativo, parece deducirse que el ARBITRAJE resulta hoy día el método más aceptado universalmente, convertido en dominante por la supremacía incontestable del foro arbitral de Londres y por las reglas que allí recomienda la London Maritime Arbitrators Association (LMAA). Entonces, ¿para qué el análisis?, si podría bastar al comerciante marítimo con una cláusula de sumisión objetiva, no negociable, al reglamento de la LMAA. La respuesta ha de ser negativa, porque en el mercado marítimo rige la negociación y el consenso como herramientas básicas, sin negar las influencias y los vectores condicionantes, y porque se ha abierto paso firme (desde 2010), aunque todavía lento, la MEDIACION MARITIMA, en cuanto supone una radical supresión de la solución conforme a ley y una reducción determinante de tiempo y costes para los intereses marítimos, lo que no es en modo alguno desdeñable. Ni tampoco cabe olvidar el ARBITRAJE DE EQUIDAD, que tiene un mayor valor en un contexto profesional marítimo, pero cuyo uso se ve coartado por el respeto necesario a las normas imperativas existentes en los Convenios Internacionales, a la profusión de pactos de sumisión a reglamentos de instituciones arbitrales, en las que predomina el arbitraje conforme a derecho, que además suele venir impuesto en la propia cláusula en favor del **english law** en los formularios habituales de contratos marítimos utilizados en el mercado.

El futuro verá, probablemente, en las próximas dos décadas una utilización variable, o incluso combinada, de Arbitraje y Mediación, que ya se apunta en función de la cuantía reclamada, por lo que los regímenes arbitrales se están adaptando, vertiginosamente, a la competencia de la Mediación por medio de la configuración de procedimientos abreviados (de menor, mayor e intermedia cuantía).

En suma nos inclinamos por advertir que el Derecho Marítimo no va a quedarse en mano de los órganos judiciales, salvo en los supuestos de ausencia de pacto (previo o posterior al nacimiento de la controversia o reclamación). Pero esa es la idea que propició esta pequeña obra: descubrir las fórmulas de resolución de los litigios marítimos que más convienen a los comerciantes y, a la naturaleza mercantil del Derecho Marítimo, como mejor corresponde a la que entendemos es su verdadera esencia.

Bibliografia

-DE ALBA FERNANDEZ, M, *Las cláusulas de elección de foro en los contratos de utilización de buque y los contratos auxiliares de la navegación bajo la Ley de Navegación Marítima de 2014,* Estudios de Derecho Marítimo en homenaje a Tomás Fernandez-Quirós Tuñón, Asociación Española de Derecho Marítimo- Uría Menéndez, Madrid, Diciembre 2022.

-DE ALBA FERNANDEZ, M, *Las normas sobre Arbitraje en la nueva Ley de Navegación Marítima, Spain Arbitration Review (Club Español del Arbitraje), no.22/2015, p.87.*

-ALCANTARA GONZALEZ, JM, *Moderna patología de la cláusula de arbitraje,* Tratado de Derecho Arbitral, El Convenio Arbitral (tomo I), Instituto Peruano de Arbitraje, Mayo 2011.

-ALCANTARA GONZALEZ, JM, *Curso de Arbitraje Marítimo (I-II-III-IV y V),* Instituto Marítimo Español (IME), Madrid, 1984-2001.

-ALCANTARA GONZALEZ, JM, *Arbitraje Marítimo Internacional, Arbitraje Internacional, Pasado, Presente y Futuro,* Libro homenaje a los Doctores Yves Derains y Bernardo Cremades, Instituto Peruano de Arbitraje (IPA),Abril 2013.

ALCANTARA GONZALEZ, JM, *El juicio arbitral marítimo contado por un árbitro,* Revista Vasca de Derecho Procesal y Arbitraje, Tomo V, Septiembre 1993, Cuaderno 3, pag.287-297.

-ALCANTARA GONZALEZ, JM, *El papel de las instituciones arbitrales en el Arbitraje Marítimo internacional,* ATENEO DEL TRANSPORTE, Marzo 1997.

-ALCANTARA GONZALEZ, JM, *La nueva ley inglesa de Arbitraje de 1996 y el arbitraje marítimo,* articulo La Ley 29-8.97, núm. 4362, pag.1-4.

-ALCANTARA GONZÁLEZ, JM, *Un panel internacional de Árbitros Marítimos,* Journal of International Arbitration, Geneva, 14 Diciembre 1994.

-ALCANTARA GONZÁLEZ, JM., *¿Por qué España no es aún un foro mundial reconocido de arbitraje marítimo?,* El Diario del Puerto, 19 Febrero 2008, pag.7 y 8.

-ALCANTARA GONZÁLEZ, JM, *Delay in Arbitration,* ICMA Hamburgo Junio 2004.

-ALCANTARA GONZÁLEZ, JM, *Comparative review of the arbitration schemes available in the main maritime arbitration centres.*, ICMA Auckland, New Zealand, 1-4 Marzo, 1999.

-ALCANTARA GONZÁLEZ, JM, *Instrumentos Jurídicos del Negocio Marítimo – Libro de Economía del Sector Marítimo.* IME y Fondo Editorial de Ingeniería Naval, Mayo 2009, Capítulo 11, epígrafes 11.1-11.6.

-ALCANTARA GONZÁLEZ, JM, *El papel del Arbitraje en el Derecho Marítimo,* Revista Transporte XXI, 15 Junio 1998.

-ALCANTARA GONZÁLEZ, JM, *El arbitraje en la Ley de Navegación Marítima,* El Derecho Marítimo de los Nuevos Tiempos, Civitas Thomson Reuters,2018, pgs.1347-1358.

-ALCANTARA GONZALEZ, JM, *La nueva cláusula BIMCO LAW AND ARBITRATION 2020 y nuevos foros,* en Arbitramail Cedric Barclay num.29, Diciembre 2020.

-ALCANTARA GONZÁLEZ, JM, Substantive law with particular regard to maritime disputes, en Arbitramail num.30, Marzo 2021.

-ALCANTARA GONZÁLEZ, JM, *La Mediación en las controversias marítimas,* y *Prácticas y técnicas innovadoras en los procedimientos arbitrales,* en Arbitramail Cedric Barclay num.32, Septiembre 2021.

-ALCANTARA GONZÁLEZ, JM, *Arbitraje Maritimo y Arbitraje Comercial. Arbitraje en el comercio marítimo como método ADR más preferido,* Conferencia en Jornadas sobre Arbitraje y mediación en tiempos de crisis, Ciudad de Panamá, 23 Agosto 2022.

-ALCANTARA GONZALEZ, JM, *La Convención de Singapur sobre Mediación,* Arbitramail Cedric Barclay num.36, Septiembre 2022.

-ALCANTARA GONZÁLEZ, JM, *Arbitraje y Conciliación,* Revista de ANAVE, Marzo 2023.

-ALCANTARA GONZALEZ, JM, *El foro arbitral en las Pólizas de Fletamento,* y *Arbitration versus Mediation in Shipping Disputes,* artículos, Arbitramail Cedric Barclay num.38, Marzo 2023.

-ALCANTARA GONZÁLEZ, JM, *Navegación Marítima, Ley 14 de 2014, de 24 Julio, Edición al cuidado de D. José Maria Alcántara, Profesor de Derecho Marítimo de la Universidad de Panamá,* Editorial Cultural Portobelo, Agosto 2014, Ciudad de Panamá, pag.35-256.

-ALVAREZ RUBIO, J.J., *Derecho Marítimo y Derecho Internacional Privado,* Gobierno Vasco Servicio Central de Publicaciones, Vitoria-Gasteiz, 2000, pag.57-88.

-CIGES PEREZ, M., *La problemática del Derecho Marítimo ante los Jueces y Tribunales españoles*, Publicaciones del Comité de Derecho Marítimo de Valencia, 1974.

-COCA PAYERAS, M., *Notas sobre el Arbitraje de Equidad*, Boletín de la Real Academia de Jurisprudencia y Legislación de las Islas Baleares, num.16, 2015, pag.279-290.

-ENTRENA CLET, CM., *La equidad y el arte de juzgar*, Aranzadi Pamplona 1979, pag. 38 y 39.

-ESPLUGUES MOTA, C., *Arbitraje Marítimo Internacional*, Thomson Civitas,2007, pag.31-43.

-GABALDON GARCIA, J.L., *Curso de Derecho Marítimo Internacional*, Marcial Pons, 2012, pag.920-939.

-GINNINGS, ARTHUR T., *Arbitration: a practical guide*, Gower Publishing,1984, pag-81-85.

-GOMEZ JENE, M, *Las cláusulas de Jurisdicción y Arbitraje en la nueva Ley de Navegación Marítima, Cuadernos de Derecho Transaccional, Vol.6 Nº 2, octubre 2014, pp. 112-129.*

-GONZALEZ LEBRERO, R.A., *Procedimientos Marítimos*, COLEX, 1996, pag.17-52, 67-68, 83-86, 89, 161-174, 177-191 y 201-207.

-FERNANDEZ-BALLESTEROS, M.A., *"Avenencia o ADR"*, Iurgium – Cámara de Madrid, 2013, pag.57-73, 103-134 y 361-416.

-FERNANDEZ-QUIRÓS, T, *Oponibilidad frente a terceros de la cláusula de jurisdicción en los Conocimientos de Embarque. Comentarios a la Ley de Navegación Marítima, Asociación Española de Derecho Marítimo, Ed. Dykinson S.L., Madrid 2015, pp. 429-440.*

-FERNANDEZ ROZAS, J.C., *El Arbitraje en la contratación marítima internacional: entre la dependencia y la especialización*, Estudios de Derecho Marítimo, Universidad Externado de Colombia, 2022, pag.349-390.

-FERNANDEZ ROZAS, J.C., *Contornos de la sumisión al arbitraje en la contratación marítima internacional, El Arbitraje y la Buena Administración de la Justicia*, Tirant Lo Blanch, Valencia 2019, pag.581-605.

-FUENTES GOMEZ, J.C., *Mediación y arbitraje marítimo: reflexiones sobre la posible nulidad de las cláusulas de arbitraje en el extranjero de la Ley de Navegación Marítima, Ed. LA LEY, Nº15, Abril 2023.*

-LEBEDEV, S., *Arbitration provisions in treaties concerning particular spheres of international business and other private law relations*, ponencia ICCA, Hamburg International Congress, pag.103-107.

-LORCA NAVARRETE, A.M., *Derecho de Arbitraje Interno e Internacional,* Tecnos, pag.53-56.

-MERKIN, R., *Arbitration Act 1996, an annotated guide,* Lloyd´s London Press, 1996, pag.75-76.

-MUSTILL & BOYD, *Commercial Arbitration,* Butterworths,1982, pag.55-69.

-PULIDO BEGINES, J.L., Los *medios alternativos de resolución de controversias en el sector marítimo (la mediación marítima)*, EL Derecho Marítimo, las nuevas tecnologías y los retos del progreso, Thomson Reuters Aranzadi, 2021, pag.441-468.

-QUECEDO AVILES, A., *Los remedios para evitar el pleito: la mediación en Inglaterra y Gales,* Revista del Club Español del Arbitraje, Wolters Kluwer, núm.16/2013, pag.67-77.

-ROCA LOPEZ, M., *El Arbitraje marítimo en Londres,* ídem, pag.469-486.

-SMIT, H. y PECHOTA, V., *A chart comparing international arbitration rules,* SWEET & MAXWELL, 1998, pag.126-127.

-VICENTE -ALMAZAN, M., *Los expedientes notariales de la Ley de Navegación Marítima,* Revista El Notario del Siglo XXI, num.67, pags.1-4.

-ZURIMENDI ISLA, A, *Las cláusulas de Jurisdicción y Arbitraje incluidas en el Conocimiento de Embarque tras la Ley de Navegación Marítima, Revista de Derecho del Transporte, nº 18, 2016, pp.89-110.*